LEAGUE OF LEGENDS

포지션으로 읽는
리그 오브 레전드

홍승표 지음

 가나북스

프롤로그

이 책은 리그 오브 레전드라는 게임을 어떤 기준과 사고 과정으로 접근해야 하는지를 다양한 경험과 데이터를 기반으로 정리한 교재이다.

플레이어는 게임을 통해 수많은 선택을 반복한다. 그러나 그 선택이 왜 필요했는지, 다른 대안은 무엇이었는지에 대해 체계적으로 설명할 기회는 많지 않다. 결과적으로 많은 판단은 경험에 의해 축적되지만, 그 경험은 명확한 언어와 구조로 정리되지 않은 채 개인의 감각에 머무르게 된다.

교육의 관점에서 중요한 것은 결과가 아니라 과정이다.

e스포츠 또한 마찬가지로, 특정 상황에서 무엇을 선택해야 하는지를 넘어서 어떤 사고 과정을 거쳐 그 선택에 이르는지를 이해할 필요가 있다.

본 교재는 포지션별 역할 구조를 중심으로, 정글 동선, 시야와 오브젝트 운영, 챔피언 유형 등 게임을 구성하는 요소들을 하나의 판단 체계로 엮어 설명한다. 이를 통해 학습자는 단편적인 지식이나 사례를 암기하는 것이 아니라, 상황에 따라 스스로 판단할 수 있는 기준을 갖추게 된다.

이 책에서 다루는 내용은 정답을 제시하기보다, 다양한 데이터를 기반으로 근거와 좋은 결과를 탐구하는 데 초점을 둔다.

이는 강의·토론·분석 수업 등 다양한 교육 환경에서 활용될 수 있도록 설계되었다.

본 교재는 기본적인 게임 이해를 갖춘 학습자를 대상으로 한 중급·응용 단계의 학습자료이다. 경험 위에 이론을 더하고, 감각 위에 사고의 틀을 세우는 것을 목표로 한다.

이 책을 통해 독자는 플레이를 결과 중심의 반복이 아닌, 설명 가능한 사고의 과정으로 인식하게 될 것이다.

그것이 이 교재가 지향하는 e스포츠 교육의 출발점이다.

저자 소개

본 저자는 e스포츠 교육 및 분석 분야의 연구자이자 교육자로서, 스타크래프트 II와 리그 오브 레전드 종목에서 감독과 코치로 활동하며, 팀 운영과 선수 육성, 전술 설계 전반에 걸친 경험을 축적해 온 e스포츠 지도자이다.

2010년 임요환 선수가 만든 팀인 슬레이어스의 스타크래프트 II 감독을 시작으로 ACER 스타크래프트 II 독일팀 감독을 역임했으며, 이후 paiN Gaming(브라질), Dream Team LoL, Tempo Storm(북미) 등에서 리그 오브 레전드 감독 및 코치로 활동했다.

2019년부터는 한국이스포츠아카데미 전임강사로 교육 현장에 참여했으며, 2020년부터 2023년까지 T1 Rookies 감독으로 재직하며 아카데미 팀 운영과 선수 육성을 하였으며, 리그 오브 레전드를 중심으로 포지션별 역할, 정글 동선, 시야·오브젝트 운영 등 게임 구조의 본질적 메커니즘에 대한 체계적인 교육 프로그램을 설계해 왔다.

현재 대학에서는 e스포츠 전공 강의를 담당하며, 팀 기반 게임의 전략적 판단과 운영을 "구조화된 사고 체계"로 설명하는 교육 커리큘럼을 구축·개발해 왔다.

그는 실무 중심의 교육을 지향하며, e스포츠 현장에서의 경험을 바탕으로 정글 동선, 와드 타이밍 등 경기 흐름을 교육적 언어로 변환하는 방법을 연구해 왔다. 이를 통해 학생들이 경기 흐름을 단순히 경험으로 이해하는 것이 아니라, 논리적으로 설명하고 응용할 수 있는 능력을 갖추도록 지도한다.

2010.10-2012.11 팀 슬레이어스 ― 스타크래프트 II 감독
2012.11-2013.12 ACER ― 스타크래프트 II 독일팀 감독
2015.03-2015.12 paiN Gaming ― 리그 오브 레전드 감독 (브라질)
2016.02-2017.01 Dream Team LoL ― 리그 오브 레전드 코치 (북미)
2017.04-2018.04 Tempo Storm ― 리그 오브 레전드 코치 (북미)
2019.01-2020.12 한국이스포츠아카데미 ― 전임강사
2020.12-2023.12 T1 Rookies ― 감독

수상 및 주요 성과

2011 GSTL Mar. 최우수 감독상 / 우승
2011 GSTL May. 최우수 감독상 / 우승
2012 HOT6 GSTL Season 2 준우승
2021 LCK Academy Series 7월 오픈 토너먼트 우승
2021 LCK Academy Series 8월 오픈 토너먼트 준우승
2022 LCK Academy Series 8월 오픈 토너먼트 우승
2022 LCK Academy Series 상반기 아카데미 리그 준우승
2023 LCK Academy Series 하반기 아카데미 리그 준우승
2024 e스포츠 대학리그 우승
2025 e스포츠 대학리그 우승

CONTENTS

Part1. 포지션별 역할과 챔피언의 유형

/ Part1 /

포지션별 역할과 챔피언의 유형

제1장 · 탑 포지션과 챔피언 유형

1. 탑 포지션의 공통 핵심 역할

1-1) 고립된 라인의 1:1 승부사 탑은 타 라인에 비해 갱킹이나 로밍의 영향이 상대적으로 적고, 라인이 길어 한 번의 딜 교환 실수가 복구 불가능한 격차로 이어지기 쉽다. 따라서 '라인 관리 능력'과 '대인전 피지컬'이 가장 강조되는 포지션이다.

1-2) 스플릿 푸시와 사이드 운영 텔레포트(Teleport) 스펠을 활용해 본대와 떨어져 사이드 라인을 압박한다. 적 챔피언을 사이드로 불러들여 본대의 수적 우위를 만들어주거나, 타워를 철거해 적의 운영을 흔드는 역할을 수행한다.

1-3) 팀의 방패 혹은 창 (프론트라인) 탱커를 선택했다면 팀의 최전방에서 적의 딜을 받아내는 '방패' 역할을, 브루저/전사를 선택했다면 적 딜러진을 물고 늘어지는 '창' 역할을 담당한다. 한타 구도에서 진형을 붕괴시키거나 아군을 보호하는 중추적인 역할을 맡는다.

1-4) 텔레포트를 활용한 전장 합류 맵의 가장 끝에 있지만, 텔레포트를 통해 바텀 교전이나 용 싸움에 즉각적으로 개입할 수 있다. 적절한 텔레포트 타이밍은 불리한 교전을 역전시키거나 게임의 승기를 굳히는 결정적인 변수가 된다.

2. 탑 운영의 기본 원리

2-1) 초반: 상성 파악 → 딜 교환 및 라인 관리로 갱킹 회피/호응 환경 조성.

2-2) 6렙 및 첫 귀환 후: 전령 싸움 합류 혹은 상대 탑 억제 후 포탑 골드 채굴. 텔레포트 쿨타임 체크하며 타 라인 개입 각 확인.

2-3) 중반: 사이드 라인(주로 바텀 혹은 탑)을 밀며 성장을 도모하되, 본대 싸움 발생 시 텔레포트나 합류로 인원수 맞추기.

2-4) 후반: 스플릿 푸시로 적을 흔들거나, 한타 시 최전방에서 이니시에이팅 또는 적 딜러 마크.

3. 탑 챔피언 유형

▦ 순수 탱커형 (Tanker)

> **역할** : 체력과 방어력 중요하며 상대의 공격을 앞에서 받아주는 역할을 담당한다.

1) 특징

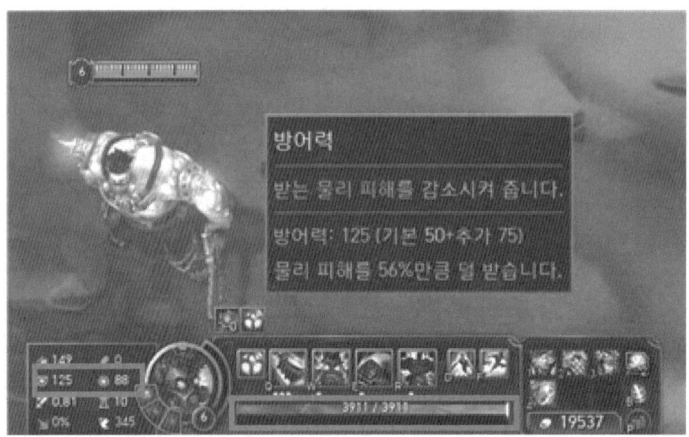

- 체력의 비중이 높고 팀의 최전방에서 탱킹 및 스킬로 교전 개시와 군중 제어 효과를 제공한다.

1-1) 체력과 방어력·마법 방어력 계수가 높은 아이템을 기본적으로 구매한다.

1-2) 공격력은 낮지만, 기능과 궁극기가 상대의 공격을 효율적으로 방어하고 회복하거나 상대를 견제하기 좋은 군중 제어 효과 위주로 구성되어 있다.

2) 라인전 패턴

2-1) 미니언을 안전하게 수급하며, 상대에게 킬을 주지 않고 성장을 목표로 한다.

2-2) 주요 아이템을 구매 전까지 라인전은 '버티기'에 가깝고, 궁극기를 배울 수 있는 6레벨 이후 영향력이 커진다.

2-3) 상대를 혼자서 처치하기는 보다는 아군 정글러와 연계하는 것이 좋다.

3) 팀 교전 시 주요 역할

3-1) 진형 맨 앞에서 버티기 → 상대의 접근 견제

3-2) 오브젝트 앞에서 시야와 아군의 포지션 위치 만들기

3-3) 궁극기를 활용한 상대 진형 붕괴 → 상대 포지션 압박

4) 대표 챔피언 예시

말파이트	문도박사	사이온	오른	마오카이

▓▓ 브루저형 (Bruiser)

> **역할** : 흔히 딜탱이라 불리며 탱커와 딜러의 두 가지 역할을 수행하는 전투형
> 파이터 역할을 담당한다.

1) 특징

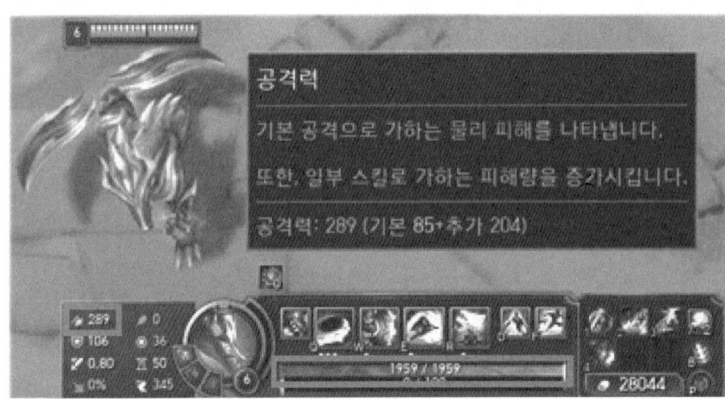

- 공격력과 체력이
  높은 편이고 팀에
  탱커의 존재
  유무에 따라서
  팀파이트에서
  플레이 방향이
  달라진다.

1-1) 체력과 공격력/스킬 데미지 계수가 모두 준수하다.

1-2) 1:1·2:2 교전에서 강하고, 스킬과 스킬 재사용 시간을 활용이 중요하다.

1-3) 순수 탱커보다는 데미지 비중이 높고, 딜러보다는 탱킹 역할에 신경 쓰며 상대의 딜러를 노려야 한다.

1-4) 체력 아이템보다 공격력도 같이 올려주는 아이템 위주로 구매한다.

2) 라인전 패턴

2-1) 상대가 미니언을 수급하려는 타이밍에 맞춰 견제를 꾸준히 한다.

2-2) 지속적인 딜교환으로 라인 주도권을 잡고 혼자서 킬이나 다이브 압박으로 이득을 보며 성장 격차를 벌린다.

2-3) 체력을 회복할 수 있는 스킬이 있어 활용 능력에 따라 주도권이 바뀔 수 있다.

3) 팀 교전 시 주요 역할

– 탱커가 없어서
  탱커의 역할을
  하고 있다.

3-1) 탱커와 진형 앞쪽에서 버티기 → 상대 딜러 견제

3-2) 전방에서 이니시에이팅은 주로 탱커에게 맡기고 2선 혹은 뒤로 돌아 후방에서
     상대 주요 챔피언 암살한다.

3-3) 탱커가 없는 경우 후방을 노리는 플레이보다 최전방에서 상대의 공격을 받는
     역할을 하며 순간적으로 기회가 있을 경우 상대의 딜러를 노린다.

4) 대표 챔피언 예시

레넥톤	다리우스	아트록스	암베사	클레드

▪▪ 스플릿 푸셔형 (Split Pusher)

> **역할** : 강력한 1:1 교전 + 타워 철거 능력을 바탕으로 사이드 라인에서 강력한 압박

1) 특징

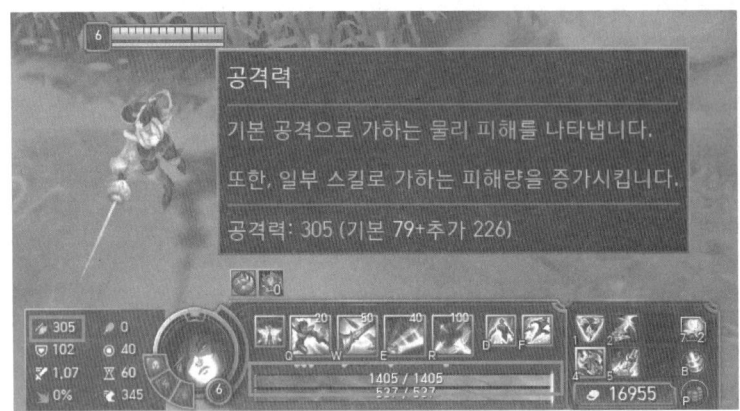

– 체력보다 공격력 비중이 중요한 편이다.

1-1) 1:1 상황에서 강력한 교전 능력을 가지고 있으며, 성장 격차가 벌어질수록 상대를 압도하기 쉽다.

1-2) 이동기, 고정 피해, 방어 관통 등 탱커 및 브루저를 상대로도 솔로 킬을 노리기 좋은 스킬 구조를 가진 경우가 많다.

1-3) 한타 기여도는 상대적으로 낮을 수 있지만, 대신 사이드에서 타워와 건물 철거로 상대를 압박하는 운영 능력이 뛰어나다.

1-4) 주로 공격력 아이템과 교전에서 체력을 회복할 수 있는 체력 흡수 아이템 위주로 구매한다.

2) 라인전 패턴

2-1) 6레벨 혹은 핵심 아이템 완성 이후부터 솔로 킬 또는 다이브 킬각을 적극적으로 노린다.

2-2) 꾸준한 딜교환으로 상대의 귀환을 강요하고, 그 사이에 타워를 철거하며 라인전에서 성장 격차를 유지한다.

2-3) 미니언 관리를 하며 빅웨이브를 만들고, 정글러와 함께 다이브킬과 타워 철거로 연결되는 구조를 만든다.

3) 팀 교전 시 주요 역할

- 팀원이 아래쪽에 있어도 혼자 탑에서 이득을 본다.

3-1) 1:4, 1:3:1과 같은 운영에서 사이드 라인을 맡아 상대 한 명 이상을 계속 묶어두는 것이 핵심 역할이다.

3-2) 한타에 바로 합류하기보다는, 상대가 한타를 강제로 열면 그 대가로 타워, 정글 캠프, 억제기 등 구조물 이득을 가져오는 방향으로 운영한다.

3-3) 텔레포트나 이동기를 활용해, 사이드 압박 후 팀에 합류(백도어, 후방 합류 등) 타이밍을 노린다.

4) 대표 챔피언 예시

피오라	카밀	잭스	트린다미어	요네
	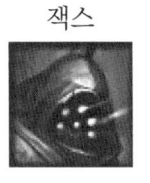			

▚▞ AP 메이지 / AP 전사형 탑 (AP Top)

> **역할** : 조합상 탑에서 마법 데미지가 필요할 경우 AP비중 확보의 위한 역할을 담당한다.

1) 특징

주문력
대부분의 스킬로 가하는 피해를 증가시킵니다.
주문력: 351

- 강력한 AP 계수로 라인전 주도권 및 팀 교전에서 지역 장악 능력이 좋다.

1-1) 주문력(AP)에 비중을 둔 챔피언으로, 팀의 AD/AP 밸런스를 맞추기 위해 선택되는 경우가 많다.

1-2) 광역 스킬로 인한 광역 데미지, 지속 피해와 CC기 등으로 한타에서 다수에게 영향력을 행사할 수 있다.

1-3) 방어력보다는 주문력·주문 가속·존야의 모래시계 등 스킬 활용과 생존을 동시에 챙기는 아이템을 주로 구매한다.

1-4) 마나 관리와 스킬 재사용 시간 관리가 중요하다.

2) 라인전 패턴

2-1) 강한 스킬 데미지를 바탕으로 상대를 견제하며 체력 우위와 라인 푸쉬 주도권을 가진다.

2-2) 마나와 스킬 재사용 시간을 관리하며, 무리한 견제와 푸쉬로 인해 갱킹에 당하지 않도록 시야 확보와 미니맵 체크에 신경 쓴다.

2-3) 라인을 빠르게 정리한 후 미드·정글 교전 합류, 전령·용 지역 로밍으로 영향력을 넓힌다.

3) 팀 교전 시 주요 역할

- 궁극기로 다수의
  적에게 강한
  데미지를 입힌다.

3-1) 진형의 2선에서 스킬 견제 → 상대의 체력 압박

3-2) 좁은 지형이나 오브젝트 앞에서 광역 스킬·궁극기를 활용해 상대 다수를 동시에 견제해 피해 입히는 것이 핵심이다.

3-3) 상대 탱커 라인의 체력 저하를 유도하며 후방 포지션에 있는 상대 체력을 쉽게 접근할 수 있게, 우리 팀이 유리한 체력 상황에서 교전을 열 수 있도록 만든다.

3-3) 진입 후 생존을 위해 점멸, 존야 등 생존 수단의 쿨타임 관리가 중요하다.

4) 대표 챔피언 예시

케넨	럼블	그웬	모데카이저	라이즈

1. 정글 포지션의 공통 핵심 역할

1-1) 초반 정글링 속도
- 보통 라이너보다 먼저 3렙을 찍고 자유롭게 움직일 수 있기 때문에, 초반 갱킹과 교전 동선의 방향성을 정하는 포지션이다.

1-2) 투자자
- 각 라인 상황(체력, 스펠 유무, 웨이브 위치)을 종합적으로 판단 → 어느 라인을 도와야 팀 전체 기대 승률이 올라가는지 결정한다.
- 특정 라인만 '케어'가 아니라, 팀 전체에 리소스 배분을 설계하는 투자자의 입장에 가깝다.

1-3) 오브젝트 관리와 시야 장악
- 바위게, 유충, 전령, 용 등, 게임의 오브젝트 흐름을 설계하는 역할을 담당한다.
- 특히 정글러는 시야(투명와드·제어와드)를 통해 상대 정글의 위치를 추적하고, 아군이 안전하게 라인전을 할 수 있는 환경을 조성한다.
-

1-4) 상대 정글 견제 및 정보전
- 카운터 정글링, 상대 정글 캠프 스틸 등을 활용해 상대 정글의 성장을 억제하거나 동선을 파악한다.
- 상대 위치 정보를 팀에게 공유함으로써, 갱 회피·다이브 대응·반대편 오브젝트 선택 등 전략적인 판단을 돕는다.

2. 기본 운영 흐름

2-1) 첫 캠프 선택 → 첫 동선 설계(3캠, 풀캠, 카운터정글 등)
2-2) 3렙 타이밍에 가장 갱킹 성공 효율이 높은 라인(스펠, 스킬 빠짐, 체력 차이,

라인 위치)을 기준으로 갱킹, 자신의 성장, 카운터 정글 선택한다.

2-3) 정글링과 갱킹을 상황에 맞게 적절히 시도/합류 후, 오브젝트 교전 계획 수립한다.

2-4) 중반 이후에는 캐리 라인 기준으로 시야 및 동선을 설계하며, 오브젝트 중심 운영으로 전환한다.

3. 정글 챔피언 유형

■■ 육식형/교전형

역할 : 초반부터 적극적인 갱킹과 교전 유도로 게임의 주도권(템포)을 장악

1) 특징

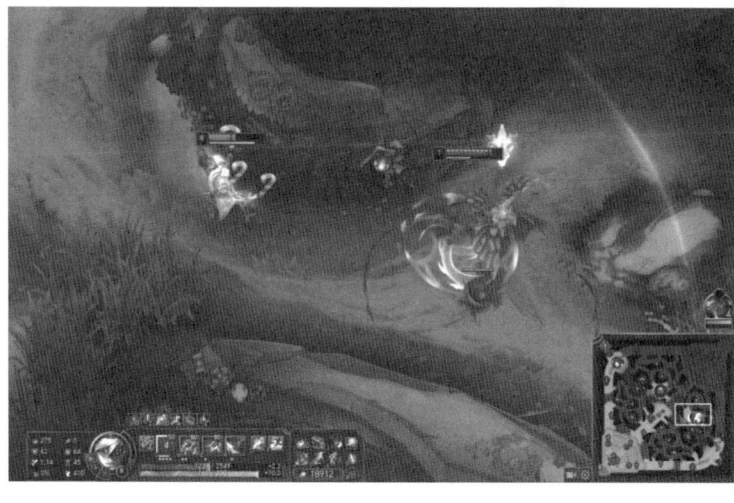

- 상대 진영으로 들어가 적과 교전을 적극적으로 시도한다.

1-1) 기본 능력치와 스킬 피해량이 높아, 초반 교전이 좋다.

1-2) 기동성이 좋거나 상대에게 빠르게 접근할 수 있는 스킬을 보유하고 있어 갱킹 성공률이 높다.

1-3) 아이템은 공격력/스킬 가속/치명타 등 딜링에 집중하는 경우가 많다.

2) 정글링 및 운영 패턴

2-1) 정글링 속도가 빠르기에 3캠, 풀캠프, 카운터 정글링을 선택 할 수 있다.

2-2) 첫 동선에서 3캠프만 먹고, 상대 플래쉬가 빠진 라인, 과도하게 밀고 있거나 체력 상황이 안 좋은 라인 등 가장 갱각이 좋은 라인에 상황에 맞춰 갱킹을 한다.

2-3) 빠른 정글링을 바탕으로 상대 정글러의 위치를 파악하고 상대의 갱킹 타이밍에 맞춰 역갱(Counter Gank)을 시도하거나, 적절한 타이밍에 상대의 반대쪽 라이너를 압박한다.

3) 팀 교전 시 주요 역할

- 상대 챔피언을 궁극기로 공격해 적 진형에서 이탈시킨다.

3-1) 아군 딜러를 보호하는 것보다 상대 주요 딜러를 물거나 암살하여 교전을 유리하게 시작한다.

3-2) 교전에서 주요 딜링을 담당하며 승패를 결정짓는 역할을 한다.

4) 대표 챔피언 예시

리 신	엘리스	신짜오	올라프	트런들

▓▓ 초식형/갱킹형 정글

> **역할** : 초중반 육식형 정글러를 피하고 성장 및 갱킹을 통해 라이너에게 이득을
> 만들어 주는 타입

1) 특징

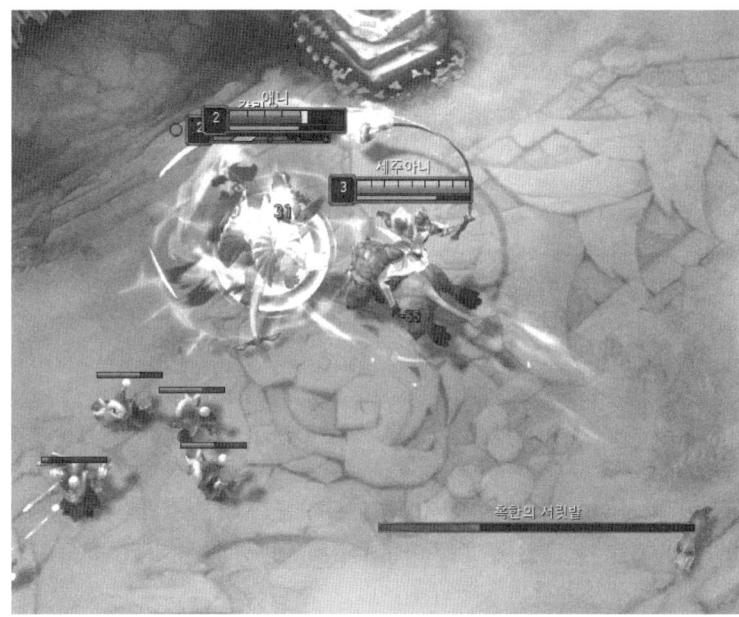

- 세주아니가 3캠프
  정글링 이후
  빠르게 미드를
  갱킹하는 모습

1-1) 2~3렙, 6렙 등 특정 구간에서 스킬 콤보와 CC를 통한 교전 능력이 뛰어나다.

1-2) 캠프를 모두 먹기보다는, 라인의 체력, 스킬 유무 상황을 보고 잦은 갱킹으로
이득을 쌓는 플레이에 적합하다.

1-3) 난전·소규모 교전에서 강하며, **초반부터 '플레이 메이킹'**에 집중하는 경우가
많다.

2) 정글링 및 운영 패턴

2-1) 첫 동선에서 3캠프정도를 우선 먹고, 가장 갱각이 좋은 라인에 빠르게 개입한
다.

2-2) 상대 플래시가 빠진 라인, 과도하게 밀고 있는 라인을 우선순위로 삼는다.

2-3) 교전에서 이득을 본 후, 타이밍에 맞춰 재공략을 하거나 용/전령/타워 골드 등 오브젝트로 연결해 스노우볼을 설계한다.

3) 팀 교전 시 주요 역할

- 세주아니가
  궁극기를 활용하여
  정면에서 교전을
  열고 갈리오가
  호응하는 장면

3-1) 주로 CC스킬이나 자신이 먼저 이니시를 하며 아군과의 스킬 연계를 맞춘다.

3-2) 한타에서는 탱커/브루저와 함께 1·2선에서 CC 및 딜을 섞어 넣으며, 상대 딜러를 견제한다.

3-3) 언제 싸움을 열어야 우리 팀이 유리한가를 판단하고 교전 타이밍을 설계하는 메이커 역할을 수행한다.

4) 대표 챔피언 예시

마오카이	세주아니	아무무	람머스	자크
		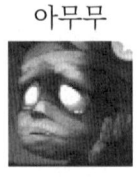		

▥ 성장형 / 캐리형 정글

> **역할** : 캠프 파밍 중심으로 빠르게 성장해, 정글러 본인이 캐리 역할을 수행하는 타입

1) 특징

– 풀캠프를
2분55초라는 빠른
속도로 마무리
하는 모습

1-1) 정글 캠프를 빠르게 클리어 하고, 초반 바위게 및 상대의 역갱을 대비한다.

1-2) 지속적인 파밍과 카정으로 레벨 및 골드 격차를 벌리고 이를 통해 아이템을 구매하며 캐리력을 확보한다.

1-3) "갱킹 빈도"보다는 효율적인 동선과 CS 수급이 중요하다.

2) 정글링 및 운영 패턴

2-1) 초반 1~2루프는 풀캠에 가깝게 돌며 경험치·골드를 최대한 확보한다.

2-2) 갱킹은 라인에서 명확한 각이 나왔을 때만 선택하고, 나머지 시간에는 상대 정글 캠프를 포함한 파밍 위주로 운영한다.

2-3) 첫 코어 이후부터는 강한 파워 스파이크 구간

(예: 1코어, 레벨 11)에 맞춰 교전을 설계한다.

3) 팀 교전 시 역할

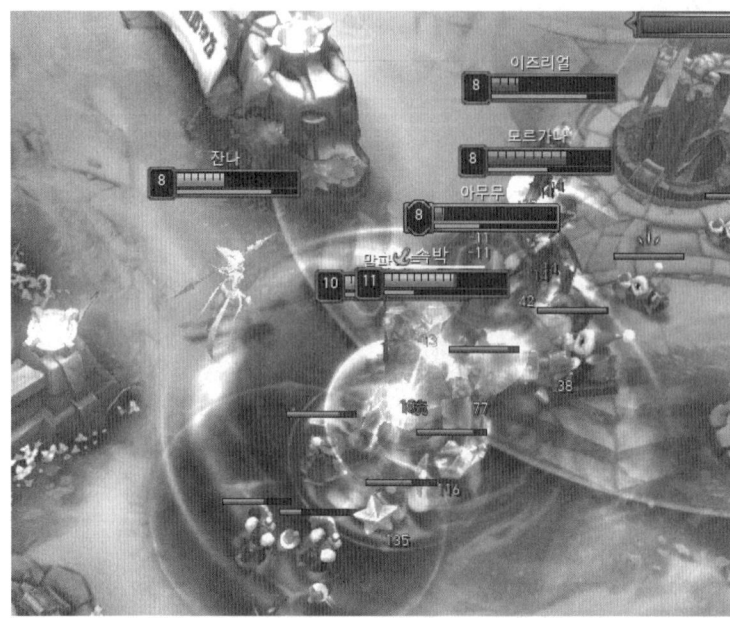

- 카서스가 높은
  레벨을 기반으로
  상대에게 많은
  데미지를 주는
  장면

3-1) 정글러가 사실상 팀의 한 축 캐리로서, 적 딜러 또는 광역 데미지로 상대에게
피해를 입혀 빠르게 녹이는 역할을 수행한다.

3-2) 포지셔닝은 딜러에 가깝게 잡되, 정글 특유의 기동력을 활용해 측면 진입·뒷라
인 침투를 노린다.

3-3) 한타 전에는 상대 정글 캠프·측면 시야를 정리해, 자신이 자유롭게 움직일 수
있는 공간을 확보해 두는 것이 중요하다.

4) 대표 챔피언 예시

카서스, 제드, 킨드레드, 자이라, 아이번

1 미드 포지션의 공통 핵심 역할

1-1) 맵의 심장이자 영향력의 허브 맵의 정중앙에 위치하여 탑, 바텀, 정글 모든 곳으로 가장 빠르게 지원을 갈 수 있다. 미드 라이너가 라인 주도권을 잡으면 정글러가 상대 정글을 들어갈 수 있고, 탑·바텀 다이브 압박이 가능해지는 등 팀전체의 영향력을 행사하는 포지션이다.

1-2) 팀의 딜러이자 메이킹 담당 전통적인 마법사(Mage) 챔피언은 광역 딜링으로 한타를 지배하고, 암살자(Assassin) 챔피언은 적 핵심 딜러를 제거한다. 단순히 딜만 넣는 것이 아니라, CC기(군중 제어기)를 활용해 교전을 열거나 변수를 창출하는 '플레이 메이커' 역할을 수행한다.

1-3) 게임 템포 조절 (선푸쉬 주도권) 미드 라인은 미니언이 가장 빨리 도착하는 라인이다. 웨이브를 먼저 밀고(선푸쉬) 시야를 지우면 상대는 압박감을 느끼게 되며, 반대로 라인을 당겨 정글러를 부르는 등 팀의 공격/수비 템포를 결정짓는 키를 쥐고 있다.

1-4) 정글러의 파트너 (미드-정글 시너지) "미드와 정글은 한 몸이다"라는 말처럼, 초반 바위게 싸움부터 중반 오브젝트 운영까지 정글러와 함께 2인 1조로 움직이며 국지전 승리를 이끈다.

2. 기본 운영 흐름

2-1) 초반: 라인전 상성(사거리, 스킬)에 따라 푸쉬할지 당길지 결정 → 3~4레벨 구간 바위게 교전 시 정글러 백업 최우선.

2-2) 6렙 이후: 궁극기를 활용해 킬 각을 보거나, 라인을 빠르게 밀고 로밍(탑/바텀) 또는 정글 깊숙이 시야 장악 시도. 2-3) 중반(1차 타워 파괴 후):

- 메이지: 본대(미드)에 남아 수성하며 성장을 계속하고, 오브젝트 대치 시 포킹/지속딜 준비.
- 암살자/브루저: 사이드 라인으로 이동해 운영하며, 적 딜러 암살이나 난전 유도.

2-4) 후반: 본인의 챔피언 특성(포킹, 이니시, 암살)에 맞춰 포지셔닝하며, 한타에서
　　　적 주요 딜러를 무력화하거나 폭발적인 광역 딜링 투사.

3. 미드 챔피언 유형

▦ 컨트롤 메이지형 (Control Mage)

> **역할** : 스탠딩 메이지라고도 불리며 라인 주도권과 광역 스킬로 오브젝트 전투와
> 한타를 설계하는 강력한 AP공격 타입의 챔피언들

1) 특징

- 아지르가 거리를
　유지하며 상대에게
　피해를 주는 모습

1-1) 라인 푸시 능력 + 중거리 견제 스킬을 동시에 보유한 경우가 많다.

1-2) 포지셔닝과 스킬 각을 통해 좁은 지형에서 강한 한타 파워를 낼 수 있다.

1-3) 이동기는 부족하지만, 대신 광역 데미지, 견제, 영역 제어에 강점이 있다.

2) 라인전 패턴

2-1) 라인을 안정적으로 밀면서, 빅 웨이브를 만든다.

2-2) 상대가 CS를 먹으러 오는 타이밍에 스킬 견제로 체력 우위를 확보한다.

2-3) 이를 기반으로 상대와의 격차를 벌리고 솔로 킬 혹은 라인을 밀어넣은 뒤 로밍을 다니며, 정글 시야 확보·강가 시야 장악·전령/용 합류로 이어가는 것이 기본 패턴이다.

3) 팀 교전 시 역할

- 아지르의 모래병사를 상대가 올 수 있는 위치에 소환하며 통로를 차단하는 모습

3-1) 오브젝트 앞 좁은 지형에서 광역 스킬·궁극기로 진형을 갈라놓거나 다수에게 피해를 주는 것이 핵심이다.

3-2) 한타 시작 전 포킹으로 상대 체력을 견제하며, 상대가 불리한 체력 상태에서 교전이 되도록 강요한다.

3-3) 스스로 이니시를 열기보다는, 우리 팀 이니시에 맞춰 2선에서 광역 딜·CC 연계를 넣는 경우가 많다.

4) 대표 챔피언 예시

아지르	오리아나	빅토르	신드라

▓ 누커형/폭딜형 미드 (Burst mage)

> **역할** : 순간적으로 짧은 시간 안에 폭발적인 피해를 입혀 상대 딜러를 빠르게 제
> 거하는 타입

1) 특징

- 애니의 지속적인
딜교환으로 상대의
체력이 저하되어
라인전 주도권을
가져오는 모습

1-1) 짧은 시간 안에 콤보 한 번으로 체력이 낮은 챔피언을 처치할 수 있는 스킬 구
성을 가진다.

1-2) 특정 스킬 콤보가 연계 시 더 강력한 피해를 입히는 특징들이 있다.

1-3) 한번에 적을 제거하지 못하면 리스크가 큰 단점이 있다.

2) 라인전 패턴

2-1) 2·3·6레벨 등 파워 스파이크 타이밍마다 적극적으로 딜교환과 킬 각을 만든다.

2-2) 라인을 얼려두거나 당겨두어, 정글과 함께 갱 호응→솔로 킬→라인 주도권 확보
패턴을 만든다.

2-3) 상대의 주요 스펠(점멸, 방어 스킬)이 빠진 타이밍을 기억하고, 그 타이밍에 맞
    춰 반복적인 킬 시도를 한다.

3) 팀 교전 시 역할

-애니의 궁극기를
 소환하여 두명의
 적을 한번에
 제거하는 모습

3-1) 정면 한타 전, 측면·후방에서 진입해 상대 원딜·코어 메이지를 먼저 삭제하는
    것이 핵심이다.
3-2) 굳이 킬을 내지 못하더라도, 궁극기/점멸을 강제로 빼는 것만으로도 큰 가치를
    가진다.
3-3) 진입 후 생존 경로까지 계산해, 한 번 진입으로 게임이 터지지 않도록 리스크
    를 관리해야 한다.

4) 대표 챔피언 예시

애니	애니비아	베이가	벡스
		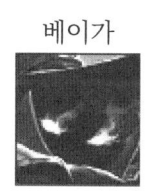	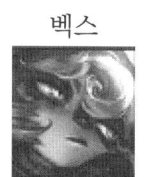

▞▚ 로밍형 / 글로벌형 미드

> **역할** : 라인푸쉬를 바탕으로 다른 라인에 지속적으로 개입해 이득을 보는 타입

1) 특징

– 트위스티드 페이트가 라인을 밀고 바텀으로 로밍 시도.

1-1) 빠른 라인 푸쉬 능력과 강력한 이동기 및 글로벌 궁극기 통해 탑/바텀/정글 교전에 빠르게 합류할 수 있다.

1-2) 라인에서 솔로킬로 이득을 보려 하기보다는, 로밍·숫자 우위를 통한 교전 승리로 게임을 풀어 간다.

1-3) 팀과의 연계, 턴, 라인 푸시 타이밍 조절이 중요하다.

2) 라인전 패턴

2-1) 라인을 빠르게 밀어넣고, 상대 미드를 타워에 묶어 둔 상태에서 강가·정글·사이드 라인으로 움직인다.

2-2) 정글과 함께 "푸시 → 시야 → 로밍" 순환 구조를 반복하며 맵 전체에 위협을 분산시킨다.

2-3) 로밍 빈도가 높아질수록, 상대 미드는 라인을 지키느라 맵에 영향력을 주기 어려워지는 상황에 놓이게 된다.

2-4) 궁극기를 배우게 되면 상황에 따라 로밍 활용이 아닌 손해를 방지하기 위해 라인 복귀용 궁을 쓰기도 한다.

3) 팀 교전 시 역할

– 트위스티드 페이트가 궁극기를 활용하여 바텀에 로밍을 오는 모습

3-1) 교전이 일어나기 전에 먼저 합류하거나, 궁극기를 통해 숫자 우위를 만드는 것이 핵심이다.

3-2) 사이드에서 교전이 열릴 시, 우리 팀이 인원수 우위에 앞설 수 있게 합류를 먼저 한다.

3-3) 사이드 라인에서 계속 압박하며 상대가 막으러 올 때 역으로 본대에 합류하여 교전을 연다.

3-4) 아군이 스플릿 푸쉬를 할 때 사이드에 빠르게 합류하며 2:1 상황을 만들어 이득을 본다.

4) 대표 챔피언 예시

트위스티드 페이트  탈리야  판테온  파이크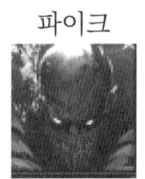

▣ 배틀메이지 (전투형 마법사)

역할 : 비교적 짧은 사거리에서 강력한 지속 딜링(DPS)과 생존기를 바탕으로, 교전 지속 시간이 길어질수록 파괴력이 극대화되는 타입

1) 특징

– 라이즈가 스킬콤보
  연계를 활용하여
  상대에게 지속적인
  피해를 주고 있는
  모습

1-1) 일반적인 메이지보다 사거리는 짧지만, 체력 회복(피흡), 보호막, 회피기 등 적의 포커싱을 버텨낼 수 있는 수단을 보유하고 있다.

1-2) 스킬 한 사이클로 적을 암살하기보다는, 스킬을 끊임없이 난사하며 누적 딜량
　　으로 상대를 압도하는 방식을 선호한다.

1-3) 아이템 의존도가 높아 초반보다는 중후반 왕귀(Carry) 능력이 뛰어나며, 성장했
　　을 때 '단단한데 딜도 센' 레이드 보스 같은 존재감을 뽐낸다.

2) 라인전 패턴

2-1) 초반에는 마나 소모가 심하거나 사거리가 짧아 견제에 취약할 수 있으므로, 안
　　정적인 파밍과 레벨링을 최우선 목표로 삼는다.

2-2) 핵심 아이템(영겁의 지팡이, 대천사의 포옹, 리안드리 등)이 나오기 시작하면,
　　라인 클리어 속도가 급격히 빨라지며 맞딜 능력이 기하급수적으로 상승한다.

2-3) 상대가 딜교환을 걸어올 때, 받아치면서 체력을 회복하거나 지속 싸움으로 끌
　　고 가 이득을 보는 딜교환 구조를 만든다.

3) 팀 교전 시 역할

－ 라이즈가
　앞라인에서 짧은
　스킬쿨과 높은
　체력을 바탕으로
　적극적으로 교전을
　하는 모습

3-1) 포킹 챔피언처럼 뒤에 숨기보다는, 앞 라인 혹은 적진 한가운데 위치하여 광역
　　딜링을 쏟아붓는 '딜탱' 역할을 수행한다.

3-2) 적의 주요 스킬이나 어그로를 한 번 받아내고(흘려내고), 끈질기게 살아남아 지
   속적으로 딜을 넣어 진형을 붕괴시킨다.

3-3) 교전이 길어질수록 스킬 쿨타임을 여러 번 돌릴 수 있어 유리하므로, 아군이
   버텨주는 동안 적을 하나씩 녹여버리는 메인 캐리 역할을 맡는다.

4) 대표 챔피언 예시

블라디미르	라이즈	카시오페아	스웨인

제4장

원거리 딜러 포지션과 챔피언 유형

1. 원거리 딜러(ADC) 포지션의 공통 핵심 역할

1-1) 팀의 메인 지속 딜러인 원거리 딜러는 기본 공격(평타)을 통해 지속적으로 데미지를 넣을 수 있다. 탱커를 녹이거나 오브젝트(용, 바론, 타워)를 빠르게 처리하는 데 있어 대체 불가능한 핵심 전력이다.

1-2) 생존과 포지셔닝 방어력이 약해 적의 최우선 타겟이 되므로, '죽지 않고 끝까지 살아남아 딜을 넣는 것'이 실력의 척도가 된다. 한타 시 적의 주요 스킬(CC기, 궁극기)이 빠지는 것을 체크하고 진입하는 판단력이 요구된다.

1-3) 성장을 통한 후반 캐리 초반 영향력은 약하지만 아이템이 갖춰질수록 기하급수적으로 강해진다. 팀원들이 만들어준 판에서 CS와 킬을 먹고 성장하여, 게임 후반부의 승패를 결정짓는 '보험'이자 '결전 병기' 역할을 한다.

1-4) 오브젝트 처리 속도 보장 높은 지속 딜링 능력을 바탕으로 타워 철거, 바론 및 장로 드래곤 버스트(빠른 사냥)를 주도하여 운영의 속도를 높인다.

2. 기본 운영 흐름

2-1) 초반: CS 수급 최우선 → 서포터와 호흡을 맞춰 라인전 딜 교환 및 갱킹 회피.

2-2) 라인전 종료 후(1차 타워 파괴 시): 미드 라인으로 이동(swapping)하여 안전하게 성장을 이어가며, 서포터/정글과 시야 공유.

2-3) 중반: 사이드 라인 깊숙이 가지 않고, 본대와 함께 움직이며 오브젝트 대치 상황에서 지속 딜링 준비.

2-4) 후반: 생존템(수호천사 등) 구비 후, 한타에서 가장 안전한 위치를 잡고 앞 라인부터 차근차근 정리(카이팅).

3. 원거리 딜러 유형

■ 평타 기반 원딜러 (지속딜 기반 / 하이퍼 캐리)

> 역할 : CS 수급과 성장을 통해 코어 아이템을 갖춘 뒤, 중후반 교전에서 압도적인 지
> 속 딜링(DPS)으로 탱커와 적을 파괴하는 타입. 게임이 길어질수록 팀의 승리를
> 책임지는 최종 병기이자, 모든 자원과 아군의 보호를 받아야 하는 핵심 캐리
> 포지션이다.

1) 특징

- 아펠리오스가 평타
사거리로 들어온
자이라를 공격하는
모습

1-1) 공격 속도와 치명타 기반의 압도적 화력
- 공격 속도와 치명타 아이템(무한의 대검, 루난의 허리케인, 고속 연사포 등)을
기반으로 하며, 탱커나 브루저를 순식간에 녹이는 데 탁월하다
- 평타 한 대 한 대가 치명타로 터지면서 초당 수천의 피해를 누적시켜, 체력이
높은 탱커조차 5~6초 내에 제압할 수 있다

- 타워, 드래곤, 바론, 전령 등 모든 오브젝트 처리 속도가 매우 빠르며, 특히 용이나 바론을 솔로잉하거나 팀과 함께 빠르게 녹일 수 있다
- 코그모나 베인처럼 %체력 피해를 가진 챔피언은 탱커 상대로 더욱 치명적이며, 아무리 방어력을 쌓아도 무의미하게 만든다
- 트위치나 징크스처럼 광역 평타나 스플래시 피해를 가진 챔피언은 여러 적을 동시에 공격하여 팀파이트에서 압도적인 딜량을 기록한다
- 코어 아이템이 완성될수록 캐리력이 높아지며 적을 순식간에 제거 할 수 있다.
- 크라켄 학살자나 구인수의 격노검 같은 온힛 효과 아이템과 시너지가 뛰어나, 평타 한 대마다 추가 피해가 터지며 순식간에 적을 제거 할 수 있다.

1-2) 낮은 생존력과 보호 의존도

- 기본 체력과 방어력이 낮아 생존력이 매우 취약하므로, 아군 앞라인(탱커, 브루저)의 보호와 본인의 거리 조절 능력이 필수적이다.
- 대부분 사거리 550, 650의 원거리 챔피언이지만, 암살자나 돌진 챔피언에게 접근당하면 순식간에 죽는다.
- 생존기나 이동기가 없는 '뚜벅이' 챔피언(코그모, 징크스, 아펠리오스)은 포지셔닝 실수가 곧 죽음으로 이어진다.
- 아군 서포터의 보호막, 회복, CC가 없으면 한타에서 제대로 딜을 넣기도 전에 집중 공격당해 무력화된다.
- 소환사 주문(점멸, 회복)과 수은 장식띠 같은 CC기 해제 아이템의 타이밍이 생존을 결정짓는다.
- 적 암살자(제드, 르블랑, 탈론 등)나 돌진 챔피언(이렐리아, 카밀 등)의 위치를 항상 체크하며, 이들이 보이지 않으면 수비적인 플레이를 해야 한다.
- 수호 천사를 구매하여 한 번 죽더라도 다음 기회를 확보하는 것이 중요하다.
- 팀원들과의 소통을 통해 "나를 지켜달라", "적 암살자 조심" 등의 핑을 적극 활용하여 보호받을 환경을 만든다.

1-3) 아이템 의존도와 성장 구간

- 아이템 의존도가 극도로 높아 초반(1~2코어)에는 약하지만, 성장이 완료된 중후반(3코어 이상)에는 게임의 승패를 결정짓는 강력한 캐리력을 발휘한다.

- 1코어(크라켄 학살자, 징수의총) 완성 시점부터 딜이 조금씩 강해지기 시작하며, 2코어(고속 연사포, 루난의 허리케인 등) 완성 시 본격적인 파워 스파이크가 온다.
- 3코어(무한의 대검) 완성 시 치명타 피해가 극대화되어, 탱커조차 아주 빠르게 녹이는 진정한 하이퍼 캐리가 된다.

- 초반 라인전에서 CS를 놓치거나 킬을 내주면 아이템 타이밍이 늦어지며, 이는 팀 전체의 파워 타이밍 손실로 이어진다.
- 반대로 초반에 잘 성장하여 아이템을 먼저 완성하면, 상대보다 한 템포 빠른 파워 스파이크로 게임을 압도할 수 있다.
- 골드 효율이 높은 아이템 빌드 경로를 선택하는 것이 중요하며, 상황에 따라 흡혈이나 방어 아이템을 섞어 생존력을 보완한다.
- 미드 게임(15~25분)이 가장 위험한 구간으로, 아이템이 덜 나온 상태에서 적의 파워 스파이크와 맞붙으면 불리하므로 신중한 플레이가 필요하다.
- 후반(30분 이후) 풀템이 완성되면 상대 탱커 라인을 혼자서도 무너뜨릴 수 있으며, 바론과 장로 드래곤, 한타 싸움에서 결정적인 역할을 한다.

2)라인전 패턴
2-1) CS(Creep Score) 수급 최우선 전략과 성장 집중
- 초반에는 킬을 내기보다 CS를 놓치지 않고 챙기는 '성장'을 최우선 목표로 삼는다
- 분당 CS를 유지하여 10분에 75~90개 CS, 20분에 170~190 CS를 목표로 한다.
- 상대의 견제가 심하더라도 체력을 일부 소모하면서라도 CS는 반드시 챙기며, 포션과 흡혈로 체력을 회복한다.
- 포탑 아래에서 CS를 먹는 연습(타워 파밍)을 숙달하여, 라인이 밀려도 CS 손실을 최소화한다.
- 상대가 로밍을 가거나 리콜한 타이밍에 라인을 빠르게 밀어 포탑에 미니언을 박아 압박하고, 상대의 CS 손실을 유도한다.
- 정글 캠프(골렘, 늑대 등)를 여유가 있을 때 먹어 추가 골드를 확보하며, 정글러와 소통하여 양보받을 수 있는 자원을 챙긴다.

- 킬보다는 안정적인 성장이 중요하므로, 무리한 올인보다는 안전한 파밍을 선택한다.
- 백업 핑을 적극 활용하여 아군 정글러나 서포터에게 "CS 먹을 시간이 필요하다"는 신호를 보낸다.

2-2) 사거리 차이를 이용한 견제와 카이팅

- 상대와의 평타 사거리 차이를 정확히 인지하고, 이를 이용한 일방적인 견제나 카이팅 싸움을 유도한다.
- 케이틀린(650), 애쉬(600), 징크스(525~700) 등은 긴 사거리를 활용해 상대가 반격할 수 없는 거리에서 무료 견제를 넣는다.
- 상대가 CS를 먹으러 다가올 때 평타를 먼저 꽂아 체력 우위를 만들고, 점차 상대를 라인에서 밀어낸다.
- 카이팅(공격 후 뒤로 빠지기)을 활용하여 상대의 반격을 최소화하면서 지속적인 피해를 누적시킨다.
- 미니언 어그로 관리를 통해 상대를 견제하면서도 미니언의 집중 공격을 받지 않도록 주의한다.
- 스킬을 섞어 견제할 때는 마나 소모를 고려하며, 주요 스킬은 갱킹 대응이나 결정적인 순간을 위해 아껴둔다.
- 상대의 스킬 쿨타임을 파악하여, 주요 스킬이 빠진 타이밍에 공격적으로 나서 체력 우위를 극대화한다.
- 사거리가 짧은 챔피언(루시안 500, 베인 550)은 무리한 견제보다는 안전한 CS 확보에 집중하고, 기회가 왔을 때만 폭딜을 넣는다.

2-3) 갱킹 대응과 맵 리딩의 중요성

- 생존기가 부족한 경우(뚜벅이)가 많아, 라인을 너무 깊게 밀면 갱킹에 당하기 쉬우므로 맵 리딩과 위치 선정이 필수다
- 강 쪽 부쉬와 삼각 부쉬에 와드를 설치하여 적 정글러의 동선을 미리 파악하고, 갱킹을 예측한다.
- 적 정글러가 미니맵에 보이지 않으면 즉시 라인을 당기고, 안전한 위치에서 파밍한다.
- 라인을 아군 포탑 쪽으로 프리징(동결)하여 상대를 위험한 위치로 유인하고, 아

군 정글러의 역갱을 유도한다.

- 점멸이나 치유 같은 소환사 주문이 없을 때는 극도로 수비적인 플레이를 하며, 쿨타임이 돌아올 때까지 버틴다.
- 적 정글러의 갱킹 패턴(레벨 3 갱, 6렙 궁갱 등)을 예측하여, 해당 타이밍에 더욱 신중하게 플레이한다.
- 아군 정글러가 근처에 있을 때는 좀 더 공격적으로 라인을 밀어 적을 압박하고, 역갱을 유도할 수 있는 환경을 만든다.
- 이동기가 없는 챔피언(코그모, 징크스)은 갱킹 대응이 어려우므로, 포탑 근처에서만 파밍하거나 아군 서포터와 항상 가까이 붙어 있어야 한다.
- 미니언 웨이브 관리(슬로우 푸쉬, 패스트 푸쉬, 프리징)를 마스터하여 라인 위치를 조절하고, 갱킹 위험을 최소화한다.

3) 팀 교전 시 역할

- 징크스가 팀원을 앞에 두고 좋은 포지션에서 지속적으로 딜을 넣는 모습

3-1) 후방 포지셔닝과 생존 최우선

- 교전이 시작되면 가장 안전한 후방 포지션에서 끝까지 살아남아 지속적으로 딜을 넣는 것이 제1목표다.
- 한타가 시작되기 전 아군 탱커와 서포터 뒤에 자리를 잡고, 적의 진입 각도를

예측하여 안전한 위치를 선점한다.

- 절대 먼저 앞으로 나가지 않으며, 적의 주요 스킬(암살자의 궁극기, 이니시에이터의 CC 등)이 빠질 때까지 기다린다.
- 벽이나 지형지물을 등지고 서서 적이 뒤에서 기습할 수 없도록 하며, 도주 경로를 항상 확보한다.
- 적 암살자가 자신을 노리는지 계속 체크하며, 보이지 않는다면 극도로 수비적인 위치를 유지한다.
- 아군 탱커가 먼저 들어가 적의 어그로와 스킬을 소모시킬 때까지 참을성 있게 기다린다.
- 교전 중 체력이 50% 이하로 떨어지면 즉시 후퇴하여 회복하거나, 안전한 거리에서 최소한의 딜만 넣는다.
- 죽는 것보다 살아서 조금이라도 딜을 넣는 것이 팀에 훨씬 유리하므로, 생존이 항상 최우선이다.

3-2) 앞라인부터 치기 원칙과 타겟 우선순위

- 무리해서 적 딜러를 노리기보다, 내 사거리 안에 들어온 적(주로 탱커나 브루저)부터 차근차근 녹여나가는 '앞라인부터 치기'를 수행한다.
- 많은 초보자들이 적 원딜이나 미드를 노리다가 먼저 죽는 실수를 하지만, 프로 선수들도 대부분 앞라인부터 제거한다.
- 탱커나 브루저를 빠르게 녹이면 적 팀의 진형이 무너지고, 자연스럽게 적 딜러에게 접근할 기회가 생긴다.
- 타겟 우선순위: 내 사거리 안의 적 〉 체력이 낮은 적 〉 위협적인 적 〉 적 딜러 순서로 공격한다.
- 코그모나 베인처럼 %체력 피해를 가진 챔피언은 탱커를 녹이는 것이 더욱 효율적이며, 이들을 먼저 제거하여 아군의 안전을 확보한다.
- 적 딜러를 노리려면 아군 탱커나 브루저가 진입하여 적 팀을 분산시킨 후, 안전하게 접근할 수 있을 때만 시도한다.
- 절대 적진 깊숙이 들어가지 않으며, 사거리를 최대한 활용하여 안전 거리에서 지속적으로 평타를 날린다.
- 징크스나 트위치처럼 광역 평타를 가진 챔피언은 적들이 뭉쳐 있을 때 여러 명을 동시에 공격하여 엄청난 딜량을 뽑아낸다.

3-3) 거리 조절 아이템과 카이팅 마스터

- 이동기가 없는 챔피언은 '고속 연사포' 등의 아이템이나 패시브를 활용해 거리 조절에 사활을 걸어야 한다.
- 고속 연사포는 평타 사거리를 조금 더 증가시켜, 더 안전한 거리에서 딜을 넣을 수 있게 해준다.
- A-클릭(공격 이동)을 활용하여 이동 중에도 끊김 없이 평타를 날리며, 적의 추격을 따돌린다.
- 적 브루저나 암살자가 접근하면 즉시 점멸이나 치유를 사용하여 거리를 벌리고, 아군 쪽으로 도망친다.
- 팀원들과의 호흡을 맞춰, 아군 서포터나 탱커가 적을 묶어줄 때 안전하게 딜을 넣고, 위험하면 즉시 후퇴한다.
- 교전 후반부에 적의 주요 스킬이 모두 빠졌을 때, 비로소 공격적으로 전진하여 남은 적들을 정리한다.

4) 대표 챔피언 예시

징크스	미스포츈	아펠리오스	케이틀린

▦ 스킬 기반 원거리 딜러(스킬 쿨타임 기반)

> **역할** : 평타보다 긴 스킬 사거리를 이용해 라인전 단계부터 상대를 강하게 압박하고, 지속적인 스킬 사용으로 상대의 체력을 깍으며 변수를 만드는 타입

1) 특징

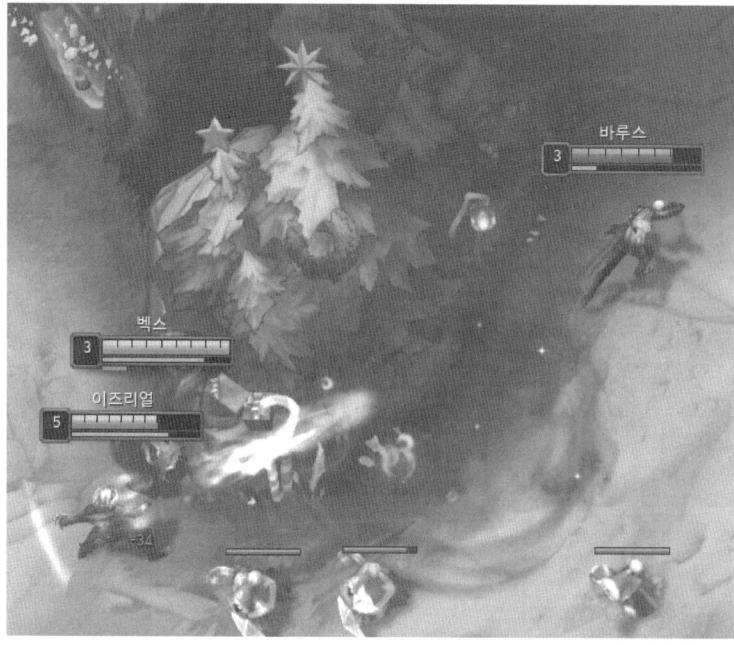

– 이즈리얼이 멀리서 스킬을 사용하며 견제하는 모습

1-1) 재사용 대기시간 감소(CDR)와 마나 아이템을 올리며, 평타보다는 스킬 활용을 통한 순간 폭딜 능력이 뛰어나다.

1-2) 평타 사거리보다 긴 스킬 사거리를 활용해 일방적인 딜 교환이 가능하며, 교전 전 포킹으로 우위를 점하기 좋다.

1-3) 스킬이 빗나갈 경우 딜로스가 발생하며, 후반으로 갈수록 탄탄한 탱커를 뚫는 지속 딜링 능력은 지속딜 기반 원거리 딜러에 비해 떨어진다.

2) 라인전 패턴

2-1) 긴 스킬 사거리를 이용해 상대의 체력을 갉아먹으며(Poke) 라인 주도권을 강하게 가져온다.

2-2) 스킬 적중률이 곧 라인전의 승패를 가르므로, 신중한 스킬 사용과 마나 관리가
   요구된다 .

2-3) 주도권을 잡았을 때 상대를 타워에 몰아넣고 압박하여 CS 손실을 유도하거나
   포탑 방패 골드를 채굴한다.

3) 팀 교전 시 역할

- 코르키의 궁극기인
  미사일 폭격을
  활용하여 적을
  견제하는 모습

3-1) 한타 시작 전, 긴 사거리의 스킬로 적의 체력을 미리 깎아놓아 아군이 진입하
   기 좋은 상황을 만든다.

3-2) 이동기(이즈리얼의 비전이동, 코르키의 발키리)를 활용해 과감하게 앞 포지션을
   잡거나 적의 어그로를 한 턴 흘려낸다.

3-3) 강력한 CC기(바루스의 궁극기)를 보유한 경우, 직접 이니시에이팅을 걸거나 도
   망가는 적을 묶어 킬을 만들어낸다.

4) 대표 챔피언 예시

이즈리얼	스몰더	바루스	코르키

1. 서포터 포지션의 공통 역할

1-1) 바텀 라인전의 설계자 "바텀 라인전의 80%는 서포터가 만든다"는 말처럼, 초반 딜 교환, 그랩, 견제 등을 통해 원딜이 성장할 수 있는 판을 깐다. 원딜을 키우는 '어머니'와 같은 존재이자 라인전의 실질적인 리더다.

1-2) 시야 장악과 맵 리딩 (제2의 사령관) 와드와 제어 와드, 렌즈를 활용해 맵을 밝히고 적의 시야를 지운다. 확보된 시야를 바탕으로 적의 이동 경로를 예측하고, 팀원들에게 오더를 내리거나 위험 신호(핑)를 주는 정보전의 핵심이다.

1-3) 변수 창출과 로밍 (제2의 정글러) 원딜이 안전하거나 라인을 밀어넣은 타이밍에 미드나 정글, 탑으로 로밍을 다닌다. 예상치 못한 타이밍에 수적 우위를 만들어 킬을 내거나 전령 싸움을 돕는 등 전맵을 무대로 활동한다.

1-4) 이니시에이팅 및 아군 보호 (Peel) 챔피언 특성에 따라 과감하게 싸움을 여는 (이니시) 역할을 하거나, 적 암살자로부터 아군 딜러를 지키는(유틸/보호) 역할을 수행한다.

2. 기본 운영 흐름

2-1) 초반: 선 2렙 타이밍 설계, 부쉬 장악, 견제를 통해 원딜 파밍 환경 조성 및 킬 각 설계.

2-2) 첫 귀환 및 기동신(신발) 이후: 정글러와 함께 시야 장악 및 미드/오브젝트 싸움 합류(로밍).

2-3) 중반: 주요 오브젝트(용, 바론) 생성 1분 전부터 미리 시야 작업 및 낚시 플레이 설계.

2-4) 후반: 아군 핵심 딜러 옆에 붙어 생존을 돕거나, 점멸+CC기를 활용해 아군의 생존을 돕고 적 딜러를 무력화하여 한타 승리 견인.

3. 서포터 챔피언 유형

▦ 탱커형 서포터 (공격형 / 수비형)

> **역할** : 높은 방어력과 체력을 바탕으로 전방에서 적의 공격을 받아내거나(Tanking), 과
> 감한 이니시에이팅으로 교전을 주도하는 타입이다. 탱커형 서포터는 팀의 '방패'이
> 자 '창'으로서, 상황에 따라 아군을 지키거나 적진을 무너뜨리는 핵심 역할을 담
> 당한다.

1) 특징

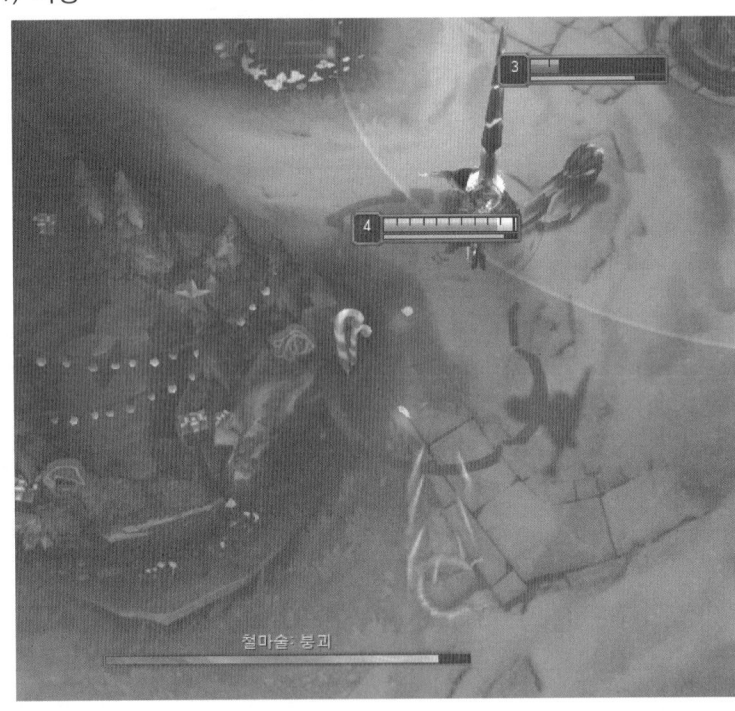

– 렐이 CC기 스킬과
 추가효과인
 보호막으로
 상대에게 압박을
 주는 모습

1-1) 강력한 생존력과 군중 제어 능력
- 일시적인 자기 강화 스킬(방어력, 마법 저항력 증가)을 통해 순간적으로 엄청난
  탱킹능력을 발휘한다.
- 자가 회복 메커니즘이나 보호막 스킬로 지속적인 전투 능력을 유지할 수 있다.
- 스턴, 넉백, 에어본, 속박 등 다양한 형태의 강력한 군중 제어기(CC)를 다수 보

유하고 있어, 적의 움직임을 완전히 차단할 수 있다.

- 이러한 CC 연계를 통해 1~2초 이상 적을 무력화시켜 아군이 안전하게 딜을 넣을 수 있는 환경을 조성한다.
- 패시브나 기본 스탯 자체가 방어 지향적으로 설계되어 있어, 아이템이 부족한 초반에도 탱킹이 가능하다.

1-2) 공격형과 수비형의 차별화된 플레이 스타일

- 공격형 탱커 서포터

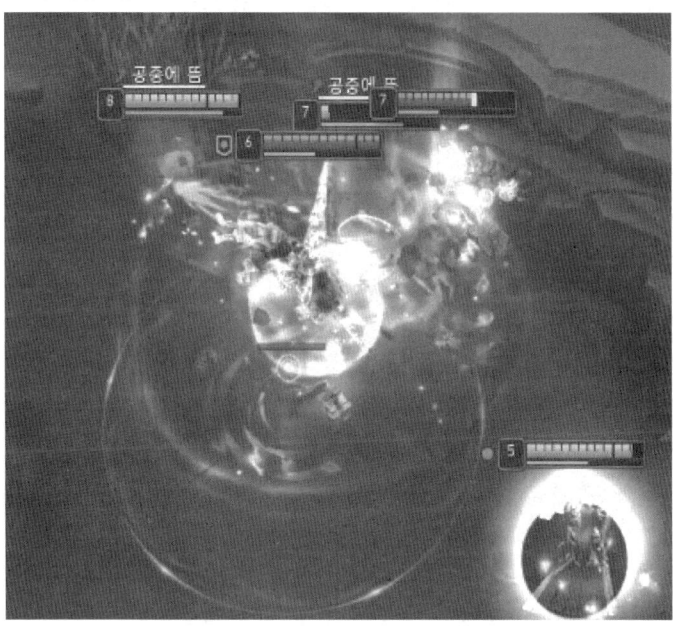

– 렐이 궁극기를
활용하여 적에게
교전을 여는 모습

- 과감한 진입(Engage)으로 교전을 먼저 시작하는 이니시에이터 역할에 특화되어 있다.
- 점멸이나 돌진 스킬을 활용해 깜짝 이니시를 열거나 적진 깊숙이 들어가 핵심 타겟을 무력화시킨다.
- 적을 직접 처치하거나 아군에게 확실한 킬 기회를 제공하는 역할을 수행한다.
- 레벨 2~3 스킬 콤보를 활용한 초반 킬각 창출에 능하다.
- 로밍을 통해 다른 라인에도 적극적으로 영향력을 행사할 수 있다.

• 대표적예시(공격적 운영시)

레오나	렐	노틸러스
		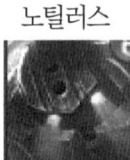

- 수비형 탱커 서포터

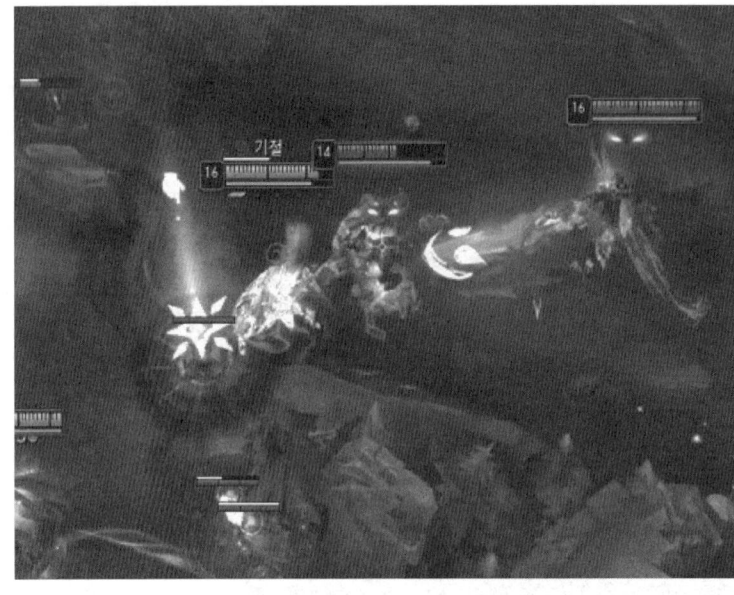

-브라움이 앞에서
 탱킹을 하며 아군
 딜러가 딜을 할 수
 있게 만드는 모습

• 아군을 보호하고 적의 진입을 차단하는 수비적 운영에 탁월하다.
• 아군 원딜이나 캐리 챔피언 주변에 머물며 적 암살자나 돌진형 챔피언을 저지한
  다.
• 방어막, 피해 감소, 적 이동 차단 등 보호 메커니즘이 더욱 강력하다.
• 라인전에서는 다소 수동적이지만, 갱킹 대응력과 역교전 능력이 뛰어나다.
• 후반 한타에서 아군 딜러의 생존을 책임지는 수호자 역할에 특화되어 있다.

- 대표적예시

알리스타	라칸	브라움

1-3) 명확한 약점과 팀 의존성

- 원거리 견제기가 부족하거나 사거리가 짧아 포킹형 조합에 매우 취약하다.
- 럭스, 제라스, 벨코즈 같은 장거리 딜러형 서포터에게 일방적으로 체력을 깎일 수 있다.
- 스킬 쿨타임이 비교적 길어, CC기를 빗나가면 한동안 위협적이지 못하다.
- 본인의 딜량이 제한적이기 때문에 팀의 화력(원딜, 미드 등)이 부족하면 혼자서는 변수를 만들기 어렵다.
- 아무리 완벽한 이니시에이팅을 해도 아군이 후속타를 넣어주지 못하면 무용지물이 되는 팀 의존적 성향이 강하다.
- 초반 라인전에서 밀리면 갱 호응 외에는 뚜렷한 반격 수단이 부족하다.

2) 라인전 패턴
2-1) 견제형 상대를 만났을 때의 대응법
- 사거리가 긴 딜러형(럭스, 제라스) 또는 유틸형(나미, 룰루) 서포터를 상대로는 초반 견제에 매우 취약하다.
- 불필요한 피격을 최소화하는 것이 가장 중요한 핵심 전략이다.
- 미니언 웨이브 뒤에 숨어서 상대 스킬을 몸으로 막지 않도록 주의한다.
- 하지만 상황에 따라 몸으로 직접 탱킹을 해야 할 때도 있다.
- 체력 물약, 세계지도집 회복을 효율적으로 활용하여 라인 유지력을 극대화한다.
- 억지로 교전을 열기보다는 경험치를 최대한 확보하며 레벨 6이나 정글 갱킹을 기다린다.
- 부쉬(수풀) 장악을 통해 상대의 견제 각도를 제한하고, 예측 불가능한 위치 선정으로 심리적 압박을 준다.
- 상대가 스킬을 빗나가거나 쿨타임이 있을 때 짧은 딜교환 기회를 노린다.

2-2) 공격형 탱커의 킬각 창출 전략
- 생존력이 낮은 적(적 주요 딜러, 피 상태가 좋지 않은 적, 몸이 약한 적 등)을 주요 타겟으로 설정한다.
- '점멸+CC' 콤보로 상대가 반응할 시간조차 주지 않는 과감한 이니시에이팅을 시도한다.
- 레벨 2 타이밍(7번째 미니언 처치)을 정확히 인지하고, 상대보다 먼저 2레벨에 도달하면 과감하게 아군 원딜의 스펠(힐, 배리어, 정화, 점멸) 유무와 체력, 마나, 미니언 개수, 상대 서포터와 원딜의 위치, 체력 상태를 확인한 후 올인을 결정한다.
- 상대의 소환사 주문(점멸, 회복), 중요 스킬 쿨타임을 체크하여 빠진 타이밍을 적극 활용한다.
- 미니언 어그로를 계산하여 자신이 받는 피해를 최소화하면서 킬을 만들어 낸다.
- 실패해도 상대의 체력과 스펠을 빼냈다면 정글 갱킹 기회를 만든 것으로 충분히 가치가 있다.

2-3) 수비형 탱커의 안정적 운영법
- 겉으로 보기엔 수동적이고 소극적일 수 있지만, 실제로는 매우 전략적인 플레이이다.
- 상대의 하드 CC(스턴, 속박, 그랩 등)를 몸으로 대신 받아주며 아군 원딜을 보호한다.
- 상대의 견제 스킬을 보호막이나 피해 감소 스킬로 딜을 일부 무시하고, 패시브 혹은 스킬에 있는 회복 효과로 라인전 지속력을 높인다.
- 아군 원딜이 안전하게 CS를 먹고 편안하게 딜을 넣을 수 있는 환경을 만드는 것이 최우선 목표이다.
- 상대가 먼저 공격적으로 나올 때 적이 들어오는 것을 CC기로 받아치며 역으로 상황을 역전시킬 수 있다.
- 갱킹 상황에서 빛을 발하며, 정글러와의 호흡이 매우 중요하다.
- 아군이 후반 캐리형 챔피언일 때 특히 효과적인 라인전 방식이다.

3) 팀 교전 시 역할

3-1) 최전방에서의 탱킹과 CC 제공

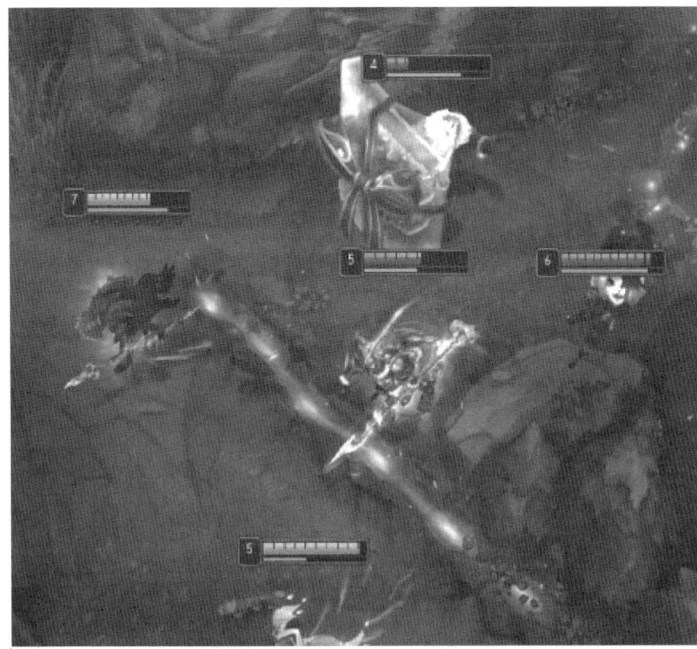

- 브라움이 방패를
  들어 상대의
  공격을 막는 모습

- 팀의 가장 앞에서 적의 포킹이나 스킬을 몸으로 맞으며 시야를 뚫고 아군의 체력이 최대한 깎이지 않도록 하고, 아군 딜러진이 안전하게 딜을 넣을 수 있도록 한다.
- 적의 핵심 딜러(원딜, 미드 AP 캐리)에게 결정적인 CC를 적중시켜 무력화시킨다.
- 적 팀의 포지셔닝 실수나 이탈자를 포착하여 순간적으로 교전을 개시한다.
- 궁극기와 소환사 주문을 적절히 활용하여 생존 시간을 최대한 늘려 아군을 보호하며 교전에서 유리한 구도를 만들어 낸다.
- 죽더라도 적의 주요 스킬과 궁극기를 빼내고 아군에게 싸울 환경을 만들어준다면 가치 있는 희생이다.

3-2) 진입 타이밍의 중요성
- 화력이 부족한 조합에서는 무리하게 혼자 들어가면 고립되어 녹아버린다.
- 아군의 스펠, 스킬 쿨타임, 위치, 마나, 체력 상태를 반드시 확인한 후 진입해야

한다.

- 용/바론 싸움처럼 오브젝트가 있는 싸움에서는 상대적으로 진입이 용이하다.
- 적의 주요 CC기나 궁극기가 빠진 것을 확인한 후 들어가면 생존율이 크게 증가한다.
- 너무 빨리 들어가도, 너무 늦게 들어가도 안 되는 타이밍 싸움이 핵심이다.
- 시야 싸움에서 부쉬나 벽을 활용한 기습적 이니시에이팅이 매우 효과적이다.
- 페이크 진입(위협만 주고 빠지기)으로 적의 대형을 흐트러뜨리는 전략도 중요하다.

3-3) 수비형 탱커의 딜러 보호 임무

-브라움이 팀원을
살리기 위해
적군에게 달려드는
모습

- 아군을 무는 적 암살자(제드, 탈론, 카직스 등)나 브루저(이렐리아, 잭스, 암베사 등)의 진입을 방해하고, 진입 시 스킬 연계가 되지 않도록 한다.
- 적이 아군 딜러에게 접근하는 경로를 물리적으로 막아서거나 CC로 저지한다.
- 아군 딜러가 죽지 않고 계속 딜을 넣을 수 있도록 끝까지 곁을 지킨다.
- 보호막, 피해 감소, 하드 CC 스킬 등을 활용하여 아군의 생존력을 극대화한다.

- 때로는 공격적 탱커처럼 진입하는 것보다 뒤에 남아서 지키는 것이 훨씬 가치 있을 수 있다.
- 특히 후반으로 갈수록 원딜의 중요도가 높아지므로 수비형 탱커의 가치도 함께 상승한다.
- 상황 판단 능력이 매우 중요하며, '언제 들어가고 언제 지킬 것인가'를 결정하는 센스가 필요하다.

- 대표 챔피언 예시
  (공격형) 레오나, 파이크, 판테온, 렐, 노틸러스
  (수비형) 브라움, 탐 켄치, 라칸, 알리스타

▓ 딜러형 서포터

> **역할** : 강력한 스킬 데미지와 긴 사거리를 이용해 라인전 단계에서부터 상대를 찍어 누르고, 킬과 포탑 골드를 통해 스노우볼을 굴리는 타입이다. 전통적인 서포터 보다는 '서브 미드'에 가까운 플레이를 하며, 초반 우위를 바탕으로 게임을 빠르게 끝내는 것이 목표이다.

1) 특징

– 카르마의 궁극기를 활용하여 강화 Q로 적에게 강한 데미지를 넣는 모습 (카르마는 궁극기를 1레벨에 사용할 수 있다)

1-1) 저비용 고효율의 초반 화력

- 딜 계수(AP 비율)가 높아 기본 스킬만으로도 상당한 피해를 입힌다.
- 사거리가 매우 길어 상대가 반격하기 어렵다.
- 적은 코어 아이템(낮은 골드 투자)으로도 초반에 강력한 화력을 뿜낼 수 있다.
- 서포터 아이템의 골드 효율이 높아 빠르게 주요 아이템을 완성할 수 있다.
- 스킬 하나하나가 '약한 CC(둔화, 속박 등) + 높은 데미지'를 동시에 제공하는 경우가 많다.
- 상대의 체력을 점차 깎아내는 능력이 뛰어나 좋은 딜교환이 되었다면 2vs2 상황에서 더블 킬을 노릴 수 있다.

- 초반 라인전에서 압도적인 우위를 점하면 상대를 타워 아래로 완전히 가둘 수 있다.

1-2) 취약한 생존력과 높은 위험 부담
- 견제력은 뛰어나지만 기본적으로 몸이 매우 약하다.
- 방어력과 체력이 낮아 갱킹을 당하면 순식간에 녹아버린다.
- 이동기나 생존 스킬이 거의 없어 한 번 물리면 살아나기 어렵다.
- 체력 관리가 매우 중요하며, 조금만 방심해도 역으로 킬을 내줄 수 있다.
- 적 정글러의 동선을 항상 예측하고 와드(시야)를 필수적으로 박아야 한다.
- 소환사 주문(점멸, 힐)에 크게 의존하며, 빠졌을 때는 매우 조심해야 한다.
- 포지셔닝 실수 한 번이 게임 전체를 망칠 수 있는 하이 리스크 포지션이다.

1-3) 시간에 따른 존재감 감소
- 초반에 이득을 보지 못하면 중후반으로 갈수록 존재감과 활약도가 급격히 떨어진다.
- 적들이 마법 저항력 아이템, 체력 아이템을 갖추면 딜이 현저히 감소한다.
- 후반에는 원딜이나 미드 라이너에 비해 화력이 크게 부족해진다.
- 때문에 아이템이 부족한 상태에서 후반 한타에 들어가면 큰 기여를 하기 어렵다.
- 레벨 차이가 벌어지면(혼자 경험치를 못 먹어서) 스킬 데미지도 약해진다.
- 따라서 초중반 15~25분 사이에 게임을 끝내는 것이 이상적이다.
- 게임이 길어질 것 같으면 유틸리티 아이템으로 전환하는 유연성이 필요하다.

2) 라인전 패턴
2-1) 사거리를 활용한 압도적 견제
- 긴 사거리를 최대한 이용해 최대한 상대를 견제하여 체력을 깎는다.
- 상대의 몸이 앞으로 나온 순간, 상대가 CS를 먹으러 나오는 순간을 노려 스킬을 적중시킨다.
- 지속적인 견제로 상대의 체력을 50% 이하로 유지하여 성장을 방해한다.
- 라인 주도권을 완전히 장악하여 상대를 타워 아래로 묶어둔다.
- 체력이 낮아진 상대에게는 원딜과 함께 궁극기를 활용하여 킬을 완성한다.

- 상대의 체력을 많이 깎아 스펠 사용(배리어, 힐 등)과 리콜을 강요한다.
- 레벨 우위를 최대한 활용하여 상대가 경험치도 제대로 못 먹게 만든다.

2-2) 마나 관리와 스킬 적중률의 중요성

- 스킬을 마구 난사하다 보면 라인을 의도치 않게 밀게 되는 문제가 발생한다.
- 라인이 밀리면 갱킹에 노출되고, 상대는 타워 아래서 안전하게 파밍할 수 있다.
- 마나가 부족해지면 더 이상 견제를 못 하고 주도권을 완전히 잃게 된다.
- 따라서 스킬 적중률을 높이고, 꼭 필요한 타이밍에만 스킬을 사용해야 한다.
- 룬에서는 마나 순환 팔찌, 침착 등을 잘 활용하면 좋다.
- '견제와 푸시의 균형'을 맞추는 것이 딜러형 서포터의 핵심이다.
- 미니언에 맞는 스킬 수를 최소화하고 챔피언만 정확히 타격하는 연습이 필요하다.
- 물론 상황에 따라서 미니언과 상대방을 같이 맞춰야 할 때도 있다.

2-3) 맵 리딩과 생존의 기술

- 라인을 밀고 있는 상황에서 갱킹을 당하면 생존기가 부족해 거의 확정적으로 죽는다.
- 따라서 맵 리딩(미니맵 주시)이 생명처럼 중요하다.
- 적 정글러가 보이지 않으면 항상 가까이 있다고 가정하고 플레이한다.
- 와드를 강가 쪽 점부쉬나 삼거리 부쉬에 박아 적 정글러의 동선을 미리 파악한다.
- 라인이 밀렸다면 억지로 견제하지 말고 뒤로 빠져서 안전을 확보한다.
- 미니언 웨이브를 조절하여 적당히 당겨서(Freeze) 안전한 위치에서 파밍하게 만든다.
- 상대 서포터가 로밍을 가면 즉시 핑을 찍고 아군에게 알린다.
- 자신이 죽으면 얻은 이득이 모두 사라지므로, 생존이 최우선이다.

3) 팀 교전 시 역할

– 카르마의 포킹으로
  적의 체력을
  저하시켜 교전에서
  유리한 상황을
  만든 모습

3-1) 교전 전 포킹으로 유리한 싸움 만들기

- 교전이 시작되기 전 원거리 포킹으로 적의 체력을 미리 깎아놓는다.
- 체력이 깎인 적은 교전에 제대로 참여하지 못하거나 빠질 수밖에 없다.
- 이렇게 4vs5 또는 체력 우위 상황을 만들어 유리한 싸움을 유도한다.
- 오브젝트 대치 상황에서 포킹의 가치는 더욱 극대화된다.
- 적이 오브젝트를 포기하게 만들거나, 체력이 낮은 상태로 싸우게 강요한다.
- 포킹 하나로 상대의 전략과 타이밍을 완전히 무너뜨릴 수 있다.

3-2) 시야 장악의 위험성과 안전한 포지셔닝

- 낮은 체력 때문에 시야를 장악하려다가(와드를 박으러 가다가) 잘리기 매우 쉽다.
- 따라서 절대 혼자 다니지 말고, 미드 라인을 선푸쉬 하며 반드시 아군과 함께 움직여야 한다.
- 시야 싸움은 탱커나 정글러에게 맡기고, 본인은 안전한 위치를 선점하여 포킹과 라인 선푸쉬로 안전하게 시야를 잡는다.
- 교전 시작 전에는 적의 사거리 밖, 하지만 아군을 지원할 수 있는 거리에 위치한다.
- 벽이나 지형지물을 활용하여 적의 이니시에이팅에 노출되지 않게 조심해야 한다.

- 부쉬 체크 없이 들어가다가 그랩에 당하거나 암살당하는 일을 절대 피해야 한다.
- '안전'이 '딜량'보다 우선이다 - 살아있어야 딜을 넣을 수 있다.

3-3) 서브 딜러로서의 역할과 후방 포지셔닝
- 메인 딜러(원딜, 미드)를 보조하는 서브 딜러로서 팀의 총 화력을 보충한다.
- 적의 탱커보다는 물몸 딜러나 서포터를 우선적으로 타격한다.
- 암살자(제드, 탈론, 르블랑 등)의 1순위 표적이 되지 않도록 각별히 주의한다.
- 후방에서 지속적으로 스킬을 넣되, 너무 앞으로 나가지 않는 줄타기가 필요하다.
- 교전이 시작되면 스킬을 모두 쏟아붓고, 쿨타임 동안은 뒤로 빠졌다가 다시 전진한다.
- 체력이 위험해지면 과감히 후퇴하고, 멀리서라도 스킬을 하나라도 더 맞추는 것이 이득이다.
- 때로는 한타에서 한 명이라도 확실히 녹여내는 것만으로도 큰 기여가 된다.

4) 대표 챔피언 예시

럭스	제라스	브랜드	벨코즈

■■ 유틸리티형 서포터 (순수 유틸 / 서브탱커)

> 역할 : 아군에게 이동 속도 증가, 보호막, 체력 회복, 공격력 강화, 공격 속도 상승 등
> 다양한 버프를 제공하여 생존력을 높이고 교전 능력을 극대화하는 타입. 직접
> 적인 전투보다는 아군의 잠재력을 끌어올려 간접적으로 승리에 기여한다..

1) 특징

 1-1) 순수 유틸형의 특성

-룰루의 보호막과
 이속증가 스킬로
 적과의 교전에서
 일방적인 이득을
 보는 모습

* 힐과 쉴드를 통한 아군 보조 능력이 뛰어나 원딜의 생존력을 극대화하며, 장기
  전에서 지속적인 케어로 팀의 체력 우위를 만든다.
* 자체 피해량이 낮고 방어 능력이 취약하여 물리면 순식간에 녹아내릴 수 있어,
  적과의 거리 조절이 중요하다.
* 중반 이후 향로, 구원 등의 서포터 아이템이 완성되면 팀 전체의 전투력이 급격
  히 상승한다.
* 적 암살자나 돌진 챔피언에게 노출되면 무력화되기 쉬워, 포지셔닝 실수가 곧
  팀파이트 패배로 이어질 수 있다.

1-2) 서브탱커 겸 유틸형의 특성

– 라칸이 궁극기를
활용에 적에게
교전을 여는 모습

- 상황에 따라 공격적 이니시에이팅과 수비적 필링(아군 보호) 운영이 모두 가능한 유연성을 지닌다.
- CC기와 탱킹 능력을 동시에 보유하여 라인전과 한타에서 다목적으로 활약할 수 있다.
- 높은 숙련도와 조작 능력을 요구하며, 상황 판단 미스 시 어중간한 플레이로 팀에 기여하지 못할 수 있다.
- 쓰레쉬의 등불이나 라칸의 매혹처럼 독특한 메커니즘을 가진 경우가 많아, 챔피언 이해도가 성능에 직결된다.
- 탱커에 비하면 체력과 방어력이 낮지만 딜서포터나 순수 유틸서포터에 비하면 탱킹 능력이 높아 어그로분산이 좋은 편이다.
- 상황에 따라 공격적이거나 수비적으로 유연하게 플레이가 가능하다.
- 부족한 탱킹 능력을 보완하기 위해 다수의 인원에게 강력한 CC기를 사용할 수 있다.

1-3) 스펠(점멸, 힐, 탈진 등) 의존도
- 유틸형 서포터는 대부분 기동성이 낮거나 자체 탈출기가 제한적이어서 스펠 의존도가 매우 높다.

- 스펠이 빠졌을 때 적의 갱킹이나 킬 압박에 크게 노출되며, 이를 적에게 들키면 집중 타겟이 된다.
- 점멸 타이밍을 계산하는 적 정글러에게 캠핑당하기 쉬우므로, 스펠 쿨타임을 팀원과 공유하고 신중한 포지셔닝을 유지해야 한다
- 탈진은 적 암살자나 원딜의 폭발적인 데미지를 무력화시키는 핵심 생존 수단이므로, 스펠의 사용 타이밍이 게임의 승패를 가를 수 있다.

2) 라인전 패턴

2-1) 원거리 딜러 케어와 지속 능력

- 원딜의 곁에서 체력을 회복시키거나 보호막을 씌워 안정적인 파밍과 딜 교환을 돕는다.
- 짧은 딜교환 후 재빨리 힐이나 보호막으로 체력을 복구하여, 유지력으로 체력 우위를 만들어 낸다.
- 상대가 교전을 시도할 때 보호막과 CC로 맞받아치며 역으로 킬을 만들어낼 수 있다.
- 마나 관리가 중요하며, 힐과 쉴드를 남발하면 정작 중요한 순간에 스킬을 쓰지 못하는 상황이 발생한다.

2-2) 군중 제어(CC)를 통한 변수 창출

- 다양한 CC 스킬(기절, 둔화, 에어본, 침묵 등)을 보유하여 들어오는 적을 받아치거나 갱킹에 호응한다.
- 나미의 물방울이나 룰루의 폴리모프처럼 단일 대상 무력화 스킬로 적의 핵심 딜러를 봉쇄한다.
- 잔나의 울부짖는 돌풍처럼 광역 CC로 여러 적을 동시에 에어본을 시키며 팀파이트를 유리하게 만든다.
- CC 타이밍을 잘못 잡으면 쿨타임 동안 무방비 상태가 되므로, 적의 스킬 사용 패턴을 예측하는 능력이 필요하다.

2-3) 포지셔닝과 줄타기 무빙

- 아군 케어를 위해 적의 집중 타겟이 되는 경우가 많으므로, 적의 스킬 사거리 밖에서 줄타기하는 무빙이 필수다.

- 너무 앞에 나서면 그랩이나 CC에 물려 순식간에 죽고, 너무 뒤로 빠지면 원딜을 제때 케어하지 못한다.
- 미니언 뒤에 숨거나 부쉬를 활용하여 적의 스킬샷을 회피하면서도 아군과의 거리를 유지한다.
- 상대 서포터의 스킬 쿨타임을 파악하여, 주요 스킬이 빠진 타이밍에 공격적인 케어와 견제를 병행한다.

3) 팀 교전 시 역할

- 나미의 궁극기인 해일로 적의 진형을 붕괴하며 아군 원거리 딜러가 딜을 할 수 있도록 버프를 걸어주는 모습

3-1) 핵심 딜러 버프와 생존 지원

- 아군 캐리(원딜, 미드 등)에게 버프를 집중 제공하여 생존을 돕고 딜링 능력을 강화시킨다
- 월석 재생기, 향로 아이템을 구매한 경우 힐이나 쉴드와 함께 공격 속도와 추가 마법 피해를 부여하여 딜러의 화력을 극대화한다
- 룰루의 궁극기나 유미의 지속 케어처럼 한 명의 캐리를 집중 육성하여 '슈퍼 캐리'를 만드는 전략이 효과적이다

- 적 암살자가 아군 딜러에게 접근할 때 즉각적으로 보호막과 CC를 사용하여 암살을 무력화시킨다

3-2) 순수 유틸형과 서브탱커형의 역할 차이
- 순수 유틸형(나미, 소라카, 유미)은 후방에서 힐과 쉴드를 지속적으로 제공하며 팀의 생존력을 끌어올린다.
- 서브탱커형(쓰레쉬, 라칸, 타릭)은 필요시 전방으로 나가 어그로를 분산시키거나 CC기로 이니시에이팅을 보조한다.
- 라칸은 기동성을 활용해 적진에 진입 후 매혹으로 여러 명을 묶고, 재빨리 아군에게 돌아와 보호막을 제공한다.
- 타릭은 무적 궁극기로 팀 전체를 보호하며 난전 상황에서 역전의 발판을 마련한다.

3-3) 아이템 선택의 유동성
- 아이템 선택지가 넓으므로 팀 조합과 상대 조합에 맞춰 아이템을 유동적으로 구매한다.
- 불타는 향로: 아군에 평타 지속 딜러가 많을 때 공속과 추가 피해로 시너지를 극대화
- 구원: 광역 힐로 팀파이트에서 전체 팀의 생존력을 높이고, 적에게 고정 피해 부여
- 미카엘의 축복: 아군의 CC 해제와 체력 회복으로 적의 강력한CC기나 암살 시도를 무력화
- 슈렐리아의 군가: 팀 전체에 이동 속도 버프를 제공하여 추격전이나 후퇴 시 유용
- 강철의 솔라리 팬던트: 광역 보호막으로 적의 폭딜 조합(케넨,카서스 등)에 대응

4) 대표 챔피언 예시

- 순수유틸형

나미	룰루	소라카	유미

• 서브탱커 겸 유틸형

쓰레쉬	라칸	타릭

▨ 그랩형 서포터

> 역할 : 적을 강제로 끌어오는 스킬(그랩)을 통해 순식간에 아군에게 유리한 진형을 만들고 변수를 창출하는 타입. 한 번의 그랩 성공으로 전투의 판도를 뒤집을 수 있는 게임 체인저형 서포터다.

1) 특징

– 블리츠크랭크의 그랩 스킬을 상대에게 적중시켜 아군 타워로 끌어오는 모습

1-1) 심리적 압박과 시야 장악의 중요성
• 그랩 스킬 하나만으로도 상대에게 엄청난 심리적 압박을 주며, 시야가 없는 지역(부쉬, 정글)에서의 존재감이 극대화된다.
• 상대는 블리츠크랭크나 노틸러스가 부쉬에 있을 가능성만으로도 미니언 먹기를

포기하거나 수동적으로 플레이하게 된다.

- 그랩 사거리 내에서 상대를 압박하여(Zone Control) 경험치와 골드를 차단하고 성장 차이를 만든다.
- 시야 싸움에서 우위를 점하면 적이 시야가 없는 곳을 지나갈 때 기습 그랩으로 확정 킬을 만들 수 있다.
- 그랩 서포터의 존재만으로 적 팀은 와드를 더 많이 박아야 하고, 시야가 없는 곳을 이동하는데 불안감이 생긴다.

1-2) 하이 리스크 하이 리턴 메커니즘

- 블리츠크랭크가 그랩에 실패하여 적이 살아가는 모습

- 그랩 성공 시 확실한 이득(킬, 스펠 소모, 플래시 빼기)을 볼 수 있지만, 빗나갈 경우 재사용 대기시간 동안 적에게 턴을 내주게 되는 '하이 리스크' 유형이다.
- 예를 들어 블리츠크랭크의 그랩은 20초 쿨타임이므로, 실패 시 그 시간 동안 적이 공격적으로 나올 수 있다.
- 그랩 스킬은 대부분 마나 소모가 크므로, 난사하면 정작 중요한 순간에 마나가 부족해진다.
- 예측 그랩과 반응 그랩을 적절히 섞어 상대의 무빙 패턴을 읽는 능력이 필요하다.
- 상대의 플래시나 이동기 쿨타임을 체크하여, 탈출 수단이 없을 때를 노려 그랩

성공률을 높인다.

- 그랩 실패를 두려워하지 않되, 무리한 그랩으로 팀을 위험에 빠뜨리지 않는 판단력이 중요하다.

1-3) 탱킹 능력과 CC 연계

- 대부분 준수한 탱킹 능력에 강력한 그랩 스킬과 함께 추가로 연계할 수 있는 CC기를 겸비하고 있어 교전 주도권이 높다.
- 블리츠크랭크는 그랩 후 에어본과 침묵으로, 노틸러스는 그랩 후 패시브 속박과 궁극기 에어본으로 적을 장시간 무력화시킨다.
- 쓰레쉬는 그랩 후 E스킬과 궁극기로 적의 강력한 슬로우 효과차단하고 추가 피해를 입힌다.
- 파이크는 암살형 그랩 서포터로, 그랩 후 E스킬 기절과 높은 피해량으로 적을 직접 처치하며 팀에 추가 골드를 제공한다.
- 그랩류 서포터들은 탱킹 능력 덕분에 그랩 후 직접 진입하여 어그로를 끌고, 아군이 안전하게 딜을 넣을 수 있게 만든다.

2) 라인전 패턴

2-1) 부쉬 장악과 공간 압박1

- 부쉬(수풀)를 장악하여 상대가 미니언을 먹거나 견제하러 나오는 것을 위축시키고, 기습적인 그랩을 노린다.
- 부쉬에 자리 잡고 있으면 상대는 그랩 사거리를 정확히 알 수 없어 더욱 수동적으로 플레이하게 된다.
- 상대 서포터가 부쉬에 와드를 박으려 할 때 그랩으로 위협하여 시야 장악을 방해한다.
- 제어 와드를 부쉬에 설치하여 적 와드를 제거하고, 지속적으로 부쉬 장악을 유지한다.
- 미니언 웨이브 위치를 조절하여 적이 그랩 사거리 안으로 들어와야만 CS를 먹을 수 있도록 압박한다.
- 부쉬에서 갑자기 나타나 그랩을 시도하면 적의 반응 시간이 줄어들어 성공률이 높아진다.

2-2) 타이밍과 변수 창출

- 그랩 적중률에 따라 라인전 양상이 크게 달라지며, 상대가 예상치 못한 타이밍에 변수를 만든다.
- 적이 미니언 막타를 치려는 모션을 보일 때, 스킬을 사용하여 무빙이 제한된 순간을 노린다.
- 상대가 견제 스킬을 사용한 직후 반격 그랩을 시도하여, 스킬이 빠진 상태에서 킬을 만든다.
- 아군 정글러의 갱킹 타이밍에 맞춰 그랩을 성공시켜 확정 킬을 만든다.
- 2레벨 타이밍을 먼저 찍어 상대보다 스킬 하나가 더 많은 상태에서 올인을 시도한다.
- 적이 회복 포션을 사용하거나 체력이 낮을 때 그랩으로 마무리를 노린다.
- 상대의 소환사 주문(플래시, 힐) 쿨타임을 체크하여, 탈출 수단이 없을 때 공격적으로 나선다.

2-3) 그랩 실패 시 리스크 관리

- 이니시에이터가 본인뿐일 경우, 그랩 실패 시 쿨타임 동안 아군이 수비적으로 움츠려야 하는 단점이 있다.
- 그랩을 빗나갔을 때는 즉시 후퇴하여 적의 역공을 최소화하고, 다음 그랩 기회를 기다린다.
- 마나 관리를 철저히 하여 그랩을 남발하지 않고, 중요한 순간을 위해 자원을 아낀다.
- 미니언을 방패로 삼아 적의 반격 스킬을 막고, 안전하게 후퇴할 경로를 확보한다.
- 그랩 쿨타임이 돌아올 때까지 소극적으로 플레이하되, 적이 과도하게 압박하면 다른 CC나 탱킹으로 버틴다.
- 아군 원딜과 소통하여 그랩 성공/실패 시 대응 방식을 미리 정해두고 호흡을 맞춘다.

3) 팀 교전 시 역할

– 쓰레쉬가 W스킬인 어둠의 통로로 아군에게 쉴드와 먼거리에서 합류 할 수 있게 만드는 모습

3-1) 대치 상황에서의 그랩과 인원 우위 창출

- 대치 상황에서 적의 핵심 딜러나 몸이 약한 서포터를 끌어와 순식간에 잘라먹고 5대4 싸움을 유도한다
- 한타 전 포킹 단계에서 한 명만 끌어와도 오브젝트(드래곤, 바론)를 무혈로 가져 가거나 타워 공략이 가능해진다
- 부쉬나 시야가 없는 지역에서 대기하다가 적이 와드를 박으러 오거나 단독 행동 할 때 그랩으로 낚는다
- 블리츠크랭크나 노틸러스의 그랩은 사거리가 길어 안전 거리에 있던 적도 끌어 올 수 있다
- 그랩 하나로 적 팀 전체가 후퇴하게 만들어 오브젝트 싸움에서 우위를 점한다
- 그랩 위협만으로도 적이 좁은 통로를 지나가지 못하게 하여, 전략적 위치를 선 점한다

3-2) CC 연계를 통한 확정 처치

- 그랩 후 이어지는 CC 연계로 적 하나를 확실하게 제압하여 전투를 승리로 이끈다
- 블리츠크랭크: 그랩 → 에어본(E) → 침묵(R)으로 적을 장시간 무력화
- 노틸러스: 그랩 → 평타 패시브 속박 → 궁극기 에어본으로 도주 불가
- 쓰레쉬: 그랩 → 사슬채찍(E) → 영혼감옥(R) 슬로우로 적을 가둬 아군 딜러가 처치

- 파이크: 그랩 → 기절(E) → 궁극기 처형으로 직접 킬을 따내고 팀에 추가 골드 제공
- 추가적으로 아군의 CC기 스킬과 타이밍을 맞춰 연계하면 더욱 강력한 제압이 가능하다.
- 그랩으로 끌려온 적은 아군 진영 한가운데 고립되므로, 집중 공격으로 순식간에 녹인다.

3-3) 메인 탱커로서의 어그로 관리와 전장 컨트롤
- 메인 탱커 역할도 가능한 챔피언(블리츠, 노틸러스 등)은 그랩 후 직접 진입하여 난전을 유도하거나 어그로를 끈다.
- 그랩으로 적 한 명을 끌어온 후, 수적 우위를 만들어 아군에게 유리한 교전 양상을 형성한다.
- 탱킹 능력을 활용해 적의 중요한 스킬들을 몸으로 받아내고, 아군 딜러가 안전하게 딜을 넣도록 보호한다.
- 그랩이 빠진 상태에서도 CC기와 탱킹으로 전선을 유지하며, 다음 그랩 쿨타임을 기다린다.
- 적 딜러가 포지션을 잘못 잡거나 스킬이 빠진 순간을 포착하여 그랩으로 전투를 시작한다.
- 후방에 있는 적 캐리를 그랩으로 끌어오면, 적 탱커들이 아무리 앞에 있어도 무용지물이 되어 한타를 유리하게 풀 수 있다
- 바론이나 드래곤 싸움에서 벽 너머 그랩(블리츠, 노틸러스)으로 적을 낚아 오브젝트를 안전하게 확보한다.

4) 대표 챔피언 예시

블리츠크랭크, 쓰레쉬, 노틸러스, 파이크

LEAGUE OF LEGENDS

포지션으로 읽는
리그 오브 레전드

/ Part2 /

정글 동선과 플레이 개념

■■ 정버프와 역버프의 기본 개념

정버프: 블루 진영, 레드 진영 상관없이 아군 바텀 진형에 가까운 몬스터를 정글 동선의 첫 시작으로 잡는 것을 말하며 보통 아군 상체쪽에 힘을 실어주고자 할 때 선택한다.

역버프: 아군 상체 진형에 가까운 몬스터를 첫 진형으로 시작하는것을 역버프라고 한다.

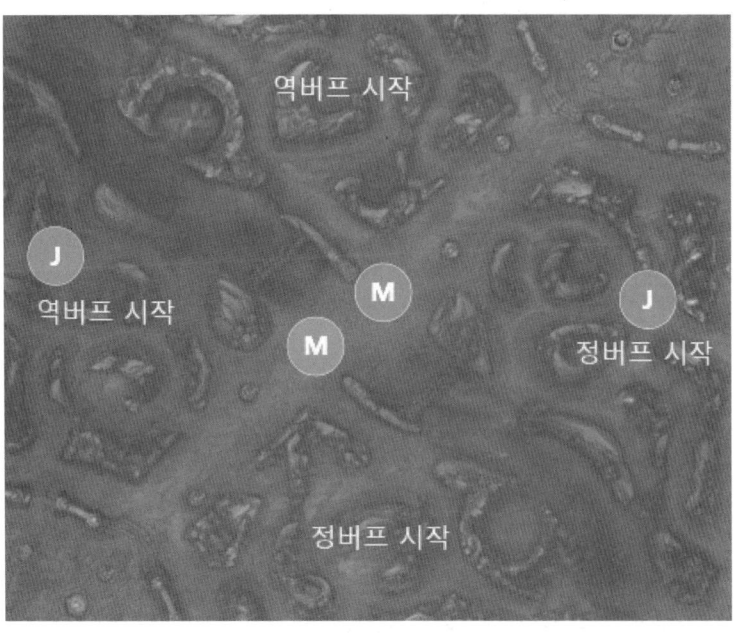

1. 블루 진형 정버프

1) 레드-작골-칼날부리

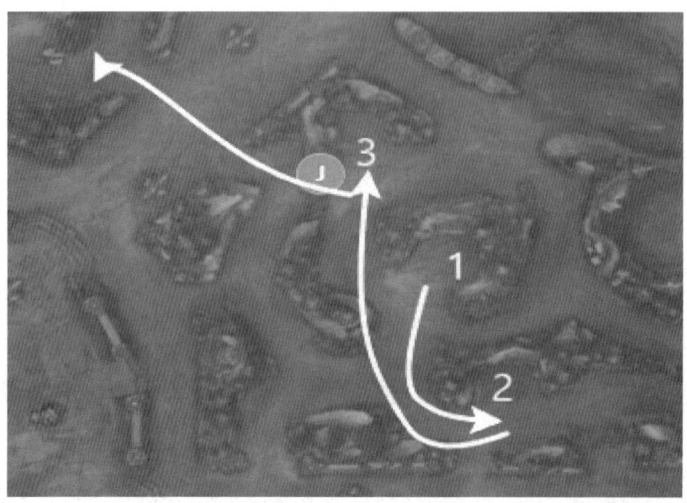

2) 칼날부리-작골-레드

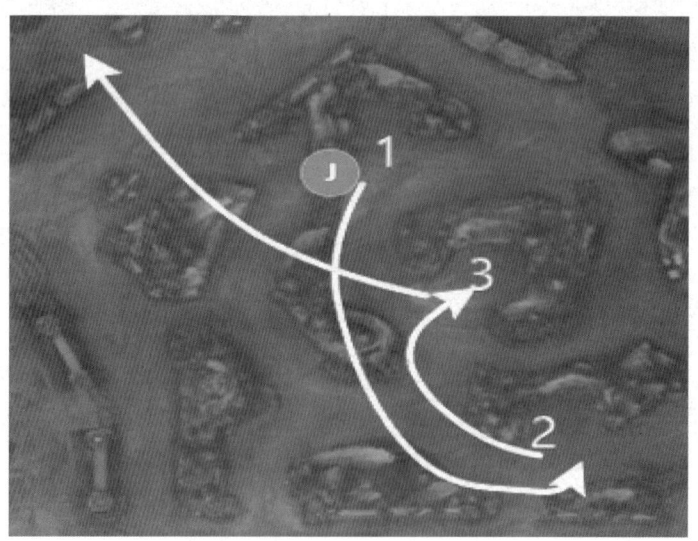

- 정버프 1,2번 동선은 3레벨 이후 블루쪽 파밍, 미드갱 혹은 상대의 카정등 동선
의 큰 낭비 없이 다양한 선택을 할 수 있다.

3) 레드-칼날부리-작골

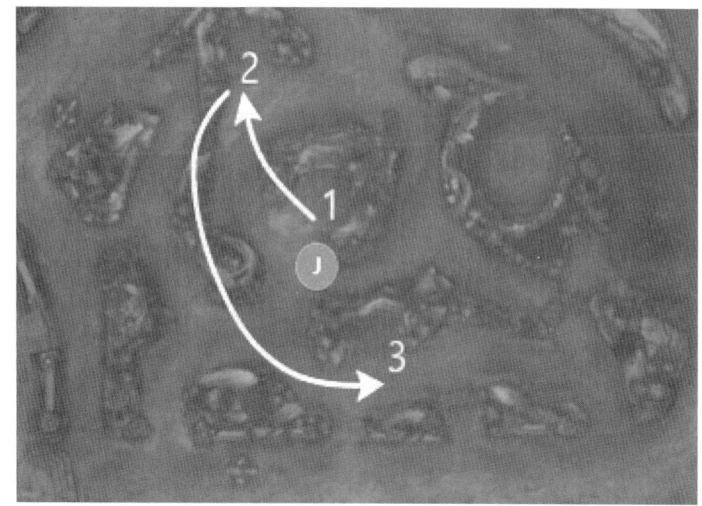

4) 칼날부리-레드-작골

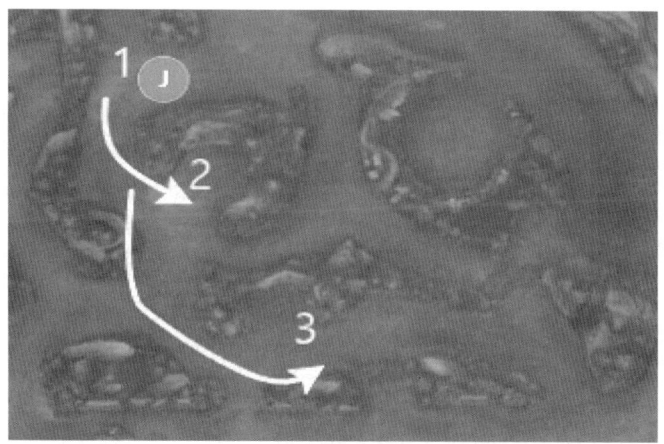

- 정버프 3,4번 동선은 3레벨 이후 동선의 선택지가 바텀 혹은 블루 카정, 미드
  갱킹등 한정적이며, 자신의 블루쪽 동선으로 이동할 경우 동선 손해가 크다. 만
  약 상대도 정버프 시작인데 카정을 들어갈 경우 엄청나게 불리해질 수 있다.

2. 블루 진형 역버프

2-1) 블루-두꺼비-늑대

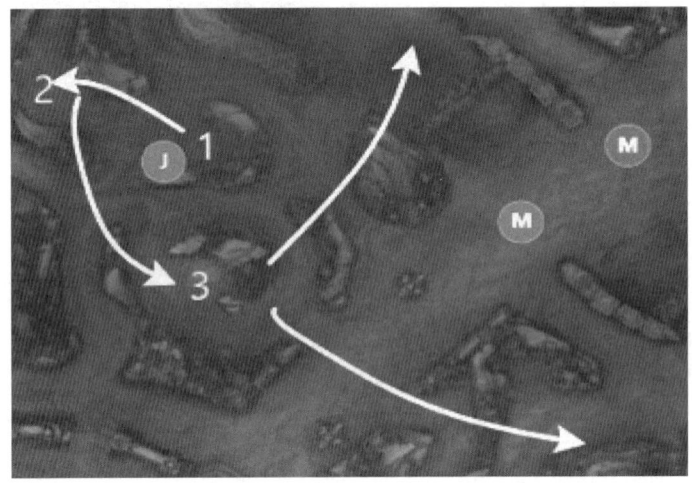

2-2). 늑대-두꺼비-늑대

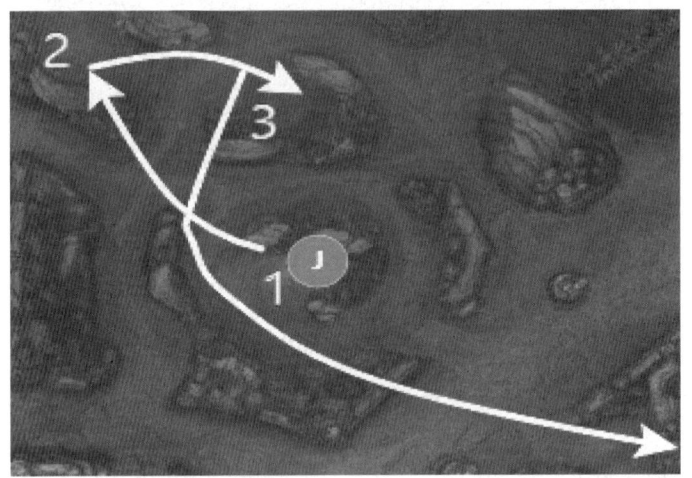

- 역버프 1번 동선은 자연스럽게 선택지가 많은 동선으로 상황에 따라 유동적으로 플레이가 가능하다. 역버프 2번 동선은 상황에 따라 탑 다이브 혹은 카정, 미드 갱킹 이후 바텀 동선을 선택적으로 플레이를 할 수 있지만 동선의 낭비가 있다.

2-3) 레드 진형 3캠프 동선(블루의 역순위)

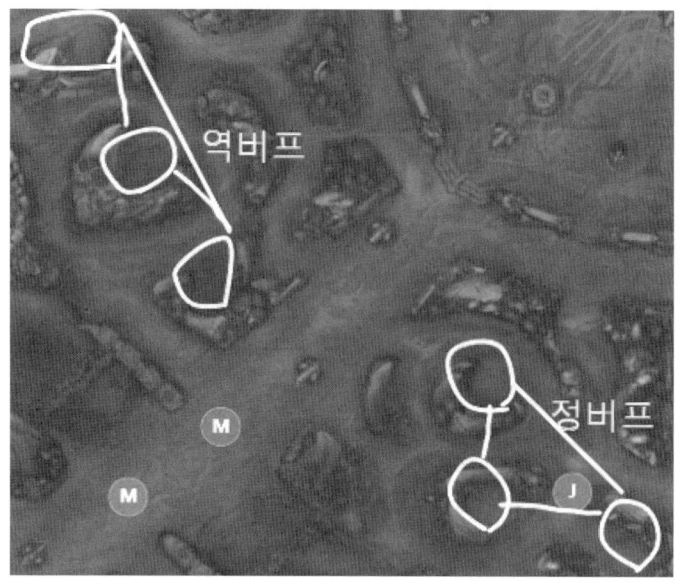

3. 레드 진형 정버프

3-1) 블루-두꺼비-늑대

3-2) 늑대-두꺼비-블루

4. 레드 진형 역버프

4-1) 레드-작골-칼날부리

4-2) 레드-칼날부리-작골

4-3) 칼날부리-작골-레드

4-4) 칼날부리-레드-작골

1. 정글 캠프와 동선에 따른 갱킹 개념

- 정글 2캠프 동선의 기본 이해

   초반에 라이너들끼리 강하게 견제하며 서로 체력이 적을 때 할 수 있는 변칙적인 동선으로 레드 버프와 선택적으로 추가로 1개 캠프를 먹고 시도하는 리스크있는 플레이다. 육식형 정글 챔피언이나 2레벨에 CC기를 가진 정글 챔피언이 효율적으로 사용하고 선택하는 동선이며, 상대방의 와드위치 파악 유무에 따라 성공 확률이 확연히 달라진다.

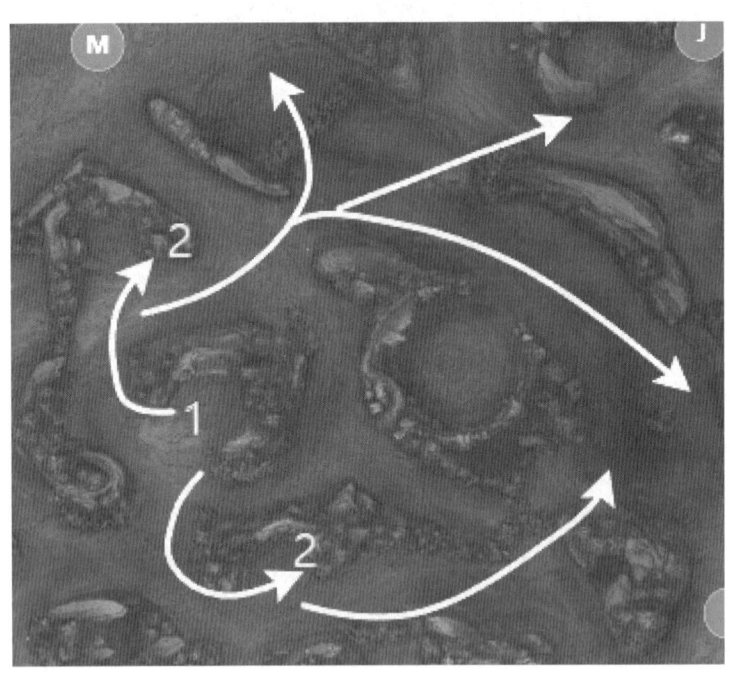

- 2캠프 동선은 버프 이후 바로 갱킹 혹은 추가 1캠프 이후 갱킹을 시도할 수 있다.

- 정글 3캠프 동선의 기본 이해

   정글 클리어가 약 2분 30초에 완료되며, 3레벨을 빠르게 달성하여 적 라이너에게 강력한 초반 압박을 가하는 것을 목표로 한다. 2캠프 갱킹 동선보다 안정적이며 상황에 따라 선택적으로 갱킹이 가능하 특히 아군 라이너가 초반에 약할 경우, 즉시 귀환하여 롱소드 등 아이템을 구매해 안정성을 확보하는 변칙적인 운영이 가능하다.

- 정글 6캠프 동선 개념 (풀캠)의 기본 이해

약 3분 30초에서 3분 45초(바위게 포함) 사이에 완료되며, 개인의 성장에 집중하여 초중반 게임을 도모하는 균형 잡힌 전략이다. 바위게까지 확보 시 얻는 850골드는 AD, AP, 탱커 챔피언 모두에게 핵심 코어 하위 아이템 구매를 가능하게 하는 중요한 성장 분기점이다.

- 정글 8캠프 동선:

약 4분 30초에 1,150골드 이상을 확보하는 성장 극대화 전략으로, 6레벨에 강력해지는 정글 챔피언에게 최적화되어 있다. 리스크를 최소화하고 성장을 보장하여 고티어 구간에서 선호되지만, 아군의 인내심이 부족한 저티어 구간에서는 팀의 불화를 유발할 수 있어 되도록 피해야 할 동선이다.

2. 정글 동선 개념의 중요성

2-1) 3캠프 동선의 핵심 개요
- 3캠프 동선은 정글러가 초반 게임의 주도권을 장악하기 위해 사용하는 가장 일반적인 전략이다.

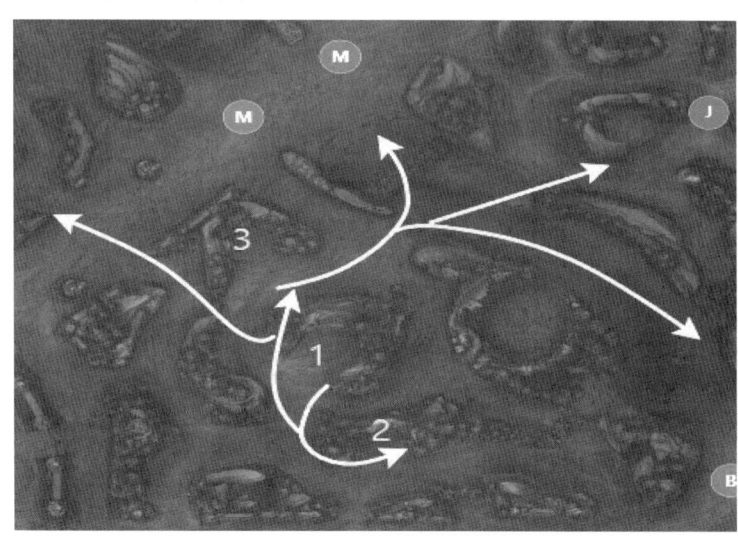

- 3캠프 동선은 상황에 따라 할 수 있는 플레이의 수가 다양하다.

2-2) 목표: 적 라이너보다 빠른 3레벨 달성을 통해 강력한 갱킹 또는 교전 압박 행사
- 평균 완료 시간: 약 2분 30초
- 평균 획득 골드: 약 350 골드

2-3) 상황별 활용: AD 육식 정글러의 변칙 플레이
- 일반적으로 3캠프 이후에는 갱킹이나 카운터 정글을 시도하는 것이 정석이지만, 소스에서는 특정 상황에서의 변칙적인 플레이를 제시한다.

2-4) 상황: 아군 라이너들이 초반이 약한 '초식' 챔피언(예: 이즈리얼, 블라디미르)이고, 자신은 초반이 강한 '육식' AD 정글러일 경우.

2-5) 전략: 3캠프 완료 후 무리한 갱킹을 시도하는 대신, 즉시 귀환하여 350골드로 '롱소드'를 구매한다.

2-6) 사용 이유:
- 리스크 회피: 초반이 약한 아군과 무리하게 교전을 열어 발생하는 손실 가능성을 원천 차단한다.
- 안정성 확보: 아이템 우위를 점한 상태로 다음 정글링을 시작하여, 이후 발생할 수 있는 적의 카운터 정글이나 교전에서 유리한 위치를 차지할 수 있다. 롱소드를 한 개 사고 우리 팀 초식 챔피언을 데리고 교전이 일어나게 되면 충분히 싸울 만하다

2-6) 라이너 성장 지원: 정글러가 무리한 교전을 열지 않음으로써, 아군 라이너들은 안정적으로 라인을 받아먹으며 성장할 시간을 벌 수 있다.
이 전략은 일시적인 레벨링 손해를 감수하는 대신, 게임 전체의 안정성을 크게 높이는 고차원적인 운영 방식이다.

3. 초식형 3캠프 정글링 챔피언 예시 (아무무)

3-1) 정글 동선: 역버프 시작 후 3캠프

- **개념**: 아무무는 2레벨부터 Q스킬을 이용한 매우 강력한 갱킹 능력을 가지고 있어 선택적으로 2or3캠프 동선이 가능하다. 3레벨을 안정적으로 찍고 라이너에게 갱킹을 갈지 추가 성장을 할지 정한다.
- 초반부터 매우 약하기 때문에 상대 정글러의 위치를 계속 파악하고 있는 것이 매우 중요하여 게임 시작 후 상대 역버프 혹은 가능하다면 칼날부리 위치에 와드 설치를 하여 상대 정글러가 정버프인지 역버프인지 확인할 필요가 있다.
- 아무무는 초식형 정글러로 초반 교전은 매우 약하지만, 강력한 CC를 가지고 있어 갱킹과 파밍에 집중한다.

3-2) 상대 정글러 유형별 운영법
- 초식형 정글러 – 갱을 많이 시도하기 때문에 상대 정글러와 동선을 맞추어 파밍 후 역갱을 노린다.
- 성장형 정글러 – 와드로 위치를 계속 파악하며 빠른갱을 통해 라이너 성장을 도모한다.
- 육식형 정글러 – 초반 와드를 이용하여 상대 정글러의 위치를 파악하고 상대 정글러와 대각선 방향의 정글 캠프 위주로 파밍해야한다.

4. 6캠프 동선의 핵심 개요
- 균형 잡힌 성장 전략으로 6캠프 동선, 흔히 '풀캠'이라 불리는 이 전략은 초반 압박보다는 정글러 자신의 성장에 비중을 두어 초중반 게임을 바라보는 운영이다.

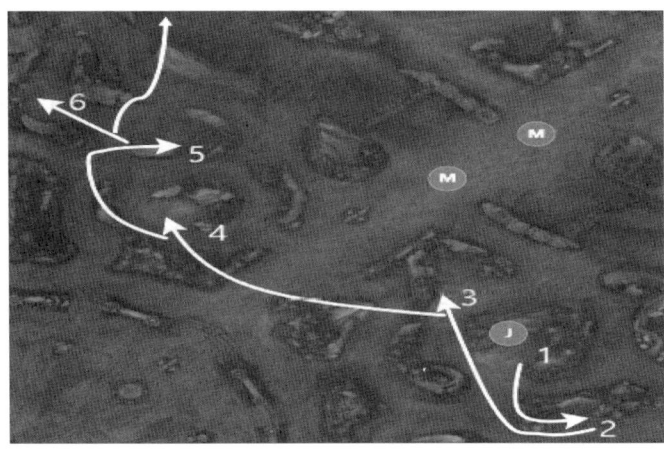

– 6캠프 이후 3분 30초에 나오는 바위게를 상황에 따라 획득하거나 상대 정글을 피해서 바텀쪽 바위게를 먹을 수도 있다.

4-1) 개념: 안정적인 성장을 통해 초중반 교전에서의 영향력 확보

- 평균 완료 시간: 약 3분 30초
- 평균 획득 골드: 약 750 골드

- 상황별 활용: 750골드 귀환 시, AD 챔피언은 롱소드 2개와 제어 와드를, AP 챔피언은 증폭의 고서 2개를 구매할 수 있다.
- 핵심 변수: 바위게 추가 확보의 가치
- 풀캠 동선의 진정한 가치는 바위게를 추가로 확보했을 때 극대화된다.
  - 추가 소요 시간: 약 15초
  - 총 완료 시간: 약 3분 45초
  - 총 획득 골드: 약 850 골드 (귀환 시 최대 900 골드)
- 이 시점의 850골드는 각 챔피언 유형에 매우 중요한 첫 코어 하위 아이템을 즉시 구매할 수 있게 해주는 강력한 파워 스파이크 구간이다.

챔피언 유형	구매 가능 핵심 아이템
AD	곡괭이
AP	운명의 서 또는 에테르 환영
탱커	덤불 조끼 또는 바미의 불씨

- 특히 탱커 챔피언에게 '바미의 불씨'는 정글링 속도와 갱킹 효율을 비약적으로 상승시키는 핵심 아이템으로, 풀캠+바위게 동선을 통해 이를 확보하는 것이 매우 중요하다.
- 전략 및 대응법
  - **성장형 챔피언 플레이 시**: 상대의 방해를 피해 3분 45초 풀캠+바위게 동선을 성공적으로 마치는 것이 중요한 구도를 만드는 핵심이다. 와드를 통해 상대 동선을 예측하고 유동적으로 경로를 수정해야 한다.
  - **육식 챔피언 플레이 시**: 상대가 성장형 챔피언이라면, 어떻게든 3분 45초 동선을 방해하는 '카운터 정글'을 설계해야 한다. "성장형 챔피언을 상대로 말리게 만들면 게임을 매우 유리하게 가져갈 수 있기 때문"에, 상대의 성장을 저지하는 것이 곧 승리의 열쇠가 된다.

5. 성장형 6캠프 정글링 챔피언 예시(헤카림)

5-1) 정글 동선: 풀캠프
- 개념: 헤카림은 성장형 정글러이지만 초반부터 매우 강력하다. 초반 강력한 대미지와 빠른 이동 속도를 이용하여 아군 라인이 당겨져 있는 곳으로 많이 갱을 간다.
- 체력이 없을 경우 돌거북 혹은 칼날부리를 W스킬을 사용하여 파밍 시 충분한 체력 회복을 할 수 있다.
- 헤카림은 3레벨에 유체화와 E스킬을 같이 사용하여 갱을 가면 상대 라이너가 점멸 스펠을 사용하지 않는 이상 갱을 회피하기가 매우 힘들다.
-

5-2) 상대 정글러 유형별 운영법
- 초식형 정글러 - 지속적인 카정을 통해 상대 정글러는 성장을 늦추고 자신의 성장 속도를 빠르게 올린다.
- 성장형 정글러 - 상대 정글러의 챔피언의 상성을 알고 상성별로 어떤 챔피언을 이길 수 있는 지 알고 카정을 시도한다.
- 육식형 정글러 - 대부분의 육식형 정글러와 대인전을 이기기 힘들어 역갱을 노리거나 상대 정글러가 카정들어 오는 것을 아군과 함께 처치한다.

6. 8캠프 동선의 핵심 개요

- 8캠프는 동선은 풀캠 이후 귀환하지 않고, 리젠된 칼날부리와 골렘을 추가로 사냥하여 성장을 극한까지 끌어올리는 동선이다.

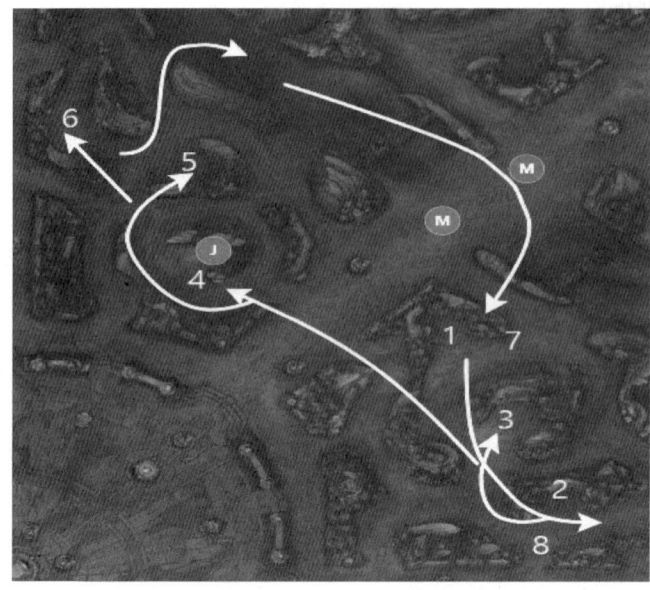

- 풀캠프이후 바로 귀환하여 아이템을 구매하지 않고 리젠되는 핏빛칼날부리와 돌골렘을 다시 한번 잡는 동선이며, 상대 정글위치에 따라 카정을 들어가서 상대 몬스터를 잡는 방법도 있다.

6-1) 목표: 5분 이내에 압도적인 레벨과 골드 격차를 만들어 이득

- 필수 조건: 첫 캠프를 핏빛 칼날부리로 시작
- 평균 완료 시간: 약 4분 30초
- 평균 획득 골드: 약 1,150 ~ 1,200 골드

6-2) 상황별 활용: 4분 30초 만에 1,200골드에 가까운 돈을 확보함으로써, 게임 초반이라고 믿기 힘든 강력한 아이템을 한번에 구매할 수 있다.

챔피언 유형	구매 가능 핵심 아이템
AD	탐식의 망치 또는 땅굴 채굴기
AP	마법공학 교류 발전기 또는 쓸데없는 지팡이
탱커	바미의 불씨 + 천 갑옷 + 신발

- 이 동선은 초반 교전 리스크를 배제하고 오직 성장에만 집중하기 때문에, 리스크 관리를 중시하는 프로 및 고티어 유저들이 선호하는 전략이다.

7. 성장형 8캠프 정글링 챔피언 예시(카서스)

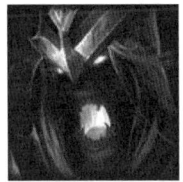

7-1) 정글 동선: 풀캠프
- 초반 상대 정글러의 첫 정글링 위치를 파악 후 반대 동선으로 정글 몬스터를 파밍해야 한다.카서스는 정글링이 아주 빠르기 때문에 캠프를 돌며 갱을 봐도 상대와 성장격차를 낼 수 있으며 난전을 유도해서 킬을 먹는 것도 하나의 방법이다.
- 갱은 거의 다니지 않으며 빠르게 파밍하여 6레벨을 달성한 후 궁극기를 이용한 갱을 많이 활용해야 한다
- 갱을 갈 때에는 안전한 땅굴 갱을 많이 사용한다.

7-2) 상대 정글러 유형별 운영법
- 초식형 정글러 - 대부분의 초식형 정글러는 갱을 많이 다니기 때문에 반대 캠프의 카정을 들어간다.
- 성장형 정글러 - 같이 파밍을 하며 성장을 하다 상대 정글러가 갱을 갈 때 역갱을 노려 성장을 멈추게 한다.
- 육식형 정글러 - 정글에서 마주치면 죽거나 스펠을 사용해야하기 때문에 탈진을 활용하여 스킬을 잘 맞춰야 하기에 미드 양 쪽 점부쉬에 와드를 설치하여 상대 정글러의 동선을 계속 파악한다.

7-3) 정글 이론에 따른 챔피언별 동선

- 초식형 정글 챔피언: 2캠프, 3캠프 갱킹 시도
- 육식형 정글 챔피언: 3캠프 이후 갱킹과 카정 위주의 플레이
- 성장형 정글 챔피언: 풀캠프 이후 갱킹

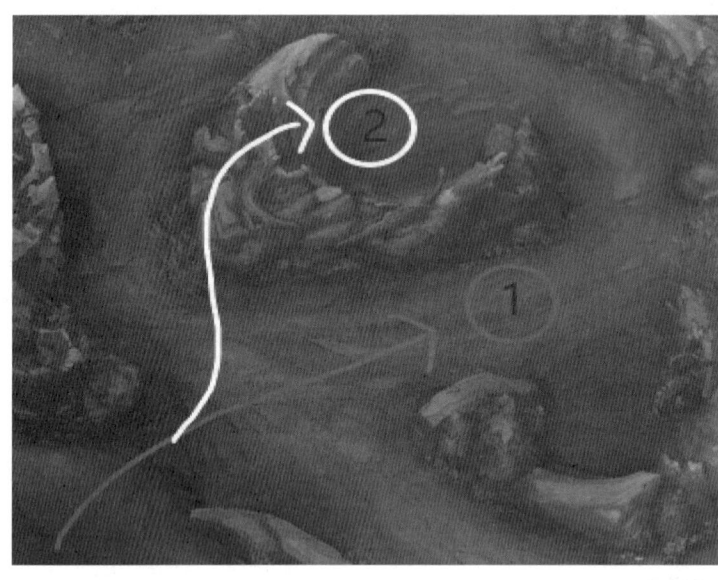

제3장 정글러 위치와 그에 따른 와드 타이밍 파악하기

1. 정글러 상황에 따른 초반 와드 설치

1-1) 블루팀의 초반 상대 정글러 위치를 파악하기 위한 와드 위치

- 1번 칼날부리 앞(빨강)
레드팀 정글러의 첫 캠프를 알 수 있고, 레드팀 정글로 많이 들어가지 않아 안전하게 설치가 가능하다. 와드를 안쪽에 설치하면 부쉬로 이동하는 적을 제대로 확인할 수

- 2번 상대 레드 버프(노랑)
레드팀 정글러의 첫 캠프와 첫 캠프 이후 돌거북과 칼날부리 중 어느 쪽으로 가는지 동선을 알 수 있다. 1번 와드 위치 보다 깊이 들어가기 때문에 매우 위험하다.

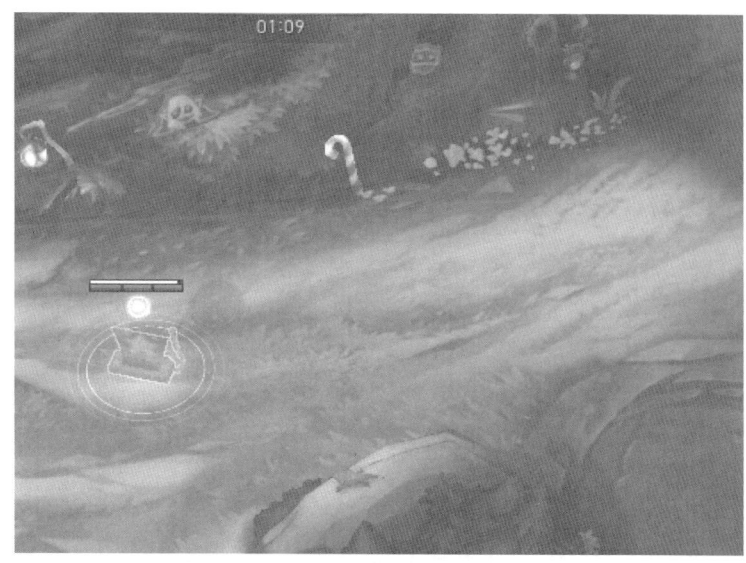

- 초반 와드 유지 시
  간은 90초이며
  1분5~15초 사이에
  와드를 설치하면
  2분 30초~45초까지
  상대 핏빛칼날부리를
  존재 유무를 파악
  할 수 있다.

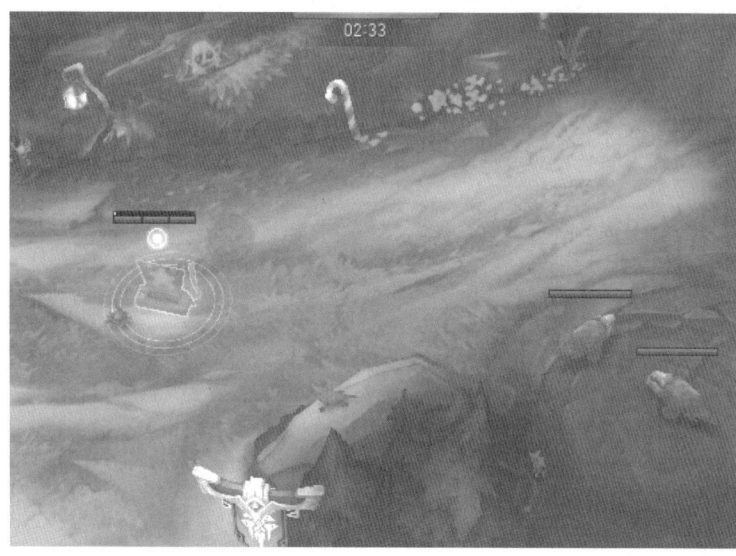

- 한쪽의 3캠프를
  클리어 하면
  인게임 시간으로
  평균 2분 30초가
  된다. 라지기 전
  상대 정글러의
  모습이 보이는지
  유무로 역버프
  시작인지 정버프
  시작인지 파악 할
  수 있다.

이 경우 보이지 않기 때문에 상대는 반대쪽 시작인 정버프를 했다고 볼 수 있다.

- 세 번째 캠프를 먹으러 오는 모습이며 2레벨에 레드 버프를 가지고 있기 때문에 2분 17초이기 때문에 역버프 시작이라는것을 알 수 있다.

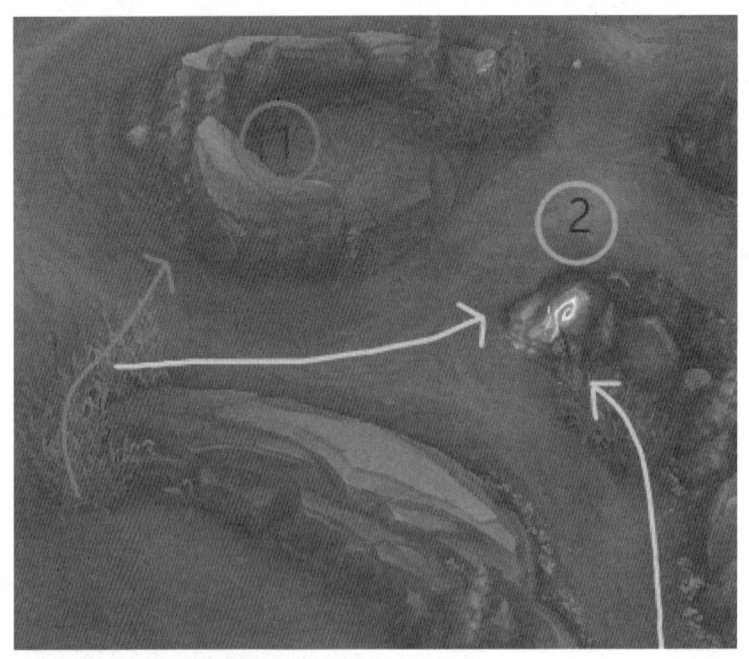

- 1번 블루버프 지역(빨강) 레드팀 정글러의 첫 캠프를 알 수 있다. 설치하기 쉬운 편인 와드이지만 부쉬를 뚫고 들어가야 하는 리스크가 있고 레드를 첫 캠프로 시작할 경우 타이밍상 와드의 지속 시간으로 레드팀 정글러의 위치를 파악하지 못할 수 있다.

- 2번 블루 부쉬 아래(파랑)

  레드팀 정글러의 첫 캠프 및 동선을 알 수 있다. 혼자들어가기에는 너무 리스크가 크기 때문에 다같이 들어가거나 다수의 레드팀이 블루 주변이 아닌 다른 곳에 있으면 들어가서 설치할 수 있다.

  1-2) 레드팀의 초반 상대 정글러 위치를 파악하기 위한 와드 위치

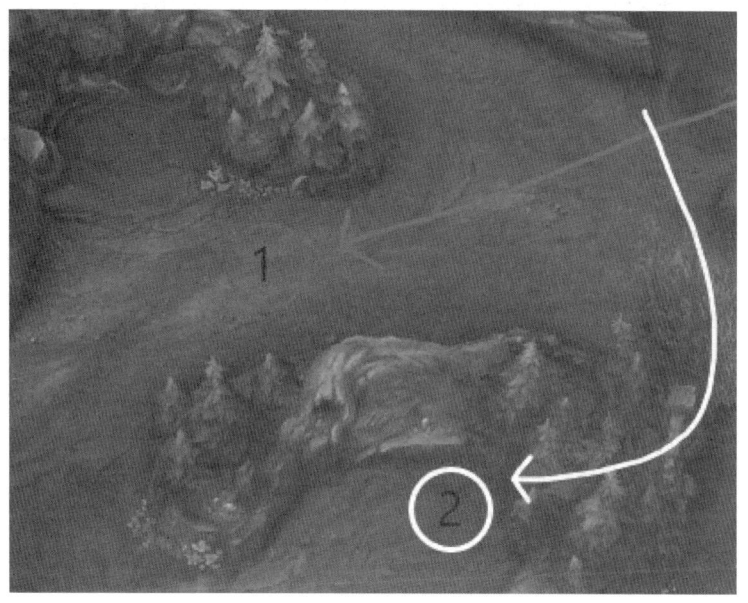

- 1번 칼날부리 앞(빨강)

  블루팀 정글러의 첫 캠프를 알 수 있다. 블루팀 정글로 많이 들어가지 않아 안전하게 설치가 가능하다.

  와드를 깊게 설치하지 않으면 부쉬 끝으로 이동하는 적을 제대로 확인할 수 없다.

- 2번 레드 부쉬(노랑)

  블루팀 정글러의 첫 캠프와 돌거북과 칼날부리 중 어느 쪽으로 가는지 첫 캠프 이후 동선을 알 수 있다.

  칼날부리 부쉬보다 깊게 들어가기 때문에 매우 위험하다.

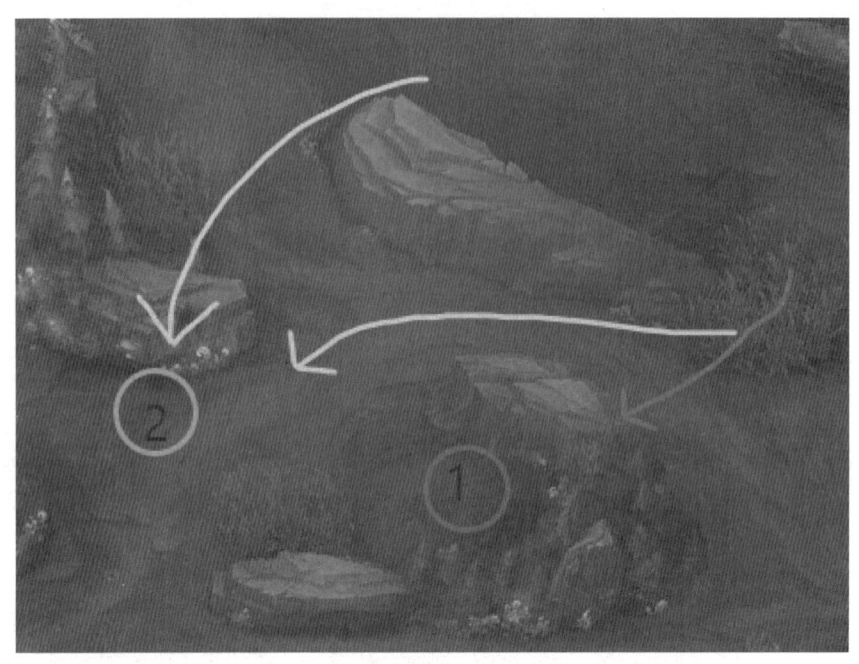

- 1번 블루 버프(빨강)

  블루팀 정글러의 첫 캠프를 알 수 있다. 설치하기 가장 안전한 와드이지만 레드를 첫 캠프로 시작할 경우 와드의 지속 시간으로 레드팀 정글러의 위치를 파악하지 못할 수 있다.

- 2번 블루 버프와 두꺼비 사이(파랑)

  블루팀 정글러의 첫 캠프 및 동선을 알 수 있다.

  다수의 블루팀이 블루 주변이 아닌 다른 곳에 있으면 들어가서 설치할 수 있다.

  1번 와드 위치 보다 깊히 들어가기 때문에 매우 위험하다.

2. 정글러 상황에 따른 초반 와드 설치 타이밍

1) 블루 진형

상대가 역버프 동선일 경우 바텀의 와드위치와 타이밍

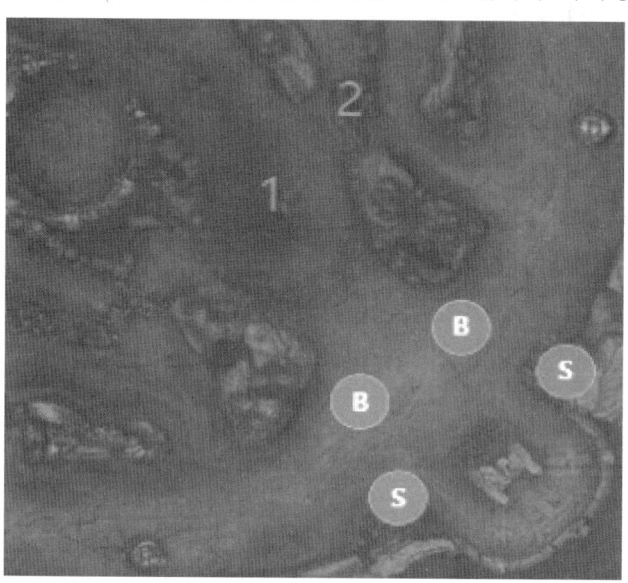

- 풀캠프 기준 3분 10~30초에 끝나기 때문에 초반 90초의 와드 유지시간을 고려해 2분 40초~50초 사이에 1번과 2번 사이에 와드를 하면 상대 정글러의 갱을 파악 할 수 있다.

1-1) 1번 와드 위치: 일반적인 와딩 포인트 중 하나이며 보통은 라인을 밀어넣었을 때 1번 보다는 2번의 포인트를 선호하지만, 2번 포인트에 제어 와드를 제거하기 힘들거나 강가쪽에서 오는 적을 파악하기 위해서 등의 이유로 박기도 한다.

1-2) 2번 와드 위치: 블루팀에서 가장 선호하는 와딩 포인트 중 하나이다. 상대방이 갱킹을 올 때 또는 백업을 갈 때 삼거리를 통하는 것이 일반적이기 때문에 좋은 와딩 포인트이다. 하지만 그 만큼 상대방도 제어와드나 렌즈를 통해 삼거리 시야를 내주지 않으려고 하기 때문에 저 포인트에서 굉장히 사건 사고가 많이 일어난다.상대가 역버프 동선일 경우 바텀의 상대가 역버프 동선일때 탑의 와드 위치와 타이밍

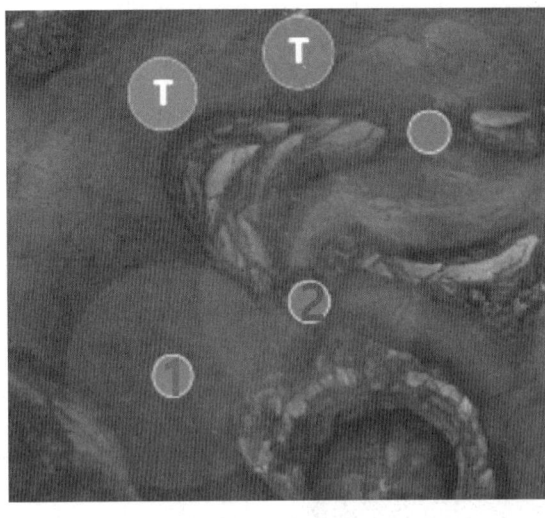

- 풀캠프 기준
바텀쪽에서
올라오는 시간이
있기때문에 3분
15초~30초 사이에
와드를 하면 된다.

2) 상대가 정버프 동선일 경우 (블루 진형)
    역버프와는 반대로 탑의 와드 타이밍은 2분 40초사이가 되고 바텀의 와드위치와 타이밍은 역으로 3분 15~30초가 된다.

*보통 정글러는 바위게를 먹고 3분 40초에서 50초까지 턴을 쓰고 귀환을 한다

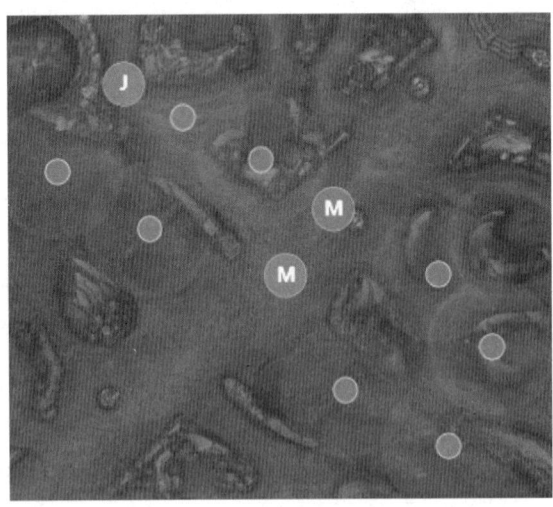

- 미드는 주도권에
따라 달라지지만
일반적으로 칼날
부리에 1분
10초에 하고
와드가 재충전
되는
시간까지(4분후)
상대 정글러와
반대 무빙을
하면서 3분50초를
넘기는게 좋다.

문제: 그렇다면 레드 진형일때 정버프와 역버프 상황에서 바텀과 탑의 와드 타이밍은?
(힌트 블루진형일 때와 비슷하다)

/ Part3 /

유형별 챔피언 플레이북

1. 탱커 (Tanker)

1) 말파이트 (Malphite)

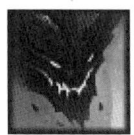

말파이트는 '거석의 파편 (Shard of the Monolith)'이라는 이명처럼 방어력에 비례해 강해지는 안티 AD 탱커이자 최강의 이니시에이터다. 단순한 스킬 구성을 가지고 있지만, 궁극기 '멈출 수 없는 힘'의 파괴력 하나만으로 게임의 판도를 뒤집을 수 있는 변수 창출 능력을 지녔다.

사전 준비: 패시브 쉴드 관리 (Setup)
말파이트 라인전의 핵심은 패시브 '화강암 방패'를 쿨타임마다 활용하는 것이다. 10초 동안 피해를 입지 않으면 최대 체력의 10%에 해당하는 보호막이 재생성된다.
딜 교환을 할 때는 반드시 보호막이 있을 때만 Q를 던지거나 진입하고, 보호막이 깨지면 뒤로 물러나서 10초를 기다려 보호막을 다시 채운 뒤 싸우는 '이기적인 딜교환' 리듬을 지켜야 한다.

핵심 룬 빌드: 착취 vs 유성
상대 라이너가 근접 챔피언인지 원거리 챔피언인지에 따라 룬이 명확하게 갈린다.

[Case 1] 핵심 룬: 착취의 손아귀 (Grasp of the Undying)
근접 챔피언(잭스, 피오라, 카밀 등)을 상대로 맞딜을 하거나 버틸 때 사용한다. W 스킬의 평타 강화와 시너지가 좋다.
고유 하위 룬 (결의 / Resolve)
보호막 강타: 패시브 보호막이 켜져 있을 때 추가 피해를 준다.

사전 준비: 중후반 방어력/마저 뻥튀기를 위해 필수적이다.
과잉성장: 최대 체력을 늘려 패시브 보호막 양을 늘린다.

[Case 2] 핵심 룬: 신비로운 유성 (Arcane Comet)
원거리 챔피언(티모, 케넨, 제이스 등)이나 접근하기 힘든 상대를 Q 짤짤이로 말려 죽일 때 사용한다.

고유 하위 룬 (마법 / Sorcery)
마나순환 팔찌: Q 견제를 위한 마나 통 확보.
깨달음: 궁극기 쿨타임 감소.
주문 작열: 초반 라인전 견제력 강화.

아이템 선택 가이드
방어력을 올리면 딜도 세지는 메커니즘을 이용하여 극탱 아이템을 주로 올린다. (AP 빌드는 예능 혹은 특정 상황용)

- 태양불꽃 방패 (Sunfire Aegis): 1코어 필수. 라인 클리어 능력이 부족한 말파이트에게 파밍 능력과 비비기 딜을 제공한다. 상대가 AP라면 '공허한 광휘'로 대체한다.
- 가시 갑옷 (Thornmail): 말파이트는 방어력 계수가 핵심이므로 덤불 조끼를 빠르게 올리고 2~3코어에 완성한다. AD 딜러들의 악몽이다.
- 케이닉 루컨 (Kaenic Rookern): 상대 AP가 강할 때 올리는 최고의 마법 저항력 아이템이다. 패시브 쉴드와 합쳐져 엄청난 생존력을 보여준다.
- 얼어붙은 심장 (Frozen Heart): 마나, 스킬 가속, 방어력을 모두 챙긴다. 공속 감소 오라가 있어 평타 기반 챔피언 상대로 좋다.
- 해신 작쇼 (Jak'Sho): 4코어 이후 방어력과 마법 저항력을 증폭시키기 위해 올린다.

스킬 메커니즘
- 패시브: 화강암 방패 (Granite Shield): 최대 체력의 10%만큼 보호막 생성. 방어력 증가 아이템 효율을 높여준다.
- Q: 지진의 파편 (Seismic Shard): 굴러가는 바위 조각을 던져 피해를 주고 이속을 훔친다. 유일한 원거리 견제기다.

- W: 천둥소리 (Thunderclap): 기본 지속 효과로 방어력이 대폭 증가한다. 사용 시 평타가 초기화되며 부채꼴 광역 피해를 준다.
- E: 지면 강타 (Ground Slam): 바닥을 내려찍어 피해를 주고 적의 공격 속도를 대폭 감소시킨다. 말파이트가 AD 카운터인 결정적인 이유다.
- R: 멈출 수 없는 힘 (Unstoppable Force): 지정한 지역으로 돌진하여 적들을 공중으로 띄운다. CC 면역 상태로 날아간다.

필수 콤보 및 딜 교환 기술
- 라인전 딜교 (Q-E-평-W-평):
  Q로 이속을 뺏어 접근한 뒤 E로 공속을 늦추고, 평타 후 W로 평타 캔슬을 하여 찍어누른다. 착취 룬일 경우 착취 평타를 섞는다.
- 6레벨 풀콤보 (R-E-평-W-Q):
  궁극기로 띄우고(에어본) 착지하자마자 E를 써야 확정으로 들어간다. 적이 도망가려고 할 때 Q를 써서 이속을 훔쳐 추격한다.
- 궁극기 점멸 (R-Flash):
  R 시전 모션 중에 점멸을 쓸 수는 없다. 거리가 멀다면 점멸을 먼저 쓰고 R을 써야 한다. (R 사거리가 생각보다 짧으므로 거리 계산이 중요하다)

단계별 게임 운영 전략
- 라인전 단계 (Lv 1~5):
  말파이트는 6레벨 전까지 매우 약하다. CS를 조금 놓치더라도 경험치를 먹으며 체력을 보존하는 것이 중요하다. 패시브 쉴드가 있을 때만 미니언을 먹거나 딜교를 한다.

- 중반 운영 (Lv 6 이후):
  궁극기가 생기면 킬각을 볼 수 있다. 라인을 밀어넣고 미드나 바텀으로 텔레포트를 타거나 로밍을 가서 궁극기로 터뜨린다. 궁극기가 없을 때는 싸움을 피하고 파밍만 한다.

- 팀 교전 (한타):
  적 딜러들이 뭉쳐있는 곳을 노린다. 옆구리나 뒤를 잡아 기습적으로 이니시를 거는 것이 베스트다. 궁극기로 진입한 후에는 적 원딜에게 E를 맞춰 공속을 깎고 비벼주면 1인분이다.

마인드셋
말파이트 플레이 시 점검해야 할 기술적 판단 기준은 다음과 같다. 단순히 적이 보인다고 궁극기를 박는 것이 아니라, 내가 궁극기를 들고 있음으로써 상대 딜러가 딜을 못 넣게 만드는 '존재만으로의 압박'을 이해하고, 가장 치명적인 순간까지 참고 기다리는 인내심이 필요하다.

- 궁극기의 존재감 (The Threat):
  궁극기(R)는 사용하는 순간보다 사용하기 직전이 가장 무섭다. 대치 상황에서 R을 아끼고 앞무빙만 쳐도 상대 딜러는 점멸을 쓸 준비를 하느라 딜을 넣지 못한다. 상대의 주요 이동기나 스펠이 빠지는 것을 보고 들어가도 늦지 않다.

- 공격 속도 감소 활용 (AS Slow):
  E(지면 강타)는 단순한 딜링기가 아니다. 적의 공격 속도를 3초 동안 최대 50%까지 감소시킨다. 한타 때 이렐리아, 잭스, 원딜 같은 평타 기반 챔피언에게 반드시 E를 맞춰야 탱킹 효율이 급상승한다.

- 무리한 다인궁 자제 (Quality over Quantity):

  5인궁 대박을 노리다가 타이밍을 놓치지 마라. 잘 큰 적 핵심 딜러 1명에게만 확실하게 꽂아도 1인분 이상이다. 다수를 맞추는 것보다 '누구를' 맞추느냐가 훨씬 중요하다.

2) 문도 박사(Dr. Mundo)

문도 박사는 단순한 '체력이 높은 챔피언'을 넘어, '압도적인 재생력'을 바탕으로 적의 화력을 흡수하고 전선을 붕괴시키는 탱커로 정의된다. 운용 핵심은 팀의 최전방에서 적의 군중 제어기(CC)를 무력화하며 주요 딜러에게 접근하여 지속적인 압박을 가하는 데

있다.

사전 준비: 최적의 효율을 위한 설계 (Setup)
문도 박사의 성장은 공격력이 아닌 '체력'에서 비롯된다. 모든 세팅은 체력 비례 효율을 극대화하는 방향으로 설계되어야 한다.

핵심 룬 빌드: 착취의 손아귀는 평타 기반의 딜 교환에서 체력을 회복하고 영구적으로 체력을 증가시키는 메커니즘은 문도 박사의 스킬 구성과 완벽한 시너지를 이룬다.

[Case 1] 핵심 룬: 착취의 손아귀 (Grasp of the Undying)
착취 스택을 쌓아 기본 공격 시 체력을 회복하고 영구적으로 체력을 얻는 착취의 손아귀는 체력이 중요한 문도에게 최적의 룬이다.

하위 룬 (결의)
- 철거: 문도 박사는 체력이 높아 포탑 철거 속도가 매우 빠르다. 이는 사이드 운영의 주도권을 가져온다.

- 재생의 바람: 라인전 단계에서 상대의 견제를 버티는 근간이 된다.

- 과잉성장: 후반부의 탱킹 능력을 보장하기 위한 선택이다.

보조 룬 (영감)
마법의 신발: 골드 효율을 높여 코어 아이템 도달 시간을 단축한다.

- 쾌속 접근: 가장 중요한 보조 룬이다. Q 스킬 적중 시 이동 속도가 증가하여, 도주기가 없는 문도 박사가 적에게 접근할 수 있는 유일한 기동성을 제공한다.

- 아이템 빌드: 문도 박사의 아이템이 선택의 기준은 '체력'과 '재생'이다.

핵심 아이템
- 강철심장: 문도 박사의 알파이자 오메가다. 아이템 고유 효과를 통해 체력을 무한히

성장시킬 수 있으며, 순간적인 물리 피해량 또한 체력에 비례하므로 반드시 1코어로 구매해야 한다.

- 태양불꽃 방패: 라인 클리어 능력과 근접 교전 시의 지속 딜링을 보완한다.

- 정령의 형상: 상대 팀에 AP(마법 피해) 챔피언이 있다면 필수적으로 선택해야 한다. 치유 효과 증폭 옵션은 문도 박사의 궁극기 효율을 극적으로 향상시킨다.

- 가시 갑옷: 상대의 체력 회복 능력을 억제해야 할 때 효과적이다.

스킬 매커니즘
- 패시브: 가고 싶은 데로 간다
  전략적 가치: 적의 결정적인 CC기(기절, 속박 등)를 1회 무시한다. 이는 적의 스킬 낭비를 유도하고, 과감한 진입을 가능하게 하는 핵심 기제다. 떨어진 화학통을 회수하여 체력을 회복하는 플레이가 동반되어야 한다.

- Q: 오염된 뼈톱
  운용의 핵심: 현재 체력을 소모하여 사용하므로, 적중시키지 못할 경우 리스크가 크다. 적중 시 반환되는 체력과 둔화 효과를 이용해 **'둔화 → 접근 → 평타'**로 이어지는 딜 교환의 시작점을 만들어야 한다.

- W: 심장 전기 충격
  피해의 역류: 단순한 방어막이 아니다. 받은 피해의 일부를 회색 체력으로 저장했다가, 적에게 스킬을 적중시킬 경우 체력으로 전환한다. 따라서 상대의 화력이 집중되는 순간에 사용하여 최대한 많은 피해를 흡수하고 회복하는 타이밍 싸움이 중요하다.

- E: 둔기에 의한 외상
  처치한 미니언을 밀쳐내어 원거리에 있는 적을 타격할 수 있다.
  전투 기술: 평타의 후딜레이를 캔슬할 수 있다. '평타 → E' 연계를 통해 순간적으로 높은 피해를 입히는 테크닉이 요구된다.

- R: 최대 투여량

판단의 미학: 체력이 바닥났을 때 생존용으로만 사용하는 것은 하책이다. 이동 속도 증가 효과를 활용하여 교전을 개시하거나, 적진 깊숙이 파고들 때 미리 활성화하여 지속적인 탱킹력을 확보하는 선제적 사용을 권장한다.

단계별 게임 운영 전략
- 라인전 단계 (초반)

안정성 추구: 레벨 5 이전의 문도 박사는 다소 유약하다. Q 스킬을 활용하여 원거리에서 미니언을 수급하며 성장에 집중해야 한다. 무리한 교전보다는 체력을 보존하며 강철 심장 구매 시점까지 버티는 것이 현명하다.

- 중반 운영 (강철심장 확보 이후)

능동적 교환: 강철심장이 확보된 시점부터는 과감한 딜 교환이 필요하다. 딜 교환의 목적은 킬이 아니더라도, 강철심장 스택을 쌓아 체력을 영구적으로 증가시키는 데에 있다.

사이드 압박: 높은 철거력을 바탕으로 사이드 타워를 압박해야 한다. 적이 막으러 올 경우, 궁극기를 활용한 유연한 도주나 역공이 가능하다.

- 팀 교전 (한타)

목표 설정: 문도 박사의 역할은 적의 전방에서만 싸우는 것이 아니다. CC 면역 패시브와 궁극기의 체력 재생을 믿고 상대에게 파고들어 진형을 붕괴시키는 것이다.

어그로 관리: 적의 모든 화력을 받아내며 버티는 동안, 아군 딜러들이 편안하게 공격할 수 있는 환경을 조성해야 한다. 죽지 않고 끈질기게 살아남아 적 딜러를 괴롭히는 것이 문도 박사의 소임이다.

- 마인드셋: 불굴의 의지

문도 박사를 플레이하는 유저는 '계산된 대담함'을 가져야 한다. 자신의 체력이 낮아 보일지라도 궁을 활용해 단순히 맞는 역할에 그치지 않고, 적에게 진입하여 진형을 붕괴할 수 있다는 공포감을 심어줘야 한다.

- 식칼의 정확도 (Q Accuracy):
  문도의 Q(오염된 쪄톱)는 단순한 견제기가 아니다. 적중 시 둔화를 걸어 뚜벅이인 문도가 적에게 붙을 수 있게 해주는 유일한 엔진이다. Q를 못 맞추면 문도는 그냥 걸어 다니는 고기일 뿐이다. 신중하게 조준해라.

- 패시브 통의 방향 (Canister Control):
  패시브 통은 문도가 보고 있는 방향의 무작위 위치로 떨어진다. CC기를 맞을 것 같다면 미리 안전한 쪽(아군 포탑이나 퇴로)으로 고개를 돌려 통이 줍기 쉬운 곳에 떨어지도록 유도해야 한다.

- 궁극기 타이밍 (Pre-emptive Ult):
  R(최대 투여)은 체력이 적을 때 쓰는 '생존기'가 아니다. 교전 시작 시 이동 속도 증가를 이용해 적에게 붙는 '진입기'로 쓰거나, 점화(치유 감소)가 걸리기 전에 미리 켜서 체력 이득을 보는 판단이 훨씬 효율적이다. 죽기 직전에 켜면 치감 맞고 허무하게 죽는다.

3) 사이온 (Sion)

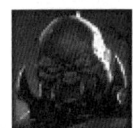

사이온은 '언데드(Undead)'라는 이명에 걸맞게 죽음 이후에도 전투를 지속하는 독보적인 메커니즘을 가진 탱커다. 무한히 증가하는 체력을 바탕으로 적의 화력을 받아내는 전열함 역할을 수행하며, 장거리 돌진기(R)를 활용해 협곡 전역에 영향력을 행사하는 전략적인 챔피언으로 정의된다.

사전 준비: 무한한 성장을 위한 기틀 (Setup)
사이온의 핵심은 W 스킬의 기본 지속 효과를 통한 '체력 무한 성장'이다. 따라서 라인전 단계에서는 안정적인 파밍을 통해 스택을 쌓고, 중후반에는 거대해진 체력을 바탕으로 전장을 장악하는 빌드를 설계해야 한다.

핵심 룬 빌드: 유지력과 라인 클리어 사이온은 근접 교전 능력을 강화하고 포탑을 빠르게 철거하기 위해 결의 빌드를 주로 채택한다.

- 착취의 손아귀 or 유성: Q(대량 학살 강타)의 에어본 혹은 둔화에 걸린 적에게 접근하여 착취를 터뜨리는 딜 교환이 기본이다. 높은 체력을 바탕으로 딜 교환 우위를 점하고 유지력을 확보한다.

- 하위 룬 (결의) 철거: 사이온의 높은 체력은 곧 포탑 철거 속도로 직결된다. 사이드 운영 시 상대에게 엄청난 압박을 주는 필수 룬이다.

- 사전 준비: 중후반 방어력과 마법 저항력을 뻥튀기하여 탱킹력을 극대화한다. 과잉성장: 미니언 처치 시 체력이 오르는 W 스킬과 시너지를 일으켜 체력 총량을 비약적으로 높인다.

- 보조 룬 (영감) 비스킷 배달: 초반 라인전의 마나 부족과 체력 관리를 돕는다. 쾌속 접근: E 스킬(학살자의 포효)로 둔화된 적에게 빠르게 접근하여 Q 스킬을 연계할 수 있게 돕는다.

- 능력치 파편: 공격력 / 체력 / 체력 (또는 상대에 따라 방어/마저) 아이템 빌드 사이온은 체력 계수가 매우 중요한 챔피언이다. W 스킬의 보호막 흡수량과 착취, 철거, 그리고 핵심 아이템들의 효율이 모두 최대 체력에 비례한다.

핵심 아이템
- 강철심장: 사이온의 성장성을 상징하는 아이템이다. 높은 체력과 더불어 '거인의 흡수' 효과로 딜 교환 시마다 영구적인 체력을 얻는다. 1코어로 구매하여 스택을 빠르게 쌓는 것이 권장된다.

- 바미의 불씨 -〉 태양불꽃 방패 or 공허한 광휘 라인 클리어 속도를 높여 W 스택을 원활하게 쌓게 돕는다. 적진 한복판에서 비비며 지속 딜을 넣는 사이온에게 필수적인 아이템이다.

- 케이닉 루컨: 가시 갑옷 상대 조합에 맞춰 마법 저항력이나 치유 감소 효과를 구비
  한다.

스킬 메커니즘
사이온의 스킬은 강력하지만 선딜레이가 길어 심리전과 시야 플레이가 요구된다.

- 패시브: 영광스러운 죽음
  사망 시 체력이 가득 찬 상태로 부활하여 급격히 줄어드는 체력을 안고 전투를 지속
  한다. 이를 통해 죽으면서도 라인을 클리어하거나, 교전 중 적 딜러와 동귀어진하는
  변수를 창출해야 한다.

- Q: 대량 학살 강타
  기를 모으는 시간에 비례해 데미지와 에어본 시간이 증가한다. 부쉬(수풀) 안에서 사
  용하면 적에게 범위가 보이지 않는다는 점을 이용하여, 시야가 없는 곳에서 기습적으
  로 에어본을 적중시키는 플레이가 매우 중요하다.

- W: 영혼의 용광로
  미니언 처치 시 최대 체력이 영구적으로 증가한다. 사용 시 보호막을 생성하며, 일정
  시간 후 재사용하면 주변에 피해를 입힌다. 보호막이 파괴되지 않아야 폭발 데미지를
  줄 수 있으므로 타이밍 조절이 필요하다.

- E: 학살자의 포효
  미니언을 밀쳐내어 원거리 적에게 피해를 주고 방어력을 낮추며 둔화를 건다. E를
  맞춘 후 둔화된 적에게 Q를 확정적으로 맞추는 것이 기본 콤보다.

- R: 멈출 수 없는 맹공
  먼 거리에서 점점 속도를 높여 돌진한다. 이니시에이팅 용도뿐만 아니라, 불리한 라
  인에 빠르게 복귀하거나 위기 상황에서 도주하는 용도로도 활용 가능하다. 벽에 부딪
  히면 멈추므로 맵의 지형지물을 활용한 '드리프트' 숙련도가 요구된다.

단계별 게임 운영 전략

- 라인전 단계 (Lv 1~5) 성장 집중: 초반 사이온은 Q 스킬이 빗나갈 경우 매우 취약하다. 무리한 딜 교환보다는 E 스킬로 견제하고 W 스킬로 막타를 챙기며 체력 스택을 쌓는 데 집중해야 한다.

- 중반 운영 및 사이드 푸시 운영의 핵심: 강철심장과 태양불꽃 방패가 나온 시점부터는 적극적으로 라인을 민다. 텔레포트가 있다면 사이드 라인을 깊게 밀다가, 교전 발생 시 텔레포트나 궁극기로 합류하는 운영을 펼쳐야 한다.

- 팀 교전 (한타) 진형 붕괴: 궁극기로 적진을 파고들어 진형을 붕괴시키거나, 딜러를 고립시키는 것이 목표다. 이후 적진 한복판에서 Q 스킬을 차징하여 적들의 무빙을 강제하고 딜 로스를 유발해야 한다. 죽더라도 패시브를 활용해 끝까지 딜러를 물고 늘어지는 것이 중요하다.

마인드셋:

사이온 플레이 시 점검해야 할 기술적 판단 기준은 다음과 같다. 공포를 심어주는 전차 사이온 플레이어는 '죽음을 두려워하지 않는 대범함'을 가져야 한다. 때로는 아군을 위해 과감하게 몸을 던져 이니시에이팅을 열고, 사망 후에도 패시브를 통해 적을 타격하여 이득을 취해야 한다. "나를 죽여도 손해를 볼 것이다"라는 압박감을 적에게 심어주는 것이 사이온 운영의 정점이다.

- 전략적 죽음의 가치:

단순히 많이 죽는 것은 적을 성장시키는 행위일 뿐이다. 하지만 적의 주요 스킬이나 점멸을 소모시키고, 라인을 완벽하게 밀어넣어 상대의 경험치 손실을 유발하는 죽음은 '전략적 이득'이다. 패시브 상태일 때 미니언을 정리할지, 챔피언을 타격할지 냉정하게 판단해야 한다.

- 지형 장악과 심리전:

수풀(Bush) 안에서 Q를 충전하면 공격 범위가 적에게 보이지 않는다. 이를 활용해 적이 미니언을 획득하러 올 때 보이지 않는 Q로 에어본을 적중시키는 심리전이 라인전의 핵심이다.

- 궁극기 운전 능력:
궁극기는 단순한 직선 돌진기가 아니다. 마우스 커서 위치에 따라 궤도를 수정할 수 있다. 협곡의 지형지물을 들이받지 않고 코너를 돌아 적의 측면이나 후방을 타격하는 정교한 조작 능력이 필수적이다.

4) 오른 (Ornn)

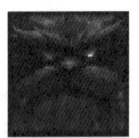

오른은 협곡의 대장장이이자, 아군 전체의 밸류(Value)를 한 단계 격상시키는 독보적인 '성장형 탱커'다. 단순히 적의 공격을 받아내는 것을 넘어, 패시브를 통해 아군의 아이템을 강화하여 후반 포텐셜을 보장하고, '불안정 상태(Brittle)'라는 고유 메커니즘으로 탱커임에도 불구하고 막강한 화력을 뿜어내는 챔피언으로 정의된다.

사전 준비: 후반을 위한 인내와 설계 (Setup)
오른의 핵심은 '레벨링'이다. 13레벨부터 시작되는 걸작 아이템 강화를 위해, 초반 라인전에서 죽지 않고 경험치를 꾸준히 수급하는 것이 운영의 최우선 목표다.

핵심 룬 빌드: 착취의 유지력 오른은 W 스킬(불꽃풀무질)과 평타를 섞는 딜 교환이 강력하므로, 결의 빌드를 통해 라인전 수행 능력을 높여야 한다.

[Case 1] 핵심 룬: 착취의 손아귀 (Grasp of the Undying)
W 스킬 사용 후 '불안정 상태'가 적용된 적에게 평타를 칠 때 착취를 함께 터뜨리는 것이 오른 딜 교환의 기본이다. 체력 회복과 최대 체력 증가 효과를 동시에 챙긴다.

하위 룬 (결의) 철거: 오른은 기본 공격력이 준수하고 라인 클리어 후 포탑을 칠 기회가 많다. 스노우볼을 굴리는 데 유용하다. 뼈 방패 / 재생의 바람: 상대가 폭딜 챔피언(레넥톤 등)이면 뼈 방패, 짤짤이 챔피언(티모, 나르 등)이면 재생의 바람을 선택한다. 과잉성장: 후반부 패시브(방어/마저 10% 증가)와 시너지를 내어 금강불괴가 되기 위한 발판이다.

- 보조 룬 (영감) 마법의 신발: 초반에 신발을 살 필요 없이 코어 아이템에 집중할 수 있게 하며, 이동 속도 증가 효과를 제공한다. 비스킷 배달: 오른의 고질적인 마나 부족 문제를 해결하고 라인 유지력을 높인다.

- 능력치 파편: 스킬 가속 / 체력 / 체력 (또는 방어/마저)
  아이템 빌드 오른은 방어력과 마법 저항력이 증가할수록 패시브 효과로 인해 추가 스탯을 얻는다. 따라서 깡체력 아이템보다는 방어/마저가 붙은 아이템의 효율이 압도적으로 좋다.

아이템 선택 가이드
라인 제작 오른은 기지에 가지 않고도 아이템을 제작할 수 있다. 라인전 도중 루비 수정이나 천 갑옷 등을 즉석에서 만들어 유지력 우위를 점하는 것이 오른 운영의 핵심이다. (단, 소모품과 와드는 구매 불가)

핵심 아이템
- 태양불꽃 방패 / 공허한 광휘: 라인 클리어 능력이 부족한 탱커에게 필수적이다. 비비기 데미지를 통해 W 스킬 쿨타임 동안의 딜 공백을 메운다.

- 해신 작쇼: 전투가 길어질수록 방어력과 마법 저항력이 증폭된다. 오른의 패시브와 결합되면 뚫을 수 없는 방벽이 된다.

- 걸작 아이템 (Masterwork) 레벨 13이 되면 자신의 신화급(혹은 주요) 아이템을 걸작으로 강화하며, 14레벨부터는 아군의 아이템을 강화해준다. 이는 팀 전체의 골드 가치를 수천 골드 이상 앞서게 만드는 효과가 있다.

스킬 메커니즘
오른의 스킬은 CC기(군중 제어기)로 시작해서 CC기로 끝난다. 특히 '불안정 상태'에 대한 이해가 필수적이다.

- 패시브: 간이 대장간 & 장인의 솜씨 움직이는 상점은 라인전에서 귀환 없이 아이템

을 조달하여 체력/마나 우위를 점한다. 추가 능력치로 모든 방어력, 마법 저항력, 체력 증가량이 10% 추가로 증가한다. 후반에 오른이 다른 탱커보다 단단한 이유다.

- Q: 용암 균열 지형 생성: 적에게 피해를 주고 둔화를 걸며, 끝 지점에 작은 기둥(지형)을 세운다. 이 기둥은 E 스킬(화염 돌진)의 벽 꿍 각을 만드는 데 사용된다.

- W: 불꽃풀무질
불을 뿜으며 전진할 때 '저지 불가(Unstoppable)' 상태가 된다. 블리츠크랭크의 그랩이나 적의 스턴을 씹으면서 맞딜을 넣을 수 있는 최중요 스킬이다.
불안정 상태는 마지막 불꽃에 맞은 적은 '불안정'해진다. 이때 평타를 치면 뒤로 밀려나며(넉백) 최대 체력 비례 마법 피해를 입는다. 탱커인 오른이 적 딜러를 녹일 수 있는 원동력이다.

- E: 화염 돌진
지형지물에 부딪히면 충격파를 발생시켜 적을 공중에 띄운다. Q 스킬로 만든 기둥이나 벽을 활용해야 한다. 구조물(포탑, 억제기)에도 피해를 입힐 수 있다.

- R: 대장장이 신의 부름
거대한 불의 정령을 소환한다. 첫 번째 타격은 적을 둔화시키고 불안정 상태로 만들며, 두 번째 타격(R 재사용으로 받아치기)은 적을 공중에 띄우고 다시 불안정 상태를 적용한다. 타이밍을 맞춰 머리로 받아치는 피지컬이 요구된다.

단계별 게임 운영 전략
- 라인전 단계 (Lv 1~12)
라인전에서 골드가 모이는 대로 '루비 수정'이나 '천 갑옷'을 제작하여 체력을 채우고 스탯 우위를 점한다. 딜 교환은 Q로 견제하다가 적이 들어오면 W로 받아치고 평타(착취)를 터뜨리는 식으로 짧게 가져간다. 절대 무리해서 솔로 킬을 따려 하지 말고 성장에 집중해야 한다.

- 중반 운영 (Lv 13 이후)
13레벨이 되어 자신의 아이템이 강화되면 전성기가 시작된다. 14레벨부터는 아군에게 다가가 아이템을 강화해줘야 한다. 한타 대치 구도에서 틈틈이 아군을 강화시켜 팀 전력을 상승시키는 것이 오른의 임무다.

- 팀 교전 (한타) 이니시에이팅과 호응
R 스킬을 활용해 원거리에서 싸움을 열 수 있다. 혹은 적이 들어올 때 W로 CC기를 무시하고 R로 역이니시(Counter-Engage)를 거는 것도 매우 강력하다.
무엇보다 Q-E 콤보나 궁극기를 통해 다수의 적을 공중에 띄우는 '대박'을 노려야 한다.

마인드셋: 팀의 든든한 국밥 오른 플레이어는 조급해할 필요가 없다. 시간이 지날수록 자신과 팀원은 아이템 강화로 인해 상대보다 강해진다. 라인전에서 조금 밀리더라도 "버티면 이긴다"는 확신을 가지고, 묵묵히 경험치를 먹으며 대장장이의 망치질처럼 꾸준하게 플레이하는 자세가 필요하다. 당신은 팀의 승리를 위한 '보증 수표'다.

- 경험치의 중요성:
오른에게 경험치는 곧 골드 이상의 가치를 지닌다. 13레벨 이후 강화되는 아이템 하나당 약 1000골드 이상의 가치가 창출된다. 무의미한 로밍이나 대치로 경험치를 놓치는 것은 팀 전체의 손해다. 철저하게 성장을 우선시해야 한다.
저지 불가의 활용:

- CC기 어그로 분산
W(불꽃 풀무질)는 단순한 공격 기술이 아니라 최고 수준의 방어 기술이다. 블리츠크랭크의 그랩, 모데카이저의 궁극기 등 치명적인 스킬이 들어오는 타이밍에 맞춰 W를 사용하여 무효화하는 반응 속도가 숙련도의 척도다.

- 궁극기의 심리전
R(대장장이 신의 부름) 사용 시 적들은 오른이 머리로 들이받는 타이밍(2타)을 방해하기 위해 군중 제어기를 아껴둔다. 이를 역이용해 거리를 조절하거나, 상대의 방해 스킬이 소모된 것을 확인하고 사용하는 침착함이 필요하다. 들이받지 못하면 궁극기는 없는 것과 같다.

5) 마오카이 (Maokai)

마오카이는 협곡의 대자연 그 자체이자, 적을 옭아매는 독보적인 '군중 제어(CC) 스페셜리스트'다. 확정 속박(W)과 광역 속박(R)을 통해 변수를 차단하고 아군 딜러를 보호하거나 적진을 붕괴시키는 데 특화되어 있다.

사전 준비: 지속력과 통제를 위한 설계 (Setup)
마오카이의 핵심은 패시브를 활용한 좀비 같은 생존력과 스킬 가속이다. 스킬을 자주 사용하여 패시브 쿨타임을 줄이고, 적을 끊임없이 괴롭힐 수 있는 세팅이 요구된다.

핵심 룬 빌드: 착취의 손아귀 vs 여진
착취와 마나의 균형 탑 라인전 기준으로는 유지력을, 정글이나 서포터라면 여진을 선택하지만, 본 교재는 탱커 마오카이의 정석인 결의 빌드를 중심으로 서술한다.

[Case1] 착취의 손아귀:
　근접 딜 교환 시 체력을 회복하고 영구적으로 체력을 늘린다. 마오카이의 패시브 평타와 함께 터뜨리면 막대한 회복량을 보여준다.

　하위 룬 (결의)
- 철거 / 생명의 샘: 라인전 압박을 원하면 철거, 아군 보조를 원하면 생명의 샘을 선택한다.

- 재생의 바람: 초반 라인전 유지력을 위한 필수 선택이다. 소생: 마오카이의 패시브 회복량을 증폭시키는 가장 효율 좋은 룬이다.

　보조 룬 (마법/영감)
- 마나순환 팔찌: 마오카이는 스킬 마나 소모가 극심하므로 마나 통을 늘려주는 것이 중요하다.

- 비스킷 배달: 라인 유지력과 마나를 동시에 보완한다.
- 능력치 파편: 스킬 가속 / 체력 / 체력 (또는 방어/마저)
  아이템 빌드 마오카이는 체력과 스킬 가속, 그리고 '치유 효과 증폭'이 핵심이다.

핵심 아이템
- 종말의 겨울: 혹한의 손길 상위 아이템이다. 마오카이는 CC기가 많아 불변 효과(적 챔피언을 이동 불가 또는 둔화 상태로 만들면 3초 동안 100+현재 마나의 4.5%에 해당하는 피해를 흡수하는 보호막 획득)를 계속해서 터뜨릴 수 있고, 마나 문제 해결과 탱킹력을 동시에 잡는다.

- 정령의 형상: 마오카이의 심장과도 같은 아이템이다. 마법 저항력과 더불어 패시브의 체력 회복량을 비약적으로 상승시킨다. 상대 AP가 적더라도 3~4코어로는 반드시 고려해야 한다.

- 상황에 따라 가시 갑옷(치유 감소) / 심연의 가면(아군 AP 딜러의 딜 상승을 돕는 오라 아이템)을 선택한다.

스킬 메커니즘
- 마오카이의 스킬은 단순하지만, 시야 장악과 어그로 핑퐁에 있어 깊이 있는 이해가 필요하다.

- 패시브: 평타 공격시 일정 시간마다 기본 공격 시 체력을 회복한다. 스킬을 사용하거나 적의 스킬에 맞으면 쿨타임이 감소한다. 교전 시 스킬을 난사하며 평타를 섞어줘야 죽지 않는 좀비가 된다.

- Q: 덤불 주먹 밀치기
  적을 뒤로 밀쳐내며 잠시 둔화시킨다. 적의 돌진기를 끊거나(리 신의 Q, 자르반의 E-Q 등), W로 진입 후 적을 아군 쪽으로 배달하는 용도로 사용한다.

- W: 뒤틀린 전진
  대상 지정 불가 상태로 변하여 적에게 돌진하고 확정 속박한다. 리그 오브 레전드 내에서 가장 사기적인 판정 중 하나로, 적의 핵심 스킬을 회피함과 동시에 딜러를 무는 최고의 이니시에이팅 기술이다.

- E: 묘목 던지기
  묘목을 던져 시야를 확보하고 적을 견제한다. 수풀(부쉬)에 던지면 묘목이 강화되어 더 큰 피해를 주고 오랫동안 유지된다. 오브젝트 싸움 전 부쉬를 장악하는 것은 마오카이의 의무다.

- R: 대자연의 마수
  거대한 뿌리 벽을 소환하여 발사한다. 적을 맞추면 속박시키고 사거리가 매우 길어 시야 밖에서 이니시에이팅을 열거나, 적의 진입을 받아치는 용도로 탁월하다. 뒤에서 덮치거나 옆구리를 찌르면 피할 수 없는 지옥을 선사한다.

단계별 게임 운영 전략
- 라인전 단계 (Lv 1~5) 인내와 파밍: 초반 마오카이는 마나 소모가 심하고 몸이 약하다. 묘목(E)을 부쉬에 던져 갱킹을 방지하고, 들어오는 적을 Q로 밀쳐내며 패시브로 체력을 채우는 수비적인 운영이 필요하다.

- 중반 운영 및 시야 싸움 부쉬의 지배자: 용이나 바론 등 오브젝트 싸움 1분 전, 미리 도착하여 주변 부쉬에 묘목을 깔아둬야 한다. 이는 적에게 엄청난 압박을 주며, 시야 싸움에서 절대적인 우위를 점하게 한다.

- 팀 교전 (한타) 타겟팅 설계: W 스킬로 적의 핵심 딜러(Carry)를 물고 늘어질지, 아니면 들어오는 적 암살자로부터 아군 딜러를 보호(Peeling)할지 빠르게 판단해야 한다. 궁극기는 적이 뭉쳐있는 좁은 길목이나 퇴로를 차단하는 각도로 사용하는 것이 가장 이상적이다.

- 마인드셋: 숲은 모든 것을 알고 있다 마오카이 플레이어는 '전장의 설계자'가 되어야 한다. 묘목을 통해 적의 동선을 미리 파악하고, 확정 CC기로 적 딜러에게 사형 선고를 내리는 역할을 수행한다. 내가 돋보이지 않더라도, 나의 묘목 하나와 속박 한 번이 팀을 승리로 이끈다는 믿음을 가지고 묵묵히 전선을 지켜야 한다.

2. 브루저 (Bruiser)

1) 레넥톤(Renekton)

레넥톤은 분노 50 이상에서 '강화 스킬'을 선택해 딜교환을 일방적으로 이기고, 6레벨 이후 궁극기(강신)로 전투를 길게 끌며 초반 스노우볼을 굴리는 탑 브루저다.

사전 준비: '분노 50'이 모든 판단의 시작 (Setup)
레넥톤의 핵심은 분노 관리다. 평타 1회마다 분노 5가 쌓인다. 분노 50 이상일 때 사용하는 스킬은 강화 효과가 적용된다. 중요한 건 "강화가 되냐"가 아니라 어떤 스킬을 강화하느냐를 선택하는 것이다.

분노 운영 (2가지 상황)

- 딜 교환 전: 싸움 나기 전에 미니언에 평타를 쳐서 분노 50+를 미리 채워둬라. 준비된 레넥톤과 준비 안 된 레넥톤은 힘이 다르다.

- 딜 교환 중: 상황에 맞게 강화 스킬을 고른다.
  폭딜/기절로 교환을 끝내려면 → 강화 W
  회복/라인 클리어가 필요하면 → 강화 Q

핵심 룬 빌드: 집중공격 vs 정복자
상대를 한 콤보에 터뜨려야 하거나 짧은 딜교환이 핵심이라면 집중 공격, 지속적인 싸움이 예상된다면 정복자를 선택한다.

[Case1] 집중 공격 (Press the Attack):
레넥톤의 강화 W 스킬은 한 번에 3회의 타격 판정을 가진다. 즉, 강화 W를 적중시키는 순간 집중 공격이 즉시 발동되어 폭발적인 데미지를 입힐 수 있다.

[Case2] 정복자 (Conqueror):

유지력이 필요한 매치업일 경우 강화 Q와 정복자 스택을 활용하면 데미지 강화와 체력 회복까지 두가지 모두 활용 할 수 있는 최적의 룬이다.

하위 룬 (정밀)

- 승전보: 궁극기 '강신'을 켠 레넥톤이 다이브를 하거나 2 대 1 싸움을 할 때 생존을 보장하는 핵심 룬이다.

- 전설: 민첩함 / 가속 평타 콤보를 매끄럽게 넣기 위해 공격 속도나 스킬 가속을 챙긴다.

- 최후의 저항: 체력이 낮은 상태에서 궁극기로 버티며 역관광을 노리는 레넥톤에게 최적화되어 있다.

보조 룬 (결의)

- 뼈 방패 / 재생의 바람: 상대 챔피언의 견제 스타일에 맞춰 선택하여 라인전 안정성을 높인다.

능력치 파편

- 공격력 / 공격력 / 체력 (또는 상대에 따라 방어/마저)

핵심 아이템

공격력과 체력, 그리고 스킬 가속(쿨타임 감소)이 조화된 브루저 아이템을 구성한다.

- 갈라진 하늘 (Sundered Sky): 첫 번째 공격 치명타 및 체력 회복 효과는 레넥톤의 유지력과 한 방 딜을 극대화한다.

- 쇼진의 창: 스킬 가속을 대폭 줄여주며, 스킬 사용 시 데미지가 증가한다. 쿨타임이 긴 레넥톤의 단점을 완벽하게 보완한다.

- 스테락의 도전: 한타 진입 시 폭사를 방지하고 생존력을 높여준다.

스킬 메커니즘

- Q: 양떼 도륙
  역할: 라인 유지력 / 라인 클리어 / 견제
  효과: 주변 적에게 피해 + 맞춘 대상에 비례해 체력 회복
  분노 수급: 챔피언 적중 시 10, 미니언 적중 시 2.5 분노 획득
  강화 효과: 피해와 회복량이 대폭 증가(대신 분노 수급은 없음)

- W: 무자비한 포식자
  역할: 일방적인 딜교환의 핵심(기절 + 폭딜)
  강화 효과: 기절 시간이 2배로 증가, 피해도 강해져 킬각의 시작점이 된다.
  핵심 디테일: 평타 캔슬 가능
  기본 습관: 평타 → W

- E: 자르고 토막내기
  역할: 추격/도주 이동기
  효과: 돌진, 적 적중 시 한 번 더 사용 가능
  강화 효과: 피해 증가 + 대상 방어력 25% 감소
  핵심 주의: 초반 쿨이 길다. 헛쓰면 교환/갱 대처가 어려워진다.

- R: 강신
  역할: 전투 판도 전환(체급 + 분노 수급 + 지속 피해)
  효과: 사용 즉시 추가 체력 + 분노 획득, 이후에도 분노가 지속적으로 차오른다. 주변 적에게 지속 피해를 준다.
  포인트: 궁 상태에서는 몸집이 커지고, 그에 따라 근접 범위 기반 스킬 운용이 더 유리해진다(교전 유지력 상승).

필수 콤보
- 국민 콤보(강화 W 활용)
  순서: E 진입 → 평타 → 강화 W → Q → 평타 → E 후퇴
  조건: 분노 50+로 즉시 강화 W가 가능할 때

목적: 상대에게 큰 피해+긴 기절을 넣고 내가 덜 맞고 빠지는 일방 교환

- 분노 수급 콤보(강화 W 준비)
  순서: E 진입 → Q → 강화 W → 평타 → E 후퇴
  조건: 분노가 50 미만(예: 20 정도)일 때
  목적: E와 Q로 분노를 채워 예상 못한 타이밍에 강화 W를 사용한다. (기습 딜교)

단계별 운영 전략
- 라인전(Lv 1~5): Q 각으로 유지력 + 주도권
  목표: Q를 미니언과 챔피언에 동시에 맞추는 각을 만들어라.
  회복하면서 라인을 밀고 주도권을 가져오기 쉬워진다.
  교환은 "무조건 싸움"이 아니라 분노 50 준비가 됐을 때만 확실하게 한다.

- 6레벨 이후: 궁 타이밍에 게임을 흔들어라
  궁을 배운 레넥톤은 전투력이 크게 오른다.
  이 타이밍에 솔로킬/강제 귀환 각을 보고 상대를 무너뜨리는 게 중요하다.

- 갱킹 대처: 2대1에서도 '궁으로 버틴다'
  갱을 당했을 때도 궁으로 체급과 분노 수급을 만들면 역습 각이 생긴다. 단, 무조건 싸우는 게 아니라 강화 스킬 선택(특히 강화 W/Q)을 상황에 맞게 정확히 사용해야 한다.

- 오브젝트(용/전령): 초반 힘을 교전에 써라
  레넥톤은 오브젝트 교전에서 강하다.
  싸움이 나기 전에 먼저 자리 잡고, 초반 힘으로 팀이 이기게 만들어야 한다.

  마인드셋: 레넥톤은 "초반에 벌고, 초반에 끝내는" 챔피언이다
  분노 50 유지: 싸우기 전엔 미리 채우고, 강화 스킬을 무엇에 쓸지 생각해야 한다.
  치고 빠지기: 콤보로 "나는 때리고 상대는 못 때리는" 교환을 반복해라.

2）다리우스 (Darius)

다리우스는 '전장의 지배자'이자, 조건이 충족되었을 때 그 어떤 챔피언보다 파괴적인 딜링을 뿜어내는 '브루저(Bruiser)'의 정점이다. 고유 메커니즘인 '과다출혈' 5스택을 쌓아 '녹서스의 힘'을 개방하면, 압도적인 공격력 증가와 함께 궁극기의 초기화 메커니즘을 통해 적군 전체를 참수해버리는 펜타킬 머신으로 정의된다.

사전 준비: 기동성 확보와 지속 싸움 설계 (Setup)
다리우스의 유일한 약점은 '뚜벅이(이동기 부재)'라는 점이다. 따라서 모든 룬과 스펠, 아이템은 적에게 접근하여 끈질기게 달라붙는 능력을 보완하는 데 집중되어야 한다.

- 소환사 주문: 유체화는 선택이 아닌 필수 점멸(Flash)과 유체화(Ghost) 조합이 기본이다. 순간 이동(Teleport)을 포기하더라도 유체화를 들어 라인전 킬 캐치 능력과 한타 기동성을 확보하는 것이 다리우스 운영의 핵심이다.

핵심 룬: 정복자
스킬과 평타를 섞어 쓰는 다리우스에게 공격력 증가와 체력 회복을 제공하여 맞딜 능력을 극대화한다. 정복자의 전투 지속력 다리우스는 스택을 쌓기 위해 긴 호흡의 전투를 지향하므로 정복자가 가장 이상적이다.

하위 룬 (정밀)
- 승전보: 궁극기로 적을 처치한 후 체력을 회복하여 다음 적을 상대할 기반을 마련한다. 다리우스가 1 대 다수 싸움에서 살아남는 원동력이다.

- 전설: 민첩함 공격 속도를 높여 평타 캔슬과 5스택을 쌓는 속도를 단축시킨다.

- 최후의 저항: 체력이 낮아질수록 강해지는 특성은 적의 포커싱을 버티며 역관광 내는 다리우스에게 최적화되어 있다. - 보조 룬 빛의 망토 & 기민함(마법): 소환사 주문 사용 시 이동 속도를 폭발적으로 증가시켜, 유체화를 켠 다리우스가 적에게 순식간에

접근할 수 있게 한다. (가장 추천하는 빌드)

- 뼈 방패 & 재생의 바람 (결의): 상대 라인전 견제가 극심할 경우 선택하여 버티는 능력을 강화한다.

- 능력치 파편: 공격력 / 공격력 / 체력 (또는 상대에 따라 방어/마저)

아이템 빌드
다리우스는 공격력과 체력, 그리고 이동 속도를 동시에 챙길 수 있는 아이템을 선호한다.

핵심 아이템
- 삼위일체 (Trinity Force): 다리우스의 평타-W 연계에 주문 검 효과를 터뜨려 폭발적인 딜을 넣는다. 이동 속도 증가 옵션과 공격 속도까지 제공하여 캐리력이 가장 높은 1코어 아이템이다.

- 발걸음 분쇄기 (Stridebreaker) 상대가 도주가 빠르거나 카이팅이 좋은 조합(베인, 케이틀린 등)일 경우 선택한다. 액티브 효과로 광역 둔화를 걸어 킬각을 잡는 데 유용하다.

- 스테락의 도전: 다리우스가 점사 당해 녹는 것을 방지하는 필수 생존템이다. 높은 공격력과 보호막, 강인함을 제공하여 한타 안정성을 보장한다.

- 망자의 갑옷: 이동 속도를 대폭 높여주고 첫 타격 시 둔화를 건다. 맵을 넓게 쓰거나 이니시에이팅을 걸 때 유용하다.
- 죽음의 무도 / 대자연의 힘 상대 AD/AP 비중과 성장에 맞춰 방어 아이템을 선택한다.

스킬 메커니즘
다리우스의 스킬은 단순해 보이지만 '거리 조절'과 '평타 캔슬'이라는 디테일이 승패를 가른다.

- 패시브: 과다출혈은 (Hemorrhage)

다리우스의 상징으로 기본 공격과 스킬 공격 시 출혈 스택이 쌓이며 지속 피해를 준다. 5스택이 쌓이면 '녹서스의 힘'이 발동되어 공격력이 대폭 상승하고, 타격하는 모든 적에게 즉시 5스택을 적용한다.

- Q: 학살 (Decimate)

도끼 날(외곽)에 맞추는 것이 핵심이다. 날에 맞은 적은 큰 피해를 입고 다리우스는 잃은 체력에 비례해 회복한다. 자루(안쪽)에 맞으면 데미지가 약하고 회복도 없으며 스택도 쌓이지 않는다. Q 시전 중 무빙을 통해 거리를 조절하는 것이 실력의 척도다.

- W: 마비의 일격 (Crippling Strike)

평타 후 딜레이를 캔슬하는 기술이다. '평타-W' 콤보는 순식간에 2스택을 쌓게 해준다. 적중 시 강력한 둔화를 걸어 Q 스킬의 날 적중률을 높여준다.

- E: 포획 (Apprehend)

기본 지속 효과로 방어구 관통력을 제공한다. 사용 시 적을 끌어당기며 에어본시킨다. 도주하는 적을 잡거나, Q 스킬을 확정적으로 맞추기 위해('E-평-W-Q' 콤보) 사용한다. 판정이 좋아 점멸을 쓰는 적도 끌어올 수 있다.

- R: 녹서스의 단두대 (Noxian Guillotine)

대상에게 고정 피해(True Damage)를 입힌다. 출혈 스택 하나당 피해량이 20%씩 증가하므로, 반드시 5스택을 쌓고 사용해야 한다. 궁극기로 적을 처치하면 20초 동안 재사용 대기시간이 초기화되어 연속 처형(Pentakill)이 가능하다.

단계별 게임 운영 전략

- 라인전 단계 (Lv 1~5): 강력한 1레벨 타이밍을 이용한다. 부쉬에 숨어있다가 적이 나오면 평타-W로 딜교환을 걸고, 유체화를 켜서 끝까지 쫓아가 킬을 따는 '1렙 쇼부' 전략이 매우 유효하다. 기본적으로 디나이(Deny) 포지션을 잡고 적이 미니언을 못 먹게 압박해야 한다.

- 중반 운영 및 사이드 압박: 잘 큰 다리우스는 1:2 싸움도 이길 수 있다. 사이드 라인

을 깊숙이 밀며 적 정글러를 불러들이고, 유체화를 활용해 드리블하거나 더블 킬을 노린다. 단, 중요 오브젝트 싸움에는 반드시 합류하여 강력한 화력을 지원해야 한다.

- 팀 교전 (한타): 무리해서 적 딜러를 물려고 하지 마라. 다리우스는 뚜벅이라서 진입하다가 CC기 맞고 터질 수 있다. 아군 진형 깊숙이 들어온 적 탱커나 브루저를 먼저 타격하여 5스택을 쌓는 것이 정석이다. 5스택이 터져 '녹서스의 힘'이 발동되면, 그때 점멸이나 유체화를 사용하여 적 딜러에게 파고들어 머리를 찍어버리는 식의 '앞라인부터 녹이는 플레이'가 필요하다.

- 마인드셋: 공포를 먹고 자라는 패왕 다리우스 플레이어는 '침착한 야수'가 되어야 한다. 체력이 빠져도 Q 스킬 한 번으로 복구할 수 있다는 믿음을 가져야 하며, 5스택이 쌓이기 전까지는 인내하다가 각이 보이면 망설임 없이 점멸을 사용하여 적을 처형해야 한다. 전장에 피 냄새를 풍기며 적들이 도망가게 만드는 압박감, 그것이 다리우스의 본질이다.

3) 아트록스(Aatorx)

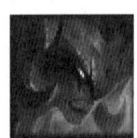

아트록스는 패시브와 궁극기를 활용하여 플레이어의 스킬 적중률에 따라 1 대 다수의 교전을 승리로 이끄는 '협곡의 레이드 보스'로 정의된다. 주력기인 Q 스킬의 '검 끝(Sweet Spot)'을 적중시켜 적을 띄우고 자신의 체력을 회복하는 메커니즘을 가지며, 궁극기 활성화 시 압도적인 전투 지속력으로 전장을 휩쓰는 중전차 역할을 수행한다.

사전 준비: 흡혈과 쿨타임의 미학 (Setup)
아트록스의 생존은 곧 공격에서 나온다. 적에게 입힌 피해량에 비례해 체력을 회복하므로, 높은 공격력(AD)과 스킬을 난사할 수 있는 스킬 가속(Haste), 그리고 유지력을 극대화하는 룬 세팅이 필수적이다.

핵심 룬 빌드
스킬과 평타를 섞어 사용하는 아트록스에게 정복자는 가장 완벽한 시너지를 내는 룬이다.

핵심룬 : 정복자
지속적인 교전에서 공격력을 올려주고 체력 회복 효과를 제공한다. Q 스킬 3타 콤보
와 패시브 평타를 섞으면 순식간에 최대 스택을 쌓을 수 있다.

하위 룬
- 승전보: 교전 승리 시 체력을 회복하여 다음 적을 상대할 수 있게 한다. 아트록스가
'좀비'처럼 살아나는 원동력이다.
- 전설: 민첩함 / 가속 평타 모션을 부드럽게 하거나 스킬 쿨타임을 줄인다. 취향에 따
라 선택한다.

- 최후의 저항
체력이 낮을수록 데미지가 증가한다. 딸피 상황에서 Q 스킬 대박으로 역전하는 그림
을 만든다.

보조 룬 (결의)
아트록스의 모든 치유 효과를 증폭시킨다. 필수적인 선택이다.

- 재생의 바람 / 뼈 방패
라인전 상대에 따라 선택하여 유지력을 보강한다.

능력치 파편
- 공격력 / 공격력 / 체력 (또는 성장 체력)

핵심 아이템
공격력, 체력, 스킬 가속이 모두 포함된 브루저 아이템을 우선적으로 구성한다. 특히
'갈라진 하늘'은 아트록스에게 필수적인 아이템이다.

- 갈라진 하늘 (Sundered Sky): 첫 타격 치명타와 체력 회복 옵션은 패시브 평타와
결합하여 말도 안 되는 유지력을 제공한다. 현재 아트록스의 1코어 필수 아이템이다.

- 월식 (Eclipse): 상대에게 최대 체력 비례 피해를 주고 보호막을 얻는다. 라인전 단계에서 강력한 딜 교환과 킬 캐치 능력을 보장한다.

- 스테락의 도전((Sterak's Gage): 한타 진입 시 폭사를 방지한다. 생명선 효과가 터질 때 아트록스의 흡혈 능력이 더해지면 불사가 된다.

- 칠흑의 양날 도끼: 상대가 방어 아이템을 두르기 시작하면 선택한다. 방어구 관통력과 스킬 가속, 이동 속도를 모두 챙길 수 있다.

- 정령의 형상 or 멜모셔스의 아귀: 상대 AP가 있다면 무조건 올린다. 치유 효과 증폭 옵션이 아트록스의 생존력을 극한으로 끌어올린다.

스킬 메커니즘
아트록스는 Q 스킬의 거리 조절(Spacing)이 실력의 전부다. E 스킬(파멸의 돌진)을 활용해 Q의 타격 지점을 조정하는 능력이 요구된다.

- 패시브: 사신 태세
주기적으로 기본 공격 사거리가 조금 증가하고 적 최대 체력에 비례한 추가 피해를 주며 체력을 회복한다. 스킬이나 기본 공격으로 챔피언/몬스터를 맞추면 쿨타임이 감소한다. 딜 교환 중간에 반드시 섞어줘야 하는 핵심 딜링기다.

- Q: 다르킨의 검
아트록스의 존재 이유다. 총 3번 휘드르며, 각 타격의 '끝부분(진한 범위)'에 적중시켜야 데미지가 증가하고 적을 공중에 띄운다(에어본).
- Q1: 사거리가 가장 길다. 견제 및 진입용.
- Q2: 부채꼴 모양이다. 중거리 교전용.
- Q3: 중앙 원형 범위다. 가장 강력한 데미지를 준다. 마무리용.

- W: 지옥사슬

적에게 피해를 주고 둔화를 건다. 적이 범위 밖으로 나가지 못하면 중앙으로 끌려온다. Q 스킬의 에어본과 연계하여 적을 확정적으로 끌어당기는 콤보가 중요하다.

- E: 파멸의 돌진

  기본 지속 효과로 챔피언에게 입힌 피해의 일부를 회복한다(흡혈). 사용 시 짧은 거리를 돌진한다. Q 스킬 시전 중에 사용할 수 있어, Q의 타격 지점을 조정하여 '검 끝'을 맞추는 데 사용한다. 평타 캔슬도 가능하다.

- R: 세계의 종결자

  진정한 보스 모드다. 10초 동안 거대해지며 공격력, 치유 효과, 이동 속도가 대폭 증가한다. 적을 처치(관여)하면 지속 시간이 5초 연장된다. 이 상태에서는 미니언에게 공포를 주어 라인 간섭 없이 싸울 수 있다.

필수 콤보 및 딜 교환 기술
아트록스는 정해진 콤보보다는 상황에 맞춰 E로 Q 각을 만드는 임기응변이 중요하다.

- 국민 콤보

  Q1 → W → Q2(E로 거리 조절) → 평타(패시브) → Q3
  W에 맞은 적이 끌려올 때 Q2나 Q3를 확정적으로 맞추는 것이 핵심이다.

- QE연계 테크닉

  Q를 먼저 누르고 시전 모션 중에 E를 써서 거리를 조절한다. 앞 E: 도망가는 적 추격. 뒤 E: 들어오는 적을 카이팅하며 Q1, Q2 끝자락 맞추기.

단계별 게임 운영 전략

- 라인전 단계 (Lv 1~5): Q1과 Q2의 끝자락을 활용해 일방적인 견제를 한다. E 스킬이 빠지면 생존기가 없는 것이므로, E는 확실한 딜 교환이나 킬 각, 혹은 도주용으로 아껴야 한다. 패시브 평타가 준비되었을 때 딜 교환을 시도하여 체력 우위를 점한다.

- 중반 운영 (Lv 6 이후): 궁극기를 배운 아트록스는 소규모 교전의 패왕이다. 용이나 전령 싸움에 적극적으로 합류한다. 라인을 밀고 시야가 없는 곳에서 튀어나와 적 딜러에게 풀 콤보를 꽂아 넣는 암살 플레이도 가능하다.

- 팀 교전 (한타): 아트록스는 '앞라인부터 녹이는 브루저'와 '뒷라인을 무는 암살자' 역할을 모두 수행할 수 있다. 궁극기를 켜고 진입하여 어그로를 끈 뒤, 적의 주요 스킬이 빠지면 선혈 포식자나 스킬 흡혈로 버틴다. 한 명을 처치하여 궁극기를 초기화(Reset)시키는 것이 한타 승리의 제1조건이다.

마인드셋: 물러서면 죽고, 싸우면 산다. 아트록스 플레이어는 위기 상황일수록 침착해야 한다. 체력이 없다고 뒤로 도망가면 죽을 뿐이지만, Q 스킬의 '검 끝'을 적중시키고 패시브 평타를 치면 기적처럼 체력을 회복하고 살아남는다. "내가 죽기 전에 적을 다 죽여서 회복한다"는 공격적인 마인드가 아트록스를 완성한다.

4) 암베사(Ambessa)

패시브를 활용한 높은 기동성을 바탕으로 적을 유린하는 녹서스의 장군이자, 고난이도의 '기동형 전사(Bruiser)'다. 스킬 시전 후 기본 공격이나 이동 명령을 통해 도약하는 고유 패시브를 활용하여 거리 조절, 추격, 회피를 동시에 수행하며, 전장을 쉴 새 없이 누비며 적진을 붕괴시키는 파괴적인 챔피언으로 정의된다.

사전 준비: 기력 관리와 스킬 가속의 조화 (Setup)
암베사는 마나 대신 기력(Energy)을 사용하며, 스킬 쿨타임이 곧 기동성과 직결된다.

따라서 스킬 가속(Ability Haste)을 최우선으로 확보하고, 전투 지속력을 높여주는 룬과 아이템 세팅이 필수적이다.

핵심 룬 빌드
정복자의 전투 지속력 스킬과 기본 공격을 끊임없이 섞어 쓰는 암베사에게 정복자는 선택이 아닌 필수다.

핵심 룬: 정복자 (Conqueror)
패시브를 활용한 연계 공격으로 순식간에 스택을 쌓을 수 있으며, 증가한 공격력 (AD)과 흡혈 능력은 암베사의 근접 교전 능력을 극대화한다.

하위 룬
- 침착 (Presence of Mind)
기력 챔피언인 암베사에게 기력 회복은 매우 중요하다. 교전 중 기력이 말라 스킬을 못 쓰는 상황을 방지한다.

- 가속 (Legend: Haste)
스킬 쿨타임을 줄여 더 많은 패시브 도약(Dash)을 가능하게 한다.

- 최후의 저항 (Last Stand)
근접해서 위험을 감수하며 싸우는 암베사의 특성상, 체력이 낮을 때 반격을 가해 역전하는 그림을 자주 만든다.

보조 룬 (결의 / Resolve): 라인전 상대에 따라 선택한다.
- 재생의 바람 (Second Wind)
견제가 심하면 재생의 바람으로 체력을 회복한다.

- 뼈 방패 (Bone Plating)
상대가 스킬을 한번에 넣는 폭딜러라면 뼈 방패를 든다.

- 불굴의 의지 (Unflinching) / 소생 (Revitalize) 군중 제어기(CC)에 취약하다면 불굴

의 의지, 유지력을 높이려면 소생을 선택한다.

능력치 파편
- 공격력 / 공격력 / 체력 (또는 성장 체력)

아이템 선택 가이드
공격력, 스킬 가속, 체력을 모두 챙기는 브루저(Bruiser) 아이템을 기반으로 하되, '기본 공격 강화' 효과가 있는 아이템과 시너지가 좋다.

핵심 아이템
- 월식 (Eclipse): 짧은 쿨타임으로 보호막과 추가 피해를 제공한다. 치고 빠지는 암베사의 딜 교환 방식에 최적화된 1코어 아이템이다.

- 칠흑의 양날 도끼 (Black Cleaver): 스킬 타수가 많은 암베사가 적의 방어력을 순식간에 깎아내리게 돕는다. 이동 속도 증가 효과 또한 기동성을 돕는다.

- 갈라진 하늘 (Sundered Sky): 패시브 평타에 치명타(Crit)와 회복을 부여하여 유지력을 비약적으로 상승시킨다. 난전에서 암베사가 죽지 않고 버티는 원동력이다.

- 죽음의 무도 (Death's Dance): 적진 한복판에 진입해야 하는 암베사의 생존력을 보장한다. 처치 관여 시 출혈을 정화하고 체력을 회복한다.

스킬 메커니즘
암베사 운영의 핵심은 패시브 활용 능력이다. 칼리스타처럼 공격 및 이동 시 도약하지만, 조건이 '스킬 시전'이라는 점을 명심해야 한다.

- 패시브: 용사냥개 발걸음 (Drakehound's Step)
암베사의 정체성이다. 공격 또는 이동 명령을 내리는 동안 스킬을 사용하면, 스킬 사용 직후 짧은 거리를 도약(Dash)한다. 또한 도약 후 다음 기본 공격은 사거리가 증가하고 기력을 회복한다. 스킬을 맞추지 않아도 허공에 쓰고 도약하여 거리를 좁히거나 스킬을 피할 수 있다.

- Q: 교활한 휩쓸기 / 파멸의 일격 (Cunning Sweep / Sundering Slam)

반원 범위의 적을 휩쓸어 피해를 준다. 칼 끝(Sweet Spot)에 맞은 적에게는 추가 피해를 입힌다. 짧은 시간 안에 스킬을 다시 사용하면 '파멸의 일격'으로 변해 전방을 내리찍으며 큰 피해를 준다. 첫 타는 견제용, 두 번째 타는 마무리용이다.

- W: 배척 (Repudiation)

생존이자 반격기다. 보호막을 얻으며 지면을 강타한다. 보호막 지속 시간 동안 적의 피해를 흡수했다면, 강타 피해량이 증가한다. 적의 핵심 스킬을 이 타이밍에 받아내고 반격(Parry)하는 것이 중요하다.

- E: 찢어발기기 (Lacerate)

자신의 주변을 채찍으로 타격하여 피해를 주고 둔화(Slow)를 건다. 패시브 도약을 발동시키는 시동기로 사용하거나, 도주하는 적의 발을 묶는 용도로 활용한다.

- R: 공개 처형 (Public Execution)

적 챔피언에게 도약하여 제압(Suppression)하고 지면에 내리꽂는다. 대상은 기절하며 암베사는 치명타 확률과 흡혈 등 능력치 보너스를 얻는다. 1 대 1 상황을 강제로 만들거나 적의 핵심 딜러를 끊어먹는 최상급 이니시에이팅(Initiating) 기술이다.

단계별 게임 운영 전략

- 라인전 단계 (Lv 1~5)

1레벨부터 Q 스킬과 패시브를 활용해 강력하게 압박한다. '스킬-도약-평타' 리듬을 유지하며 적의 논타겟 스킬을 피하고 일방적으로 때리는 것이 가능하다. 기력 관리에 유의하며, 기력이 없을 때는 무리하지 않고 사려야 한다.

- 중반 운영 (Lv 6 이후)

사이드 라인 주도권이 매우 강력하다. 1 대 1 상황에서 궁극기를 활용해 상대를 제압하고 솔로 킬을 노린다. 기동성이 좋으므로 라인을 빠르게 밀고 미드나 정글 교전에 합류하여 수적 우위를 만든다.

- 팀 교전 (한타)

적진의 측면이나 뒤를 노린다. 궁극기로 적 원거리 딜러나 메이지를 물어 제압하고 순식간에 삭제시킨다. 만약 진입 각이 안 나온다면, 들어오는 적 브루저에게 궁극기를 사용하여 아군 딜러를 보호하고 녹여버리는 식의 유연한 플레이가 필요하다.

- 마인드셋
전장의 지휘자 암베사 플레이어는 전장의 흐름을 읽는 '눈'과 손가락의 '리듬감'이 필요하다. 무지성으로 스킬을 난사하면 기력이 바닥나 샌드백이 될 뿐이다. 적의 스킬을 패시브 도약으로 피하고, 나의 공격은 적중시키는 화려한 무빙으로 적을 농락해야 한다. "나만 때리고 너는 못 때린다"는 이기적인 딜 교환의 미학을 실현해야 한다.

3. 스플릿 푸셔 (Split Pusher)

1). 피오라(Fiora)

1:1 교전에서 타의 추종을 불허하는 스플릿 푸셔(Split Pusher)로 정의된다. 패시브인 '급소'를 타격하여 적의 최대 체력에 비례한 고정 피해(True Damage)를 입히기 때문에, 상대가 아무리 단단한 탱커라도 순식간에 녹여버리는 '탱커 분쇄기' 역할을 수행한다.

사전 준비: 정교함과 반응 속도의 조화 (Setup)
피오라의 핵심은 '급소'를 터뜨리는 무빙과 적의 CC기를 막아내는 반응 속도다. 상대방의 견제 수준과 맞딜 성향에 따라 룬을 선택하여 라인전 주도권을 가져와야 한다.

핵심 룬 빌드
정복자 vs 착취 지속적인 맞딜로 상대를 압도할 때는 '정복자', 짧은 딜 교환과 유지력이 필요할 때는 '착취'를 선택한다.

[Case1] 정복자 (Conqueror)
가장 보편적인 선택이다. 공격력 증가와 체력 회복 효과는 피오라의 지속 교전 능력을

극대화한다.

하위 룬 (정밀 / Precision)
- 침착 (Presence of Mind) / 승전보 (Triumph)
  스킬 난사로 마나 소모가 심하면 침착, 다이브와 난전 생존을 원하면 승전보를 든다.

- 전설: 민첩함 (Legend: Alacrity)
  평타 모션을 부드럽게 하고 콤보 속도를 높인다. 최후의 저항 (Last Stand) 피오라
  는 체력이 빠진 상태에서 궁극기 장판으로 역전하는 경우가 많아 효율이 좋다.

보조 룬 (결의 / Resolve or 영감 / Inspiration)
- 철거 (Demolish) / 뼈 방패 (Bone Plating)
  스플릿 운영에 힘을 싣거나 라인전 안정성을 챙긴다.

- 비스킷 배달 (Biscuit Delivery) / 우주적 통찰력 (Cosmic Insight)
  유지력 / 스펠 가속을 챙긴다.

[Case2] 핵심 룬:
- 착취의 손아귀 (Grasp of the Undying)
  암베사, 세트처럼 맞딜이 매우 강력하거나 유지력 싸움이 중요한 매치업에서 Q 스킬
  로 짧게 치고 빠지며 체력 이득을 보기 위해 사용한다.

하위 룬 (결의 / Resolve)
- 철거 (Demolish)
  피오라의 타워 철거 속도에 날개를 달아준다.

- 재생의 바람 (Second Wind) / 뼈 방패 (Bone Plating) 상대 라이너 성향(짤짤이
  vs 폭딜)에 따라 선택한다.

- 불굴의 의지 (Unflinching) / 과잉성장 (Overgrowth)
  CC기 저항력을 높이거나 후반 체력을 도모한다.

보조 룬 (정밀 / Precision)
- 침착 (Presence of Mind) / 전설: 민첩함 (Legend: Alacrity)
부족한 마나와 공격 속도를 보완한다.

능력치 파편
- 공격력 / 공격력 / 체력 (또는 성장 체력)

아이템 선택 가이드
높은 공격력(AD)과 스킬 가속, 그리고 라인 클리어 능력을 보완하는 아이템이 필수
적이다.

- 굶주린 히드라 (Ravenous Hydra) 피오라의 영원한 핵심 아이템이다. 부족한 라인
클리어 능력을 완벽하게 해결해주며, 모든 스킬에 생명력 흡수가 적용되어 유지력을
책임진다. 보통 1코어로 올린다.

- 삼위일체 (Trinity Force)
Q 스킬과 E 스킬에 '주문 검' 효과를 지속적으로 터뜨릴 수 있다. 공격 속도와 이동
속도 증가 옵션은 급소를 노리는 피오라의 기동성을 완성한다.

- 월식 (Eclipse) / 갈라진 하늘(Sundered Sky)
폭발적인 딜링과 보호막을 원하면 월식, 유지력과 치명타를 원하면 갈라진 하늘을 선
택한다.

- 쇼진의 창 (Spear of Shojin) 스킬 가속을 대폭 줄여주어 Q 스킬을 난사하게 해준
다. 레넥톤, 아트록스 상대로 지속 싸움 능력을 높여준다.

- 월식 (Eclipse) / 갈라진 하늘 (Sundered Sky)
폭발적인 딜링과 보호막을 원하면 월식, 유지력과 치명타를 원하면 갈라진 하늘을 선
택한다. 특히 문도 박사나 트린다미어 상대로 극공격을 갈 때 월식이 유효하다.

- 선체파괴자 (Hullbreaker)

사이드 운영의 끝판왕 아이템이다. 세트나 암베사 상대로 스플릿 주도권을 굳힐 때 3코어 등으로 올린다.

스킬 메커니즘
피오라는 스킬 자체보다 '패시브 급소'를 어떻게 터뜨리느냐가 실력의 척도다.

- 패시브: 치명적인 검무 (Duelist's Dance)
  근처 적 챔피언의 한 방향에 '급소'를 드러낸다. 급소를 타격하면 최대 체력 비례 고정 피해를 입히고, 피오라의 이동 속도가 증가하며 체력을 회복한다. Tip: 급소 위치가 불리하면(뒤쪽 등), 시야 밖으로 살짝 나갔다 들어오면 급소 위치가 초기화(Reset)된다.

- Q: 찌르기 (Lunge)
  지정한 방향으로 돌진하여 적을 찌른다. 급소와 킬 각이 나온 적을 우선적으로 타격한다. 적중 시 쿨타임이 대폭 감소하므로, 반드시 무언가(챔피언, 미니언, 구조물)를 맞춰야 한다. 허공에 쓰면 쿨타임 패널티가 크다.

- W: 응수 (Riposte)
  피오라의 고점을 결정짓는 스킬이다. 0.75초 동안 받는 모든 피해와 해로운 효과(CC)를 막아내고 찌르기를 날린다. CC 반사: 이동 불가 효과(기절, 속박 등)를 막아내면 찌르기에 맞은 적을 기절시킨다. 공속 감소: 기절을 못 시켜도 맞은 적의 공격 속도와 이동 속도를 대폭 감소시킨다. 평타 기반 챔피언에게는 탈진 이상의 효과를 낸다.

- E: 대가의 검술 (Bladework)
  다음 두 번의 공격 속도가 상승한다. 첫 번째 공격은 둔화를 걸고, 두 번째 공격은 확정 치명타(Crit)가 터진다. 평타 후 딜레이를 캔슬할 수 있어 '평타-E' 연계로 사용한다.
- R: 대결투 (Grand Challenge)
  적 챔피언의 4방향 급소를 모두 드러낸다. 급소를 모두 터뜨리거나, 한 개 이상 터뜨린 상태에서 적이 죽으면 거대한 치유 장판이 생성된다. 이동 속도가 증가하여 급소를 노리기 쉬워진다.

필수 콤보 및 딜 교환 기술
- 응수 슬라이드 (Q-W)

  Q로 돌진하는 도중에 W를 사용할 수 있다. 적의 CC기(베이가 E, 케이틀린 덫 등) 위로 지나가면서 기절을 먹이거나, 거리를 좁히며 안전하게 진입할 때 사용한다.

- 1초 4급소 콤보 (근접 상황)

  평타 → E(평캔, 1타) → Q(급소) → 평타(2타 치명타) 궁극기를 켰을 때, 평타와 무빙, Q 스킬을 섞어 순식간에 4개의 급소를 터뜨리는 연습이 필요하다.

단계별 게임 운영 전략
- 라인전 단계 (Lv 1~5): Q 스킬로 전방에 생긴 급소만 툭 치고 빠지는(Hit and Run) 플레이로 이득을 본다. 상대 주요 CC기(잭스 E, 레넥톤 W) 타이밍을 읽고 응수(W)로 받아치면 킬 각이 나온다. 6레벨 이후에는 궁극기로 킬 압박을 준다.

- 중반 운영 (Lv 6 이후): 피오라는 철저한 사이드 운영 챔피언이다. 굶주린 히드라가 나오면 라인을 빠르게 밀고 타워를 압박한다. 적이 막으러 오면 1 대 1로 제압하거나, 기동성을 이용해 도주하며 적을 괴롭힌다.

- 팀 교전 (한타): 정면 한타는 피오라에게 불리하다. 후진입하여 적 딜러를 물거나, 아군을 무는 적 탱커에게 궁극기를 쓰고 빠르게 녹여 '치유 장판'을 깔아주는 역할을 한다. 장판 힐량이 상당하여 한타 유지력을 뒤집을 수 있다.

- 마인드셋: 뚫어내지 못할 방패는 없다 피오라 플레이어는 '오만함'이 필요하다. 상대가 누구든 내 칼끝(급소)에 스치면 녹아내린다는 자신감을 가져야 한다. 불리한 상황에서도 응수(W) 한 번으로 전세를 뒤집는 슈퍼 플레이를 항상 염두에 두고, 상대의 심리를 꿰뚫어 보는 검객이 되어야 한다.

2) 카밀 (Camille)

카밀은 패시브와 스킬을 활용한 기동성을 무기로 적의 핵심 딜러를 고립시켜 제거하는 '다이버(Diver)'이자 스플릿 푸셔로 정의된다. Q 스킬의 고정 피해(True Damage)와 E 스킬의 압도적인 기동성을 통해 라인전 주도권을 잡고, 궁극기로 적을 가둬버리는 '강제 이니시에이팅' 능력이 탁월하다.

사전 준비: 인내와 타이밍의 미학 (Setup)

카밀의 핵심은 패시브 보호막이 있을 때만 딜 교환을 시도하는 '철저한 계산'이다. 상대 챔피언과의 상성에 따라 룬을 선택하여 라인전 단계의 약점을 보완하거나 강점을 극대화해야 한다.

핵심 룬 빌드: 착취 vs 정복자

짧은 딜 교환으로 이득을 챙기며 라인전을 풀어나갈 때는 '착취', 탱커를 상대하거나 긴 맞딜이 필요할 때는 '정복자'를 선택한다.

핵심 룬: 착취의 손아귀 (Grasp of the Undying)

현재 카밀의 가장 보편적인 선택이다. Q를 한번에 두 번 사용할 수 있는 카밀은 Q2타 (고정 피해)와 패시브 보호막, 착취를 한 번에 터뜨리는 딜 교환은 상대가 대응하기 어렵다.

하위 룬 (결의 / Resolve)

- 보호막 강타 (Shield Bash)

  카밀의 패시브와 완벽한 시너지를 낸다. 보호막 생성 시 추가 피해를 입혀 딜 교환 능력을 높인다.

- 재생의 바람 (Second Wind) / 뼈 방패 (Bone Plating)

  상대 견제가 심하면 재생의 바람, 폭딜 콤보가 있다면 뼈 방패를 선택한다.

- 과잉성장 (Overgrowth) / 불굴의 의지 (Unflinching)
  후반 체력 뻥튀기나 CC기 저항력을 챙긴다.

보조 룬 (영감 / Inspiration)
- 마법의 신발 (Magical Footwear) / 비스킷 배달 (Biscuit Delivery)
  코어 아이템 타이밍을 당기고 라인 유지력을 보완한다.

핵심 룬: 정복자 (Conqueror)
올라프, 다리우스처럼 맞딜을 피할 수 없거나, 후반 한타 캐리력을 높이고 싶을 때
선택한다.

하위 룬 (정밀 / Precision)
- 삼중 물약 (Triple Tonic) / 승전보 (Triumph)
  라인전 단계별 이득을 챙기거나 한타 생존력을 높인다. (영감 보조를 안 들 경우 선택)

- 전설: 민첩함 (Legend: Alacrity) / 전설: 핏빛 길 (Legend: Bloodline)
  공격 속도 혹은 생명력 흡수를 챙긴다. 삼위일체 빌드라면 민첩함이 좋다.

- 최후의 저항 (Last Stand)
  진입해서 싸우는 카밀의 특성상 체력이 낮을 때 딜을 넣는 경우가 많다.

보조 룬 (결의 / Resolve)
- 보호막 강타 (Shield Bash) / 뼈 방패 (Bone Plating)
  최소한의 라인전 방어 기제를 확보한다.

- 능력치 파편 공격력 / 공격력 / 체력 (또는 성장 체력)

아이템 선택 가이드
'주문 검(Sheen)' 효과가 있는 아이템은 필수이며, 라인 클리어와 생존력을 보강하는
아이템을 구성한다.

- 삼위일체 (Trinity Force)

  카밀의 알파이자 오메가다. Q 스킬에 주문 검 효과가 묻어나며, 이동 속도와 공격 속도 증가 옵션은 카밀의 기동성을 완성한다. 무조건 1코어로 올린다.

- 굶주린 히드라 (Ravenous Hydra)

  카밀의 약점인 라인 클리어 능력을 보완한다. 평타 캔슬과 피흡을 통해 스플릿 푸시 주도권을 가져온다.

- 스테락의 도전 (Sterak's Gage)

  적진 한복판으로 다이빙하는 카밀의 생존을 책임진다. 높은 공격력과 생명선 보호막은 필수적이다.

- 죽음의 무도 (Death's Dance)

  한타에서 어그로를 핑퐁하며 버티는 능력을 극대화한다. 처치 관여 시 체력 회복 효과가 핵심이다.

- 쇼진의 창 (Spear of Shojin) 스

  킬 가속을 챙겨 E 스킬(갈고리 발사)을 더 자주 사용하게 해준다. 기동성이 중요한 판에서 유효하다.

스킬 메커니즘

카밀은 Q2의 고정 피해 타이밍과 E 스킬의 적중 여부가 실력의 척도다.

- 패시브: 적응형 방어 체계 (Adaptive Defenses)

  적 챔피언에게 기본 공격 시, 적의 주력 피해 유형(AD/AP)에 따른 보호막을 생성한다. 라인전 딜 교환은 반드시 패시브 쿨타임이 돌았을 때 시도해야 이득을 볼 수 있다.

- Q: 정확성 프로토콜 (Precision Protocol)

  다음 기본 공격을 강화한다. 첫 타격 후 1.5초를 기다리면 두 번째 타격이 강화되어 **고정 피해(True Damage)**로 변환된다. 소리와 모션을 보고 정확한 타이밍(Q2)에 꽂아 넣는 것이 핵심이다.

- W: 전술적 휩쓸기 (Tactical Sweep)

  부채꼴 범위로 다리를 휩쓴다. 바깥쪽 범위(외곽)에 맞아야 체력 회복, 둔화, 추가 피해가 적용된다. 라인전 견제 및 착취 스택 유지용으로 사용한다.

- E: 갈고리 발사 / 갈고리 돌진 (Hookshot / Wall Dive) 카밀의 정체성이다. 벽에 갈고리를 발사해 끌어당겨진 후, 다시 도약하여 적을 기절(Stun)시킨다. 적 챔피언에게 도약할 때는 사거리가 두 배로 늘어난다. 빗나갈 경우 리스크가 매우 크므로 신중해야 한다.

- R: 마법공학 최후통첩 (The Hextech Ultimatum)

  지정한 적 챔피언에게 도약하여 가두고, 그동안 적은 어떤 방법으로도(점멸 포함) 탈출할 수 없다. 시전하는 순간 카밀은 '대상 지정 불가' 상태가 되어 적의 핵심 스킬을 피할 수 있다.

필수 콤보 및 딜 교환 기술
- 기본 딜교 (Hit and Run)

  Q1(미니언) → E(진입) → 평타 → Q2(고정 피해) → W(후퇴하며 감속) 미니언에 Q1을 장전하고 진입하여 강력한 Q2를 먹이고 빠지는 콤보다.

- E-점멸 (E-Flash)

  E1(벽) → E2(도약) → 점멸(Flash) → 기절 E2 도약 도중 점멸을 사용하여 사거리를 늘리거나 경로를 꺾어 적을 기습적으로 기절시킨다. 반응할 수 없는 이니시에이팅 기술이다.

- W-E 콤보

  W(시전) → E(벽으로 이동) W를 먼저 쓰고 E로 이동하며 W 외곽을 맞추거나, E로 날아가는 도중에 W를 써서 적을 맞추는 테크닉이다.

단계별 게임 운영 전략
- 라인전 단계 (Lv 1~5): 초반 카밀은 약한 편이다. W로 견제하고 패시브가 있을 때만 짧게 Q-평-Q 딜교환을 한다. E 스킬은 갱 호응이나 킬 각이 확실할 때만 공격

적으로 사용하고, 평소에는 도주기로 아낀다. 광휘의 검(Sheen)이 나온 시점부터 강력해진다.

- 중반 운영 (Lv 6 이후): 삼위일체와 히드라가 나오면 스플릿 푸시를 시작한다. 기동성이 좋으므로 라인을 깊게 밀고, 적이 오면 E 스킬로 벽을 넘어 도망가거나 미드 로밍을 찔러 변수를 만든다.

- 팀 교전 (한타): 적의 시야가 없는 측면(Flank)에서 진입을 노린다. E 스킬로 벽을 넘어 적 원거리 딜러에게 R을 사용하여 고립시킨다. 적 딜러를 자르거나, 적 진형을 붕괴시키고 어그로를 끈 뒤 스테락과 패시브로 버티는 플레이가 필요하다.

마인드셋
정밀함이 도살자와 외과 의사의 차이다 카밀 플레이어는 냉철해야 한다. 무리하게 들어가서 E가 빗나가면 죽은 목숨이다. "기회는 기다리는 자에게 온다"는 마음으로 적의 주요 스킬이 빠지기를 기다렸다가, 정확한 타이밍에 Q2 고정 피해와 궁극기로 적의 숨통을 끊어야 한다.

3) 잭스(Jax)

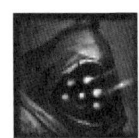

잭스는 '무기의 달인'이라는 이명답게, 평타 기반의 강력한 지속 딜링과 E 스킬(반격)을 통한 물리 피해 무효화 능력을 가진 '대인전 최강자'로 정의된다. 초반 라인전 단계부터 후반 스플릿 푸시까지 주도권을 놓지 않으며, 성장할수록 1 대 1은 물론 1 대 다수 싸움까지 압도하는 하이퍼 캐리형 브루저 역할을 수행한다.

사전 준비: 성장과 억제의 균형 (Setup)
잭스의 핵심은 평타와 W 스킬(무기 강화)을 섞은 리듬감 있는 딜 교환이다. 상대 챔피언의 성향(견제형 vs 맞딜형)에 따라 룬을 유연하게 선택하여 라인전 우위를 점해야 한다.

핵심 룬 빌드
착취 vs 정복자 상대방과의 딜 교환 길이에 따라 룬을 선택한다. 짧게 치고 빠져야 한다면 '착취', 길게 싸울 수 있다면 '정복자'를 선택한다.

[Case1] 핵심 룬 착취의 손아귀 (Grasp of the Undying)
레넥톤, 리븐 등 짧은 딜 교환이 빈번하거나 라인 유지력이 중요한 매치업에서 선택한다.

하위 룬 (결의)
- 철거 (Demolish)
잭스는 타워 철거 속도가 매우 빠르므로, 스노우볼을 굴리기에 최적화된 룬이다.

- 재생의 바람 (Second Wind) / 뼈 방패 (Bone Plating)
상대 견제가 심하면 재생의 바람, 폭딜 콤보가 있다면 뼈 방패를 선택한다.

- 과잉성장 (Overgrowth) / 불굴의 의지 (Unflinching)
후반 체력을 도모하거나 CC기 저항력을 높인다.

보조 룬 (영감)
- 비스킷 배달 (Biscuit Delivery) / 우주적 통찰력 (Cosmic Insight)
유지력과 스펠 쿨타임 감소를 챙긴다.

[Case2] 핵심 룬 정복자 (Conqueror)
올라프, 이렐리아 등 서로 물러서지 않고 끝까지 싸우는 '맞딜' 매치업이나 후반 캐리력을 극대화할 때 선택한다.
하위 룬 (정밀 / Precision)
- 승전보 (Triumph)
난전 속에서 잭스의 생존력을 보장한다.

- 전설: 민첩함 (Legend: Alacrity)

공격 속도를 높여 패시브 스택과 R 스킬(3타) 발동을 돕는다.

- 최후의 저항 (Last stand)
  (E)을 돌리며 딸피 상태에서 역관광을 내는 그림을 만든다.

  보조 룬 (결의)
- 뼈 방패 / 불굴의 의지
  초반 맞딜 안정성을 확보한다.

- 능력치 파편: 공격력 / 공격력 / 체력 (또는 성장 체력)

  아이템 선택 가이드
  공격력, 체력, 스킬 가속, 그리고 '주문 검' 효과가 있는 아이템이 잭스의 핵심이다.

- 삼위일체 (Trinity Force): 잭스의 영원한 동반자다. 주문 검 효과, 공격 속도, 이동 속도 증가 등 잭스에게 필요한 모든 능력치를 제공하는 1코어 필수 아이템이다.

- 갈라진 하늘 (Sundered Sky): 평타 기반 챔피언인 잭스에게 유지력과 치명타 데미지를 부여한다. W 스킬과 연계 시 폭발적인 딜과 회복을 동시에 챙길 수 있다.

- 스테락의 도전(Sterak's Gage): 한타 진입 시 잭스가 녹는 것을 방지한다. 높은 공격력과 생명선 보호막은 후반 왕귀의 방점을 찍는다.

- 몰락한 왕의 검(Blade of the Ruined King): 상대가 체력이 높은 탱커(사이온, 초가스 등)일 경우 선택한다. 퍼센트 데미지와 이동 속도 훔치기로 탱커를 녹여버릴 수 있다.

  스킬 메커니즘
  잭스는 E 스킬(반격)의 사용 타이밍이 실력의 전부다. 적의 평타 기반 주요 스킬(레넥톤 W, 카밀 Q 등)을 막아내는 심리전이 요구된다.

- 패시브: 가차 없는 맹공 기본 공격을 할 때마다 공격 속도가 증가한다. 라인전에서 미니언을 치며 스택을 유지하다가 딜 교환을 거는 것이 기본이다.

- Q: 도약 공격
  아군, 적군, 와드 등 모든 유닛에게 도약할 수 있다. 적에게 진입하여 피해를 주거나, 와드를 타고 도주하는 등 기동성의 핵심이다.

- W: 무기 강화
  다음 기본 공격을 강화하고 사거리를 소폭 증가시킨다. 평타 후 딜레이를 캔슬할 수 있으므로 반드시 '평타 → W' 연계로 사용해야 순간적인 폭딜이 나온다.

- E: 반격
  잭스의 존재 이유다. 2초 동안 모든 기본 공격을 회피하고 광역 스킬 피해량을 25% 줄인다. 스킬을 재사용하거나 시간이 끝나면 주변 적을 기절(Stun)시킨다. 적의 핵심 딜 타이밍을 이 스킬 하나로 무력화할 수 있다.

- R: 무기의 달인
  기본 지속 효과로 3번째 공격마다 추가 마법 피해를 입힌다. 사용 시 방어력과 마법 저항력이 대폭 증가한다. 교전 시작과 동시에 켜서 탱킹력을 확보해야 한다. 필수 콤보 및 딜 교환 기술 미니언을 활용해 쿵쿵따(R 패시브) 타이밍을 조절하는 것이 중요하다.

기본 딜교 콤보
- 평타(미니언) → 평타(미니언) → Q(진입) → 평타(R 3타) → W(평캔) 일명 '쿵쿵따' 콤보. 순식간에 R 패시브와 W 데미지를 우겨넣고 빠진다.

반격 심리전 콤보
- E(반격 시작) → Q(도약) → E2(기절) → 평타 → W 상대가 도주할 때 E를 돌리며 Q로 따라붙어 기절을 맞추는 확정 이니시에이팅 콤보다.

단계별 게임 운영 전략

- 라인전 단계 (Lv 1~5): 1레벨 E 스킬을 활용해 상대 원거리 미니언 어그로를 무시하고 딜 교환을 건다. 미니언을 치며 패시브 스택을 쌓고, 3타 타이밍에 맞춰 Q-W로 견제한다. 6레벨 이후에는 3타 마법 피해가 강력하므로 킬 각을 적극적으로 본다.

- 중반 운영 (Lv 6 이후): 잭스는 1 대 1 최강자다. 사이드 라인을 깊숙이 밀며 적을 불러들인다. 1명이 오면 다이브로 잡아내고, 2명 이상이 오면 Q 스킬로 도망가며 적의 동선을 낭비시킨다.

- 팀 교전 (한타): 후진입이 원칙이다. 상대의 주요 CC기가 빠진 것을 확인하고, E 스킬을 돌리며 적 원거리 딜러에게 Q로 진입한다. R을 켜고 버티며 적 딜러를 물어뜯어 진형을 붕괴시킨다.

마인드셋

내게 진짜 무기가 있었다면? 잭스 플레이어는 자신감으로 무장해야 한다. "1 대 1은 무조건 이긴다"는 확신을 가지고 사이드를 지배해야 하며, 불리한 상황에서도 E 스킬 하나로 변수를 창출할 수 있음을 기억해야 한다.

4) 요네 (Yone)

요네는 '잊히지 못한 자(The Unforgotten)'라는 이명처럼, 죽음에서 돌아와 물질계와 영계의 힘을 모두 다루는 하이브리드 브루저(Bruiser)이자 전사(Skirmisher)로 정의된다. 패시브를 통한 치명타 확률 두 배 증폭과 마법/물리 복합 피해 메커니즘을 가지며, E 스킬(영혼해방)을 활용해 안전한 위치에서 적진을 휘젓고 돌아오는 '이기적인 딜 교환'의 정점을 보여준다.

사전 준비: 속도와 치명타의 미학 (Setup)

요네의 핵심은 공격 속도(Attack Speed)와 치명타(Critical Strike)다. Q와 W 스킬

의 쿨타임이 공격 속도에 비례해 줄어들기 때문에, 룬과 아이템에서 공격 속도를 최우선으로 확보해야 한다.

핵심 룬 빌드: 정복자 vs 착취

지속적인 교전과 캐리력을 원할 때는 '정복자'(혹은 기민한 발놀림), 탑 라인에서 브루저와 짧은 딜 교환을 하며 버텨야 할 때는 '착취'를 선택한다.

[Case1] 핵심 룬: 정복자 (Conqueror)

가장 정석적인 선택이다. 요네의 빠른 스킬 연계와 평타 캔슬은 정복자 스택을 순식간에 쌓게 해주며, 교전 지속력을 극대화한다. 무난하거나 캐리력이 필요할 때 선택한다.

고유 하위 룬 (정밀 / Precision)

- 승전보 (Triumph)
다이브와 난전에서 생존력을 높인다.

[Case2] 핵심 룬: 착취의 손아귀 (Grasp of the Undying)

탑 요네가 레넥톤, 카밀 등 강력한 브루저를 상대할 때 사용한다. Q 스킬로 미니언을 치다가 착취 타이밍에 맞춰 Q-평 견제를 하여 체력 이득을 챙긴다.

고유 하위 룬 (결의 / Resolve)

- 철거 (Demolish)
착취 빌드는 결의가 메인 룬이므로, 공통 룬 외에 철거를 추가하여 사이드 운영 속도를 높일 수 있다.

공통 하위 룬 (Common Sub Runes)

어떤 핵심 룬을 선택하든, 요네의 메커니즘을 완성하기 위해 필수적으로 채택해야 하는 룬들이다. (메인 룬 혹은 보조 룬으로 반드시 챙긴다.)

- 전설: 민첩함 (Legend: Alacrity)
요네에게 공격 속도는 곧 스킬 쿨타임 감소다. 타협할 수 없는 필수 룬이다.

- 최후의 저항 (Last Stand)
  E 스킬로 진입하여 위험하게 싸우는 요네의 특성상 체력이 낮을 때 반격하는 상황이 많아 효율이 좋다.

- 재생의 바람 (Second Wind) / 뼈 방패 (Bone Plating)
  초반 라인전 견제를 버티기 위해 선택한다. 짤짤이 챔피언 상대로는 재생의 바람, 폭딜 챔피언 상대로는 뼈 방패를 든다.

- 소생 (Revitalize) / 과잉성장 (Overgrowth)
  W의 보호막과 흡혈 효율을 높이거나(소생), 후반 체력을 늘려 생존력을 보강한다(과잉성장).

- 능력치 파편 공격 속도 / 적응형 능력치 / 체력 (또는 성장 체력)

  아이템 선택 가이드
  빌드 공격 속도를 제공하는 아이템을 1코어로 올리고, 이후 치명타 확률 100%를 맞추는 빌드가 정석이다.

- 광전사의 군화 (Berserker's Greaves)
  요네의 진정한 0.5코어 아이템이다. 나오자마자 Q와 W 쿨타임이 획기적으로 줄어들어 교전 능력이 달라진다. 최우선으로 구매한다.

- 몰락한 왕의 검 (Blade of the Ruined King)
  요네의 국밥 아이템이다. 공격 속도, 피흡, 퍼센트 데미지, 이동 속도 훔치기까지 요네에게 필요한 모든 것을 제공한다.
  보통 1코어로 올린다.
- 무한의대검(Infinity Edge)
  패시브와 함께 치명타 딜을 극대화하기에 좋다.

- 불멸의 철갑궁 (Immortal Shieldbow)

한타에서 E 스킬로 진입했다가 포커싱 당해 터지는 것을 방지한다. 생명선 효과와 피흡은 요네의 생존율을 보장한다.

- 죽음의 무도 (Death's Dance) / 마법사의 최후 (Wit's End): 상대 조합(AD/AP)에 맞춰 방어와 공격을 동시에 챙기는 아이템을 선택한다.

스킬 메커니즘
요네는 야스오와 비슷해 보이지만, E 스킬을 활용한 능동적인 킬 각 설계가 가능하다는 점에서 차별화된다.

- 패시브: 사냥꾼의 길 (Way of the Hunter)
두 번째 공격마다 마법 피해를 입힌다. 또한 치명타 확률이 2배로 증가하지만 치명타 피해량이 감소한다. 이 때문에 2개의 치명타 아이템만으로 100%를 맞출 수 있다.

- Q: 필멸의 검 (Mortal Steel)
찌르기 공격이다. 2회 적중 시 '바람의 기운'이 충전되어, 다음 사용 시 전방으로 돌진하며 적을 공중에 띄운다(Airborne). 야스오와 달리 돌진 거리가 일정하여 벽을 넘거나 도주기로 활용하기 좋다.

- W: 영혼 가르기 (Spirit Cleave)
부채꼴 범위로 베어 적의 최대 체력 비례 복합 피해를 입히고 보호막을 얻는다. 챔피언을 맞출수록 보호막 양이 증가한다. 딜 교환 시 반드시 섞어줘야 하는 핵심 생존기다.

- E: 영혼해방 (Soul Unbound)
요네의 꽃이다. 육신을 뒤에 남겨두고 영혼 상태로 돌진하여 이동 속도가 점차 증가한다. 지속 시간이 끝나거나 스킬을 재사용하면 육신으로 복귀하며, 영혼 상태에서 입힌 피해의 일부를 고정 피해(True Damage)로 다시 입힌다. Tip: 적의 머리 위에 '깨진 가면' 표식이 뜨면, E 복귀 데미지로 처형(Kill) 가능하다는 신호다.

- R: 운명봉인 (Fate Sealed)

전방의 모든 적을 베고 마지막에 적중한 적 뒤로 순간 이동하며, 적들을 한곳으로 모으고 공중에 띄운다. 물리/마법 피해가 섞여 들어간다. 도주기, 진입기, 다수 CC기로 활용 가능한 만능 궁극기다.

필수 콤보 및 딜 교환 기술
E 스킬의 안전장치를 믿고 과감하게 딜을 쏟아붓는 것이 핵심이다.

기본 딜교 콤보
- E(진입) → Q3(에어본) → 평타 → W → 평타 → Q → E2(복귀) 가장 이상적인 딜 교환이다. Q3가 장전되었을 때 E로 접근하여 확정 에어본을 맞추고 모든 딜을 넣은 뒤 빠져나온다.

- 궁극기 확정 연계
  Q3(에어본) → R(연계) → W → 평타 → Q Q3로 적을 띄우자마자 R을 쓰면 적이 반응할 수 없는 연속 CC기(Chain CC)가 들어간다.

- E-Q3 심리전
  E를 쓰고 Q3로 돌진하는 척하면서 무빙으로 적의 주요 스킬을 피하고, 평타와 Q, W로 딜을 넣는 플레이도 중요하다. 무조건 Q3를 맞출 필요는 없다.

단계별 게임 운영 전략
- 라인전 단계 (Lv 1~5): 초반 요네는 생각보다 약하다. '기민한 발놀림'이나 '도란의 방패'로 버티며 Q 스킬로 미니언 막타와 견제를 동시에 수행한다. 3레벨 이후 E 스킬을 배운 시점부터 Q3 장전 타이밍에 맞춰 딜 교환을 시도한다. 첫 귀환에 광전사의 군화를 뽑는 것이 1차 목표다.

- 중반 운영 (Lv 6 이후): 몰락한 왕의 검이 나오면 사이드 1 대 1 능력이 매우 강력해진다. 라인을 밀고 적 정글 깊숙한 곳에 와드를 하거나, E 스킬로 벽을 넘어 적 정글러를 암살하는 플레이가 가능하다.

- 팀 교전 (한타): E 스킬을 활용해 적진을 찔러보고 간을 본다. 적의 주요 CC기나 궁

극기가 빠지면, Q3 혹은 R을 활용해 적 딜러 라인에 진입하여 진형을 붕괴시킨다. R은 가능한 다수에게 맞추거나, 핵심 딜러 하나를 확실하게 무력화하는 용도로 사용한다.

마인드셋

요네 플레이어는 '계산된 무모함'을 가져야 한다. E 스킬은 최고의 생존기이자 진입기다. 내가 돌아갈 곳(육신)이 안전하다면, 영혼 상태에서는 그 누구보다 과감하게 적 딜러를 노려야 한다.

4. AP 탑 (AP 메이지 / AP 전사형 탑 (AP Top))

1) 케넨 (Kennen)

케넨은 '폭풍의 심장(Heart of the Tempest)'이라는 이명처럼, 전장을 휩쓰는 광역 군중 제어기(AoE CC)와 누킹 능력을 가진 한타 지향형 마법사(Mage)로 정의된다. 빠른 기동성을 이용해 적진 한복판으로 파고들어 궁극기로 다수의 적을 기절(Stun)시키며, 불리한 게임도 한타 한 번으로 뒤집을 수 있는 '조커 카드' 역할을 수행한다.

사전 준비: 진입과 폭발의 설계 (Setup)

케넨의 핵심은 '궁극기 진입 각'과 '스턴 연계'다. 상대방이 물몸 위주라면 감전으로 암살을, 라인전 견제가 중요하다면 콩콩이 소환을 선택한다.

핵심 룬 빌드

감전 vs 콩콩이 한 방 콤보로 킬을 노릴 때는 '감전', 평타와 스킬로 지속적인 견제를 할 때는 '콩콩이'를 선택한다.

핵심 룬: 감전 (Electrocute)

가장 공격적인 선택이다. 평타-W-Q 등의 콤보로 감전을 터뜨려 킬 각을 잡고, 한타 시 순간 폭딜을 극대화한다.

하위 룬 (지배 / Domination)
- 피의 맛 (Taste of Blood)
  라인 유지력을 보완한다. 사냥의 증표 (Eyeball Collection) 주문력을 높여 스노우볼을 굴린다. 궁극기 사냥꾼 (Ultimate Hunter) 케넨의 존재 의의인 궁극기 쿨타임을 줄인다. 필수 선택이다.

- 핵심 룬: 콩콩이 소환 (Summon Aery) 근접 브루저(다리우스, 레넥톤 등)를 상대로 평타 견제를 극대화하여 초반부터 말려 죽일 때 사용한다.

고유 하위 룬 (마법 / Sorcery)
- 절대 집중 (Absolute Focus) / 깨달음 (Transcendence) 견제력을 높이거나 스킬 가속을 챙긴다.

- 주문 작열 (Scorch) 초반 라인전 견제 데미지를 높인다.

공통 하위 룬 (Common Sub Runes)
어떤 핵심 룬을 선택하든, 케넨의 메커니즘을 완성하기 위해 필수적으로 채택해야 하는 룬들이다.

- 기민함 (Celerity) / 빛의 망토 (Nimbus Cloak)
  E 스킬의 이동 속도를 증폭시키거나, 스펠 사용 시 진입 속도를 높여준다. (마법 빌드 시 선택)

- 피의 맛 (Taste of Blood) / 궁극기 사냥꾼 (Ultimate Hunter)
  보조 룬을 지배로 선택할 경우 반드시 챙겨야 하는 생존 및 유틸 룬이다.

능력치 파편
- 공격 속도(또는 적응형) / 적응형 능력치 / 체력 (또는 성장 체력)

아이템 선택 가이드

진입을 위한 아이템(벨트)과 어그로 핑퐁을 위한 생존 아이템(존야)이 필수적이다.

- 마법공학 로켓 벨트 (Hextech Rocketbelt)

케넨의 유일한 단점인 '진입 거리'를 해결해준다. 사용 시 적에게 다가가며 마법 탄환을 발사해 딜과 기동성을 동시에 챙긴다. 1코어 필수 아이템이다.

- 존야의 모래시계 (Zhonya's Hourglass)

케넨의 심장이다. 적진에 진입하여 궁극기를 켠 뒤 존야를 사용하면, 나는 무적 상태로 적들을 기절시키는 '일방적인 딜교'가 가능하다.

- 그림자불꽃 (Shadowflame)

마법 관통력과 치명타 효과를 제공하여 체력이 낮은 적을 확실하게 마무리한다.

- 라바돈의 죽음모자 (Rabadon's Deathcap)

주문력을 뻥튀기하여 궁극기 한 방에 적 딜러진을 삭제시킨다.

스킬 메커니즘

케넨은 스킬을 맞춰 '폭풍의 표식' 3개를 쌓아 기절시키는 것이 핵심이다.

- 패시브: 폭풍의 표식 (Mark of the Storm)

스킬 적중 시 표식이 쌓이며, 3개가 쌓이면 적을 1.25초간 기절시킨다. 기절한 적은 에너지를 회복시켜 주므로 스킬 연계의 원동력이 된다.

- Q: 천둥의 표창 (Thundering Shuriken)

논타겟 직선형 스킬이다. 견제 및 표식 쌓기의 기본이며, 기력 소모가 적어 파밍용으로도 쓰인다.

- W: 전류 방출 (Electrical Surge)

본 지속 효과로 5번째 공격마다 추가 피해와 표식을 남긴다. 사용 시 표식이 있는 주변 적에게 번개를 떨어뜨린다. '강화 평타 → W 사용' 콤보로 순식간에 표식 2개를 쌓을 수 있다.

- E: 번개 질주 (Lightning Rush)
  케넨이 번개 형태로 변해 이동 속도가 대폭 증가하고 유닛을 통과한다. 스치고 지나간 적에게 표식을 남긴다. 진입기이자 도주기이며, 사용 후 공격 속도가 증가한다.

- R: 날카로운 소용돌이 (Slicing Maelstrom)
  주변에 무작위로 번개를 내리꽂아 광역 피해를 주고 표식을 남긴다. 한타 파괴력의 정점이며, 존야의 모래시계와 연계하여 사용한다.

필수 콤보 및 딜 교환 기술
기본 기절 콤보
- 강화 평타(표식1) → W(표식2) → Q(표식3, 기절) 라인전에서 가장 많이 쓰는 확정 스턴 콤보다.

- 한타 진입 이니시에이팅
  E(이속 증가) → 점멸(진입) → R(궁극기) → 벨트(거리 좁힘) → W(광역딜) → 존야 (어그로 해제) 반응할 수 없는 속도로 진입하여 적을 괴멸시키는 케넨의 필살기다.

단계별 게임 운영 전략
- 라인전 단계 (Lv 1~5): 긴 사거리를 이용해 근접 챔피언을 괴롭힌다. 강화 평타와 W를 적극 활용해 딜 교환을 하고, 갱킹이 오면 E 스킬로 유유히 빠져나간다. 6레벨 킬 각을 위해 상대 체력을 70% 이하로 유지한다.

- 중반 운영 (Lv 6 이후): 벨트가 나온 시점부터는 소규모 교전에 적극 합류한다. 텔레포트가 있다면 사이드 운영을 하다가 적 뒤를 잡는 텔레포트로 한타를 연다.

- 팀 교전 (한타): 정면보다는 측면이나 뒤를 잡는(Flank) 것이 중요하다. 적 딜러진이 뭉쳐있는 순간을 포착하여 E-점멸-R로 파고든다. 대박을 터뜨리면 혼자서 한타를 끝낼 수 있다.

마인드셋
찌릿하게 만들어주마 케넨 플레이어는 '과감함'이 생명이다. 존야가 있다면 두려울 것이 없다. 아군이 호응할 수 있는 거리라면 망설이지 말고 번개처럼 파고들어라. 당신의 손가락 하나(R)에 팀의 승패가 달려 있다.

2) 럼블 (Rumble)

럼블은 '기계 악동(The Mechanized Menace)'이라는 이명처럼, 독보적인 자원인 '열기(Heat)'를 관리하여 라인전을 불태우고 궁극기 '이퀄라이저 미사일'로 전장을 갈라버리는 AP 브루저로 정의된다. 열기 관리가 까다롭지만, 과열(Overheat) 상태에서의 평타 화력과 강화 스킬의 파괴력은 초중반 협곡 최강을 다툰다.

사전 준비: 열기 관리와 마법 관통력 (Setup)
럼블은 쿨타임 감소보다는 마법 관통력과 주문력이 중요하다. 라인전 견제와 한타 지향성에 따라 룬을 선택한다.

핵심 룬 빌드: 유성 vs 감전
일방적인 견제로 라인을 압박할 때는 '유성', 근접 맞딜에서 킬을 노릴 때는 '감전'을 선택한다.

핵심 룬: 신비로운 유성 (Arcane Comet)
E 스킬(전기 작살)의 둔화와 연계되어 적중률이 높다. 라인전 짤짤이와 지속 딜링에 최적화된 가장 보편적인 룬이다.

고유 하위 룬 (마법 / Sorcery)
- 절대 집중 (Absolute Focus) / 주문 작열 (Scorch)
  라인전 견제력을 극한으로 끌어올린다.

핵심 룬: 감전 (Electrocute)

상대가 들어오거나 근접 교전이 잦은 챔피언(야스오, 요네 등)일 때 순간 폭딜을 넣기 위해 사용한다.

고유 하위 룬 (지배 / Domination)

- 비열한 한 방 (Cheap Shot)
  E 스킬의 둔화와 연계하여 고정 피해를 준다.

- 궁극기 사냥꾼 (Ultimate Hunter)
  이퀄라이저 쿨타임을 줄여 교전 참여율을 높인다.

공통 하위 룬 (Common Sub Runes)

- 빛의 망토 (Nimbus Cloak)
  이동기가 부실한 럼블에게 스펠 사용 시 생존력을 부여한다. 필수다.

- 재생의 바람 (Second Wind) / 뼈 방패 (Bone Plating)
  보조 룬으로 결의를 선택해 라인전 유지력을 챙긴다. 럼블은 근접 챔피언이라 효율이 좋다.

- 능력치 파편 적응형 능력치 / 적응형 능력치 / 체력 (또는 성장 체력)

아이템 선택 가이드

마법 관통력과 체력, 주문력을 동시에 챙기는 아이템 위주로 구성한다.

- 리안드리의 고통 (Liandry's Torment): 럼블의 Q 스킬(화염방사기)과 최고의 시너지를 낸다. 체력 비례 데미지와 지속 피해로 탱커와 딜러 모두를 녹인다. 1코어 필수다.

- 균열 생성기 (Riftmaker): 전투 지속력을 높여준다. 피해량 증폭과 모든 피해 흡혈은 과열 평타를 치며 버티는 럼블에게 날개를 달아준다.

- 존야의 모래시계 (Zhonya's Hourglass): Q 스킬을 켜고 존야를 쓰면 불은 계속 나

간다. 어그로 핑퐁과 생존을 위한 필수 아이템이다.

- 그림자불꽃 (Shadowflame) / 라바돈의 죽음모자
  마법 관통력과 주문력을 극대화하여 이퀄라이저의 살상력을 높인다.

  스킬 메커니즘
  럼블은 '열기(Heat)'를 50~100 사이(위험 상태)로 유지하는 것이 실력이다.

- 패시브: 고철장 거인 (Junkyard Titan)
  스킬 사용 시 열기가 쌓인다. 50 이상이면 스킬이 강화된다(위험 상태). 100에 도달
  하면 **과열(Overheat)**되며 스킬을 쓸 수 없지만, 기본 공격이 매우 강력해지고
  공격 속도가 빨라진다.

- Q: 화염방사기 (Flamespitter)
  이동하며 전방에 불을 뿜는다. 미니언을 통과해 딜을 넣으므로 라인 푸시와 견제의
  핵심이다. 강화 시 데미지가 대폭 증가한다.

- W: 고철 방패 (Scrap Shield)
  보호막을 얻고 이동 속도가 증가한다. 라인 복귀, 추격, 도주, 딜 교환 시 열기 조절
  용으로 쓴다.

- E: 전기 작살 (Electro Harpoon)
  2회 충전되는 논타겟 스킬이다. 적을 맞추면 둔화를 걸고 마법 저항력을 깎는다. 킬
  각을 잡는 시동기다.

- R: 이퀄라이저 미사일 (The Equalizer)
  지정한 위치에 일직선으로 미사일을 떨어뜨려 장판을 깐다. 사거리가 매우 길고 데미
  지가 강력하다. 스마트키를 끄거나 드래그하여 사용하는 연습이 필요하다.
  필수 콤보 및 딜 교환 기술
  열기 관리 콤보
- 열기 50 유지 → E(슬로우) → Q(화염) → W(접근) → 과열 평타 열기를 50 근처로

맞추고 스킬을 난사해 100(과열)을 만들면서 평타로 두들겨 패는 것이 럼블 맞딜의 정석이다.

- 이퀄라이저 활용: 좁은 길목이나 적의 퇴로를 차단하듯 깐다. R을 깔고 그 위에서 Q와 존야를 사용하여 버티면 한타를 파괴할 수 있다.

단계별 게임 운영 전략
- 라인전 단계 (Lv 1~5): 1레벨 Q로 라인을 밀며 선 2렙을 찍는다. 열기 50 이상에서 강화 Q를 맞추면 딜 교환을 질 수 없다. 과열 평타를 활용해 깜짝 킬을 노린다. 라인을 밀고 적 정글을 괴롭히거나 로밍을 간다.

- 중반 운영 (Lv 6 이후): 이퀄라이저가 있으면 소규모 교전 최강자다. 용 싸움이나 바텀 로밍에 적극적으로 궁극기를 활용한다. 시야 없는 부쉬에 숨어 있다가 E-Q-R 콤보로 낚시 플레이를 한다.

- 팀 교전 (한타): 이퀄라이저(R)를 얼마나 잘 까느냐가 전부다. 적 딜러와 탱커를 동시에 맞추거나, 적 진형을 갈라놓는 각도로 깐다. 이후 Q를 켜고 적진에 비비며 존야로 버틴다.

- 마인드셋: 다 태워버리겠다 럼블 플레이어는 '화끈함'이 필요하다. 과열 상태의 럼블은 평타가 핵펀치다. 스킬을 못 쓴다고 도망가지 말고, 과열 평타로 적의 머리통을 부숴라.

3)그웬 (Gwen)

그웬은 '신성한 재봉사(The Hallowed Seamstress)'라는 이명처럼, 거대한 가위로 적을 오려내는 AP 기반의 스커미셔(Skirmisher)다. 최대 체력 비례 피해와 고정 피해를 입히는 Q 스킬로 탱커를 녹이는 데 특화되어 있으며, W 스킬(신성한 안개)을 통해 적의 원거리 공격을 무력화시키는 독보적인 생존 기제를 가진다.

사전 준비: 지속 싸움과 탱커 분쇄 (Setup)

그웬은 평타와 스킬을 섞어 지속적으로 싸우는 챔피언이다. 정복자 룬을 통해 전투 지속력을 높이고, 내셔의 이빨을 통해 공격 속도를 확보해야 한다.

핵심 룬 빌드: 정복자 그웬에게 다른 선택지는 없다. 정복자가 가장 완벽하다.

핵심 룬: 정복자 (Conqueror)

빠른 스킬 연계와 평타로 스택을 쌓아 주문력과 흡혈을 얻는다. 그웬의 맞딜 능력을 완성하는 룬이다.

고유 하위 룬 (정밀 / Precision)

- 침착 (Presence of Mind)
  마나 소모가 심한 그웬에게 필수적이다.

- 전설: 민첩함 (Legend: Alacrity) / 전설: 가속 (Legend: Haste) 평타 비중이 높으면 민첩함, 스킬 쿨을 줄이려면 가속을 든다.

- 최후의 저항 (Last Stand)
  근접해서 피흡으로 버티는 그웬에게 최고의 효율을 낸다.

공통 하위 룬 (Common Sub Runes)

- 재생의 바람 (Second Wind) / 뼈 방패 (Bone Plating)
  초반 라인전이 약한 그웬이 버틸 수 있게 해준다. (결의 보조)
- 생 (Revitalize) / 불굴의 의지 (Unflinching)
  패시브 피흡을 늘리거나 CC 저항을 챙긴다.

- 능력치 파편 공격 속도 / 적응형 능력치 / 체력 (또는 성장 체력)

아이템 선택 가이드

공격 속도와 주문력, 그리고 체력을 챙기는 아이템이 핵심이다.

- 내셔의 이빨 (Nashor's Tooth): 그웬의 가위질 속도를 높여준다. 주문력, 쿨감, 공속, 평타 추가 피해까지 그웬을 위한 아이템이다. 1코어로 올린다.

- 균열 생성기 (Riftmaker): 전투가 길어질수록 피해량이 증가하고 모든 피해 흡혈을 제공한다. 정복자와 함께 그웬을 '죽지 않는좀비'로 만든다.

- 라바돈의 죽음모자 (Rabadon's Deathcap): 그웬의 패시브와 Q 데미지는 주문력 계수가 높다. 3코어로 올리면 탱커도 녹아내린다.

- 존야의 모래시계 (Zhonya's Hourglass): 진입 후 한 턴을 버티게 해주는 생존아이템으로 앞라인에서 어그로를 끌어야 할 때 필요한 필수 아이템이다.

스킬 메커니즘
그웬은 Q 스킬의 스택 관리와 W 스킬의 활용이 실력이다.

- 패시브: 가위 난도질 (Thousand Cuts)
기본 공격 시 적의 최대 체력에 비례한 추가 마법 피해를 입히고, 입힌 피해의 일부를 회복한다. 탱커를 잘 잡는 이유다.

- Q: 싹둑 싹둑! (Snip Snip!)
평타를 칠 때마다 스택이 쌓인다(최대 4스택). 사용 시 스택만큼 가위질을 하며, 중앙 범위에 적중하면 고정 피해를 입히고 패시브가 적용된다. 반드시 4스택을 쌓고 중앙을 맞춰야 한다.

- W: 신성한 안개 (Hallowed Mist)
5초 동안 안개를 소환한다. 안개 밖에 있는 적은 그웬을 타겟팅할 수 없고 스킬도 맞지 않는다. 안개 안에서는 방어력과 마저가 증가한다. 원거리 딜러에게는 악몽 같은 스킬이다.

- E: 돌격 가위 (Skip 'n Slash)
짧게 돌진하며 공격 사거리가 늘어나고 공격 속도가 증가한다. 적을 공격하면 쿨타임이 일부 반환된다. 평타 캔슬과 추격, 도주에 쓰인다.

- R: 바느질 (Needlework)
바늘을 던져 피해를 주고 둔화를 건다. 총 3회까지 재사용 가능하며, 사용 조건은 '평타나 스킬을 적중시키는 것'이다. 1타(1발), 2타(3발), 3타(5발)로 발사 수가 늘어난다.

필수 콤보 및 딜 교환 기술
- 기본 딜교
콤보 평타(4스택) → E(진입) → Q(중앙 히트) → 평타 미니언을 쳐서 4스택을 모으고 E로 들어가 Q를 긁는 가장 기본적인 콤보다.

- 궁극기 연계 콤보
평타 스택 → R1(슬로우) → E(접근) → 평타 → R2 → Q → 평타 → R3 R 사이사이에 평타를 섞어 쿨타임을 돌리고 다음 R을 활성화하는 리듬감이 중요하다.

단계별 게임 운영 전략
- 라인전 단계 (Lv 1~5): 1레벨 E를 찍고 맞딜하면 생각보다 강하다. 하지만 3~5레벨 구간은 약하므로, 미니언을 치며 Q 스택을 유지하다가 들어오는 적에게 Q만 긁고 빠지는 플레이를 한다. 6레벨 이후에는 킬 각을 본다.

- 중반 운영 (Lv 6 이후): 내셔의 이빨이 나오면 타워 철거 속도가 엄청나다. 사이드에서 성장하며 적이 오면 W로 스킬을 씹고 역관광을 노린다.

- 팀 교전 (한타): W를 켜고 적의 CC기와 포킹을 무시하며 앞라인부터 녹인다. 패시브 퍼센트 데미지로 탱커를 순식간에 오려낸 뒤, E로 진입하여 적 딜러를 마무리한다.

- 마인드셋: 그웬 플레이어는 '침착함'을 유지해야 한다. W 스킬만 잘 쓰면 적의 주요 스킬을 전부 낭비시킬 수 있다. 체력이 빠져도 당황하지 말고, 침착하게 Q 스킬과 궁극기를 맞추면 피가 차오르며 이기는 그림을 그릴 수 있다.

4) 모데카이저 (Mordekaiser)

모데카이저는 '강철의 망령(The Iron Revenant)'이라는 이명처럼, 압도적인 체급과 지속 딜링으로 적을 찍어 누르는 AP 저거넛(Juggernaut)이다. 궁극기 '죽음의 세계'로 적 한 명을 강제로 격리하여 1 대 1 승부를 벌이고, 승리 시 적의 능력치를 훔쳐 더욱 강력해지는 '스탯 체크(Stat Check)'형 챔피언으로 정의된다.

사전 준비: 강철의 육체와 지속딜 (Setup)
모데카이저는 이동기가 없는 뚜벅이이므로, 적을 놓아주지 않기 위한 둔화 아이템(라일라이)과 버티는 룬(정복자)이 필수적이다.

핵심 룬 빌드
정복자 모데카이저의 패시브 장판과 평타는 정복자 스택을 매우 빠르게 쌓는다.

핵심 룬: 정복자 (Conqueror)
지속 싸움 최강 룬이다. 패시브가 터진 모데카이저가 정복자까지 켜지면 누구도 막을 수 없다.

고유 하위 룬 (정밀 / Precision)
- 승전보 (Triumph)
  궁극기 안에서 적을 처치하고 나왔을 때 생존율을 높인다.

- 전설: 민첩함 (Legend: Alacrity) / 전설: 강인함 (Legend: Tenacity)
  평타가 중요한 모데카이저에게 공속은 중요하다. CC가 많으면 강인함을 든다.

- 최후의 저항 (Last Stand)
  보호막(W)으로 버티며 역전하는 모데카이저에게 필수다.

공통 하위 룬 (Common Sub Runes)

- 재생의 바람 (Second Wind) / 뼈 방패 (Bone Plating)
초반 라인전 유지력을 위해 결의 룬을 보조로 든다.

- 소생 (Revitalize)
W 스킬의 회복과 보호막 효율을 높인다.

- 능력치 파편
적응형 능력치(또는 공속) / 적응형 능력치 / 체력 (또는 성장 체력)

아이템 선택 가이드
주문력과 체력, 그리고 둔화 효과가 핵심이다.

- 라일라이의 수정홀 (Rylai's Crystal Scepter): 모데카이저의 인권이다. 패시브 장판
에 닿은 적에게 무한 둔화를 걸어 도망가지 못하게 한다. 가격도 저렴하여 1코어로
올리는 경우가 많다.

- 균열 생성기 (Riftmaker): 전투 지속력과 고정 피해, 흡혈을 제공한다. 탱커와 싸울
때 필수적이다.

- 리안드리의 고통 (Liandry's Torment): 체력 비례 데미지로 적을 녹인다. 라일라이
와 조합하면 장판만 비벼도 딜이 엄청나다.

- 해신 작쇼 (Jak'Sho, The Protean) / 정령의 형상 (Spirit Visage): 딜템 2~3개 후
에는 방어 아이템을 올려 불사신이 된다.

스킬 메커니즘
모데카이저는 스킬이나 평타를 3회 적중시켜 패시브를 켜는 것이 전부다.

- 패시브: 암흑 탄생 (Darkness Rise)
기본 공격이나 스킬을 3회 적중시키면 주변에 소용돌이를 일으켜 지속 마법 피해를
주고 이동 속도가 증가한다. 라일라이가 있으면 적은 절대 빠져나갈 수 없다.

- Q: 말살 (Obliterate)

거대한 철퇴를 내려친다. 단일 대상에게 적중하면 피해량이 대폭 증가한다(고립 데미지). 미니언과 같이 맞추기보다 챔피언만 맞추도록 각을 봐야 한다.

- W: 불멸 (Indestructible)

받은 피해와 입힌 피해를 게이지로 저장한다. 사용 시 보호막을 얻고, 재사용 시 보호막을 소모해 체력을 회복한다. 싸울 때는 보호막으로 쓰고, 라인 유지력용으로 회복을 쓴다.

- E: 죽음의 손아귀 (Death's Grasp)

기본 지속 효과로 마법 관통력을 얻는다. 사용 시 적을 내 쪽으로 끌어당긴다. 도주하는 적을 잡거나, 내 뒤로 써서 적을 밀어내는 용도로도 쓴다.

- R: 죽음의 세계 (Realm of Death)

적 챔피언 한 명을 7초 동안 다른 차원으로 데려가 1 대 1을 한다. 적의 핵심 능력치 10%를 훔친다. 적을 처치하면 그 적이 부활할 때까지 훔친 능력치를 유지한다.

필수 콤보 및 딜 교환 기술

국민 콤보

- E(끌기) → Q(내려찍기) → 평타(패시브 발동) E에 맞으면 Q는 거의 확정이다. 평타까지 치면 패시브가 켜져서 따라가며 때릴 수 있다.
- 궁극기 활용 적

정글이 갱을 오면, 가장 약하거나 잡기 쉬운 놈을 데려가서 죽이고 나온다(2:1 파훼법). 한타 때는 적의 가장 잘 큰 딜러나 이니시에이터를 데려가 전장에서 격리시킨다.

단계별 게임 운영 전략

- 라인전 단계 (Lv 1~5): Q 스킬로 견제하되, 미니언을 같이 맞추면 라인이 밀리니 주의한다. 3레벨 이후 E-Q 평타 콤보로 딜 교환을 하고 W로 피를 채운다. 6레벨이 되면 킬 각을 본다.

- 중반 운영 (Lv 6 이후): 라일라이가 나오면 뚜벅이 챔피언은 모데카이저를 이길 수 없다. 사이드를 밀며 적을 끌어들이고, 궁극기로 변수를 차단하며 1 대 1 승리를 따낸다.

- 팀 교전 (한타): 앞라인에서 탱커 역할을 하거나, 점멸-R로 적 핵심 딜러를 납치한다. 수은 장식띠(QSS)가 없는 적을 노리는 것이 중요하다.

- 마인드셋: 상대방 중 제일 위협적인 적을 궁극기를 활용해 격리시킨다는 생각으로 플레이 해야한다. 적이 누구든 내 궁극기에 들어오면 이길수 있다. 당황하지 말고 평타와 Q를 침착하게 맞춰라.

5) 라이즈 (Ryze)

라이즈는 '룬 마법사(The Rune Mage)'라는 이명처럼, 짧은 쿨타임의 스킬을 기관총처럼 난사하는 대마법사(Battle Mage)로 정의된다. 후반으로 갈수록 폭발적인 광역 딜링(DPS)과 탱킹력을 동시에 갖추며, 궁극기 '공간 왜곡'을 통해 팀원 전체를 이동시키는 독보적인 전술적 가치를 지닌다.

사전 준비: 마나와 속도의 조화 (Setup)

라이즈의 데미지는 주문력뿐만 아니라 최대 마나(Mana)에 비례해 증가한다. 따라서 마나 아이템을 최우선으로 올리며, 뚜벅이의 단점을 보완하기 위해 이동 속도 관련 룬을 선택한다.

핵심 룬 빌드

난입 라이즈에게 다른 룬은 고려할 필요가 없다. 난입만이 살길이다.

핵심 룬: 난입 (Phase Rush)

스킬 3회를 빠르게 적중시키면 이동 속도가 폭발적으로 증가하고 둔화 저항을 얻는다. 카이팅, 추격, 도주 모든 면에서 필수적이다.

고유 하위 룬 (마법 / Sorcery)

- 마나순환 팔찌 (Manaflow Band)
마나가 곧 딜인 라이즈에게 마나회복을 시켜주는 마순팔은 필수다.

- 깨달음 (Transcendence)
스킬 가속을 챙겨 콤보를 더 빨리 돌린다.

- 물 위를 걷는 자 (Waterwalking) / 폭풍의 결집 (Gathering Storm)
로밍형 플레이는 물 위를 걷는 자, 후반 캐리를 원하면 폭풍의 결집을 든다.

공통 하위 룬 (Common Sub Runes)

- 비스킷 배달 (Biscuit Delivery) / 우주적 통찰력 (Cosmic Insight)
보조 룬으로 영감을 들어 라인 유지력과 스펠 가속을 챙긴다.

- 사전 준비 (Conditioning) / 과잉성장 (Overgrowth)
결의 룬을 들어 후반 탱킹력을 도모하기도 한다.

- 능력치 파편 스킬 가속 / 적응형 능력치 / 체력 (또는 성장 체력)

아이템 선택 가이드

마나를 제공하는 아이템이 핵심이다. 여신의 눈물은 시작 아이템으로 필수다.
- 대천사의 포옹 (Seraph's Embrace): 라이즈의 본체다. 높은 주문력, 마나, 그리고 생명선 보호막 효과는 라이즈를 딜탱으로 만들어준다. 1코어로 대천사의 지팡이를 완성한다.

- 영겁의 지팡이 (Rod of Ages): 시간이 지날수록 체력, 마나, 주문력이 성장한다. 레벨 업 타이밍을 앞당겨주는 효과도 있어 라이즈의 왕귀를 돕는다.

- 라바돈의 죽음모자 (Rabadon's Deathcap): 마법사의 로망. 주문력을 뻥튀기하여 후반 폭딜을 책임진다.

- 존야의 모래시계 (Zhonya's Hourglass) / 밴시의 장막 (Banshee's Veil): 생존을 위해 방어 아이템을 하나 섞어준다.

스킬 메커니즘

라이즈는 E 스킬(전이)을 어떻게 활용하느냐가 실력이다.
- 패시브: 비전 연마 (Arcane Mastery)
주문력에 비례해 최대 마나가 증가하고, 최대 마나에 비례해 스킬 데미지가 증가한다.

- Q: 과부하 (Overload)
기본 지속 효과로 다른 스킬(W, E)을 쓰면 Q 쿨타임이 초기화되고 룬이 충전된다. 룬 2개를 모으고 Q를 쓰면 보호막과 이속을 얻는다. 사용 시 논타겟 마법 구체를 날린다.

- W: 룬 감옥 (Rune Prison)
적을 둔화시킨다. E 표식이 있는 적에게 쓰면 속박(Root) 시킨다. 확정 CC기라서 갱 호응에 매우 좋다.

- E: 주문 전이 (Spell Flux)
적에게 표식을 남긴다. 표식이 있는 적에게 스킬을 쓰면 강화 효과가 발동한다(Q: 확산 데미지, W: 속박). 미니언 정리에 핵심이다.

- R: 공간 왜곡 (Realm Warp)
근처의 모든 아군을 지정한 위치로 순간 이동시킨다. 미니언과 함께 타워로 이동하거나, 바론 버스트 후 도주, 적 뒤를 잡는 이니시에이팅 등 활용도가 무궁무진하다.

필수 콤보 및 딜 교환 기술
- 기본 딜교 (난입 발동) Q → E → Q → W → Q (빠른 콤보) E → W → Q (확정 속박 후 도주/추격)

라인 클리어 E → E → Q E를 두 번 써서 표식을 퍼뜨린 뒤 Q를 날려 한 번에 정리한다.

- 풀 딜 콤보 Q → E → Q → W → Q → E → Q Q 쿨타임 초기화를 이용해 기관총처럼 쏟아붓는다.

단계별 게임 운영 전략
- 라인전 단계 (Lv 1~5): 초반에는 마나가 매우 부족하다. 평타로 CS를 먹으며 마나순환 팔찌 스택을 쌓는 데 집중한다. 갱 호응이 좋으므로 정글이 오면 E-W(속박)로 호응한다.
- 중반 운영 (Lv 6 이후): 궁극기를 활용해 로밍을 다니거나 사이드 라인을 받아먹는다. 대천사와 영겁이 나올 때까지 성장에 집중한다.

- 팀 교전 (한타): E-Q 확산 데미지로 광역 딜을 넣는다. 적이 들어오면 E-W로 묶고 난입으로 카이팅하며 거리를 벌린다. 프리딜 구도가 나오면 누구보다 강력한 DPS를 보여준다.

마인드셋: 파란 대머리의 품격 라이즈 플레이어는 '성장'을 최우선으로 해야 한다. 초반에 약하다고 조급해하지 마라. CS를 하나하나 챙기고 마나통을 늘리다 보면, 어느새 적들이 E-Q 한 방에 나가떨어지는 순간이 온다.

1. 컨트롤 메이지형 미드

1) 아지르 (Azir)

아지르는 '사막의 황제(The Emperor of the Sands)'라는 이명처럼, 직접 손을 더럽히지 않고 모래 병사를 소환하여 적을 찌르는 '지휘관형 마법사(Control Mage)'이자 하이퍼 캐리(Hyper Carry) 챔피언이다. 후반으로 갈수록 원거리 딜러를 능가하는 지속 화력(DPS)을 뿜어내며, '슈리마 셔플'이라 불리는 변수 창출 능력을 통해 한타의 판도를 뒤집는 황제의 위엄을 보여준다.

사전 준비: 명령과 통제의 미학 (Setup)
아지르의 본체는 병사다. 병사의 공격 횟수가 곧 딜량이므로 공격 속도(Attack Speed)와 주문력(AP)의 조화가 필수적이다. 또한 마나 소모가 심하고 조작 난이도가 높아, 파일럿의 정교한 거리 조절 능력이 요구된다.

핵심 룬 빌드: 정복자 vs 기민한 발놀림
지속적인 교전으로 적을 찍어 누를 때는 '정복자', 사거리가 긴 적을 상대로 유지력이 필요할 때는 '기민한 발놀림'을 선택한다.

핵심 룬: 치명적 속도 (Lethal Tempo)
현재 아지르의 화력을 가장 높여주는 룬이다. 아지르의 병사 공격이 적중 시 효과를 적용하므로, 치명적 속도 스택이 순식간에 쌓인다. 최대 스택 시 공격 속도가 폭발적으로 증가하고 추가 적중 시 피해를 입혀, 탱커든 딜러든 빠르게 녹일 수 있다.

고유 하위 룬 (정밀 / Precision)

- 침착 (Presence of Mind)
공격 속도가 빨라진 만큼 마나 소모도 극심하다. 필수 룬이다.

- 전설: 민첩함 (Legend: Alacrity)
치명적 속도와 시너지를 내어 공격 속도를 맥스치에 가깝게 올린다.

- 체력차 극복 (Cut Down)
AP 딜링 아이템만 올려주는 아지르에게 체력차 극복 룬으로 탱커 챔피언들 상대로 부족한 딜을 보충해준다.

- 능력치 파편
공격 속도 / 적응형 능력치 / 체력 (또는 성장 체력)

아이템 선택 가이드
공격 속도와 주문력을 동시에 제공하는 아이템이 아지르의 핵심이다.

- 내셔의 이빨 (Nashor's Tooth): 아지르의 창과 방패다. 주문력, 공격 속도, 스킬 가속을 모두 제공하며, 아지르의 병사 평타 효율을 극한으로 끌어올린다. 1코어 고정이다.

- 리안드리의 고통 (Liandry's Torment): 병사 공격에 스킬 판정이 적용되므로, 체력 비례 데미지를 지속적으로 입히기에 최적이다. 탱커를 상대할 때 필수적이다.

- 존야의 모래시계 (Zhonya's Hourglass) '슈리마 셔플(이니시에이팅)'을 시도하는 아지르에게 생명 보험과도 같다. 적진 한복판에서 궁극기를 쓰고 어그로를 뺄 때 사용한다.

- 라바돈의 죽음모자 (Rabadon's Deathcap) 황제의 권능을 보여준다. 3~4코어 타이밍에 올리면 병사 찌르기 몇 번에 적 딜러가 사라진다.

스킬 메커니즘
아지르는 본체가 공격하는 것이 아니라, W(병사)를 통해 대리 공격을 한다는 점을 명심해야 한다.

- 패시브: 슈리마의 유산 (Shurima's Legacy)

무너진 포탑 잔해에 '태양 포탑'을 설치한다. 포탑은 강력한 데미지를 주며 라인 클리어와 지역 장악에 도움을 준다. 공성이나 수성 시 전략적으로 활용한다.

- Q: 사막의 맹습 (Conquering Sands)

모든 모래 병사를 지정한 위치로 돌진시킨다. 적을 뚫고 지나가며 피해를 주고 둔화를 건다. 병사의 위치를 재배치하는 핵심 스킬이다.

- W: 일어나라! (Arise!)

아지르 딜링의 90%를 담당한다. 모래 병사를 소환하여 기본 공격을 대신하게 한다. 병사가 둘 이상 찌르면 데미지가 중첩되지는 않지만 감소된 추가 피해를 입힌다.

- E: 신기루 (Shifting Sands)

병사가 있는 위치로 아지르가 돌진한다. 적 챔피언과 부딪히면 멈추고 보호막을 얻으며, W 스택(병사 충전)을 얻는다. 도주기이자 진입기다.

- R: 황제의 진영 (Emperor's Divide)

뒤에서부터 병사들의 벽을 소환하여 앞으로 돌진시킨다. 적들을 밀어내고 피해를 준다. 벽은 지형지물 판정을 받아 적의 진입을 차단하거나, 적을 아군 쪽으로 배달하는 용도로 쓰인다.

필수 콤보 및 딜 교환 기술

기본 견제 (Poke)

- W(소환) → 평타 → Q(이동) → 평타 가장 기초적인 딜 교환이다. Q를 맞추고 둔화된 적에게 평타 한 대를 더 치는 것이 핵심이다.

- 슈리마 셔플 (The Shurima Shuffle)

W(소환) → E(진입) → Q(비행 중 방향 전환) → R(토스) 아지르의 꽃이다. E로 날아가는 도중에 Q를 써서 이동 거리를 비약적으로 늘리고('ㄱ'자 이동 가능), 적 뒤로 파고들어 아군 진형으로 적을 밀어버린다. 실패 시 리스크가 크므로 존야와 함께 사

용하거나 확실한 각에서만 써야 한다.

단계별 게임 운영 전략

- 라인전 단계 (Lv 1~5)

긴 사거리를 이용해 W-Q로 상대를 압박한다. 갱킹에 취약하므로 W 하나는 항상 도주용(W-E)으로 아껴두거나, 병사 위치를 신중하게 잡아야 한다. 무리하게 킬을 따기보다 CS를 완벽하게 챙겨 성장하는 것이 목표다.

- 중반 운영 (Lv 6 이후)

내셔의 이빨이 나오면 지속 딜이 강력해진다. 라인을 빠르게 밀고 오브젝트 싸움에 합류한다. 대치 구도에서 W-Q로 포킹을 하거나, 패시브 포탑을 세워 지역을 장악한다.

- 팀 교전 (한타)

기본은 원거리 딜러처럼 후방에서 앞라인부터 병사로 녹이는 것이다(Front-to-Back). 하지만 적의 핵심 딜러가 노출되었거나 아군 이니시가 부족하다면, 과감하게 '슈리마 셔플'로 적을 배달하여 한타를 터뜨릴 수 있어야 한다.

마인드셋:

아지르 플레이 시 점검해야 할 기술적 판단 기준은 다음과 같다. 단순히 후방에서 공격만 하는 것에 그치지 말고, 패시브 포탑을 활용해 전선을 억지로 밀어올리거나 적의 허점을 파고드는 진입으로 진형을 붕괴시키는 황제의 결단력이 필요하다.

- 황제의 품격 (위치 선정)

아지르는 후반 화력의 핵심이다. 화려한 진입각을 보느라 무리하게 앞장서다 허무하게 사망하는 것은 황제의 책무를 유기하는 것이다. 생존이 보장된 위치에서 병사를 끊임없이 지휘하여 적을 모래 속으로 수장시키는 것이 1순위 목표다.

- 진입의 양면성

궁극기를 활용한 적군 배달(토스)은 매력적이지만 위험 부담이 크다. 아군이 호응할 수 없는 거리거나 적에게 생존기가 남아있다면, 궁극기는 들어오는 적을 밀어내는 '생존용'으로 사용하는 것이 훨씬 효율적이다. 배달은 확실한 승기를 잡았을 때 쐐기를 박는 용도다.

2) 신드라 (Syndra)

신드라는 '어둠의 여제(The Dark Sovereign)'라는 이명처럼, 무한한 잠재력을 가진 성장형 마법사로 정의된다. 패시브 '초월'을 통해 분노 조각을 수집하여 스킬을 진화시키며, 성장할수록 전장을 지배하는 사거리를 가진 광역 기절(Stun)과 타겟팅 궁극기의 파괴적인 누킹 능력으로 적 딜러를 흔적도 없이 삭제시키는 하이퍼 캐리형 메이지다.

사전 준비: 조각 수집과 성장의 미학 (Setup)

신드라 운영의 핵심은 패시브인 '분노 조각(Splinters of Wrath)'을 얼마나 빠르게 120개까지 모으느냐다. 따라서 골드 수급과 견제를 동시에 챙기는 룬이나, 확실한 킬 캐치를 위한 룬을 선택하여 성장을 앞당겨야 한다.

핵심 룬 빌드

선제공격 vs 감전 성장 속도를 극대화하고 후반 포텐셜을 볼 때는 '선제공격', 라인전 단계부터 강하게 압박하여 솔로 킬을 노릴 때는 '감전'을 선택한다.

[Case 1] 핵심 룬: 난입 (Phase Rush)

최근 고티어 및 대회에서 가장 선호되는 빌드다. 기술 3회 적중 시 이동 속도가 급격히 증가하여, 적의 갱킹을 회피하거나 거리를 조절하며 일방적으로 공격(Kiting)하는 데 특화되어 있다.

고유 하위 룬 (마법 / Sorcery)

- 마나순환 팔찌 (Manaflow Band),
- 깨달음 (Transcendence)
- 주문 작열 (Scorch)

보조 룬 (영감 / Inspiration)

- 비스킷 배달 (Biscuit Delivery)

- 우주적 통찰력 (Cosmic Insight)
  [Case 2] 핵심 룬: 감전 (Electrocute) / 난입 (Phase Rush)
  확실한 킬 캐치나 짧은 딜 교환 우위를 점하려면 '감전', 상대가 뚜벅이거나 갱킹 회피가 중요하다면 '난입'을 선택한다.

  고유 하위 룬 (지배 / Domination - 감전 시)
- 피의 맛 (Taste of Blood): 유지력을 보완한다.

- 사냥의 증표 (Eyeball Collection)
  주문력을 확보해 스노우볼을 굴린다.

- 궁극기 사냥꾼 (Ultimate Hunter)
  궁극기 쿨타임을 줄여 킬 기회를 늘린다. (난입 선택 시 마법 룬을 메인으로 사용)

  [공통 하위 룬 (Common Sub Runes)]
  어떤 핵심 룬을 선택하든, 신드라의 마나 관리와 스킬 가속을 위해 필수적으로 채택한다.

- 마나순환 팔찌 (Manaflow Band)
  보조 룬으로 마법(Sorcery)을 선택할 때 1순위다. Q 스킬 견제로 마나 통을 늘려 유지력을 확보한다.

- 깨달음 (Transcendence)
  스킬 가속을 제공하여 Q 스킬 쿨타임을 줄이고 더 많은 구체를 생성하게 한다.

  능력치 파편 적응형
  능력치 / 적응형 능력치 / 체력 (또는 성장 체력)

  아이템 선택 가이드
  마나, 주문력, 마법 관통력을 극대화하는 아이템 트리가 정석이다.

- 루덴의 동반자 (Luden's Companion)
신드라의 라인 클리어와 순간 폭딜을 책임지는 1코어 아이템이다. 마나와 스킬 가속, 주문력을 모두 챙길 수 있어 가장 무난하고 강력하다.

- 그림자불꽃 (Shadowflame) 마법 관통력과 치명타 효과를 제공한다. 적 체력이 낮을 때 스킬 치명타가 터지므로, 궁극기 막타 효율이 극대화된다.

- 라바돈의 죽음모자 (Rabadon's Deathcap)
신드라의 패시브(주문력 15% 증가)와 결합되면 주문력이 폭발한다. 3코어 타이밍에 나오면 적 원딜은 Q-E-R에 삭제된다.

- 존야의 모래시계 (Zhonya's Hourglass) / 밴시의 장막 (Banshee's Veil)
생존을 위한 필수 아이템이다. 적 암살자가 많으면 존야, 포킹이나 이니시가 무서우면 밴시를 올린다.

- 공허의 지팡이 (Void Staff)
후반 마법 저항력을 두른 탱커를 뚫기 위해 필수적이다.

스킬 메커니즘
신드라는 패시브 조각(Splinters)을 모아 스킬을 진화시키는 것이 핵심이다. 적 챔피언 스킬 2회 적중 시, 대포 미니언 처치 시 조각을 얻는다.

- 패시브: 초월 (Transcendent)
조각을 모을수록 스킬이 강화된다.
40개: Q가 2회 충전된다.
60개: W가 추가 고정 피해를 입힌다.
80개: E 범위가 넓어지고 둔화가 추가된다.
100개: R이 일정 체력 이하의 적을 즉시 처형(Execute)한다. 120개: 주문력이 15% 증가한다.

- Q: 어둠 구체 (Dark Sphere)

지정한 위치에 구체를 소환해 피해를 준다. 모든 콤보의 시동기이자 조각 수집의 핵심이다. 진화 시 2개까지 충전되어 순간 폭딜이 가능해진다.

- W: 의지의 힘 (Force of Will)
구체나 미니언을 잡고 던진다. 진화 시 고정 피해(True Damage)가 추가되어 탱커 처리에도 도움을 준다. Q-W 연계로 구체 지속 시간을 초기화할 수 있다.

- E: 적군 와해 (Scatter the Weak)
바람을 일으켜 적을 밀어내고, 구체에 맞은 적을 기절(Stun)시킨다. 사거리가 매우 길어 이니시에이팅이나 갱 호응에 탁월하다. 진화 시 판정이 후해져 맞추기 쉬워진다.

- R: 풀려난 힘 (Unleashed Power)
타겟팅 된 적에게 주변의 모든 구체를 쏟아부어 폭딜을 넣는다. 기본 3개 + 바닥에 깔린 구체 개수만큼 발사된다. 진화 시 처형 효과가 생겨 킬 캐치 능력이 비약적으로 상승한다.

필수 콤보 및 딜 교환 기술
- 기본 기절 콤보
- (QE) Q(소환) → E(밀기) 가장 기초적이지만 강력한 콤보다. Q를 적 발밑이나 내 앞에 쓰고 E로 밀어 기절시킨다.

- 바닥 쓸기
(RE) R(궁극기 사용) → E(광역 기절) 적 한 명에게 R을 쓴 후, 바닥에 흩어진 수많은 구체를 E로 밀어내어 팀 전체를 기절시키는 한타 파괴 콤보다.

- Q-W-E 콤보
Q(소환) → W(잡고 던지기) → E(밀기) W로 구체 위치를 조정한 뒤 E로 밀어 예측 불가능한 각도에서 기절을 건다.

단계별 게임 운영 전략
- 라인전 단계 (Lv 1~5)

평타와 Q로 상대를 견제하며 '선제공격' 골드를 뜨고 조각을 모은다. 대포 미니언은 W나 스킬로 확실하게 먹어 조각을 챙겨야 한다. 갱킹에 취약하므로 E 스킬은 확실한 킬 각이나 생존용으로 아낀다.

- 중반 운영 (Lv 6 이후)

조각 40개(Q 진화)와 60개(W 진화) 타이밍에 급격히 강해진다. Q가 2개 충전되므로 라인을 순식간에 밀고 로밍을 가거나 시야를 장악한다. 부쉬에 숨어 있다가 Q-E 기절로 암살을 시도한다.

- 팀 교전 (한타)

구체를 미리 1~2개 깔아두며 간을 본다. 적 딜러가 사거리에 들어오면 Q-E로 기절시키거나, R-E 콤보로 광역 CC를 넣는다. 100조각 이후에는 체력이 15% 이하인 적에게 궁극기를 쓰면 처형되므로 킬 계산을 잘해야 한다.

마인드셋

신드라 플레이 시 점검해야 할 기술적 판단 기준은 다음과 같다. 단순히 후방에서 구체만 던지며 적이 들어오기를 기다리지 말고, 상대의 핵심 기술이 소모된 틈을 타 과감하게 점멸로 진입하여 광역 기절을 적중시키고 한타를 직접 여는 결단력이 필요하다.

- 적군 와해의 무게감

적군 와해는 신드라의 유일한 생존기이자 변수 창출기다. 확실하게 적을 기절시킬 수 있는 상황이 아니거나, 적 정글러의 위치가 파악되지 않았다면 단순히 피해를 주기 위해 낭비해서는 안 된다. 이 기술이 소모된 신드라는 손쉬운 사냥감이다.

- 구체 유지와 설계

고수는 전장에 구체가 몇 개 존재하는지 항상 인지한다. 궁극기의 피해량은 바닥에 있는 구체의 개수에 비례한다. 교전 직전 허공에라도 기술을 사용하여 구체 개수를 늘려놓아야 결정적인 순간에 최대 화력을 투사할 수 있다.

- 조각 수집의 집착

적을 처치하지 못하더라도 기술을 적중시켜 조각을 획득했다면 실패한 교전이 아니다. 무리한 포탑 다이브나 추격으로 사망하는 것보다, 생존하여 다음 공격로의 대포 미니언 조각을 획득하는 것이 후반 지배력을 위한 지름길임을 명심해야 한다.

3) 오리아나 (Orianna)

오리아나는 '시계태엽 소녀(The Lady of Clockwork)'라는 이명처럼, 리그 오브 레전드 미드 라이너의 '교과서'이자 영원한 스테디셀러인 컨트롤 메이지(Control Mage)로 정의된다. 본체와 떨어져 움직이는 '구체(The Ball)'를 조종하여 지역을 장악하고, 아군에게 보호막과 이동 속도를 제공하며, 궁극기 '충격파' 한 방으로 불리한 한타를 뒤집는 전술적 가치가 매우 높은 챔피언이다.

사전 준비: 구체 관리와 거리 조절 (Setup)
오리아나는 구체의 위치가 곧 자신의 영향력 범위다. 끊임없이 Q 스킬로 구체를 이동시켜야 하므로 마나 소모가 심하고, 뚜벅이의 특성상 생존을 위한 포지셔닝이 중요하다. 따라서 마나 관리와 기동성을 보완하는 룬 세팅이 필수적이다.

핵심 룬 빌드
난입 vs 콩콩이 생존과 카이팅을 중시하는 정석 빌드는 '난입', 초반 라인전에서 평타 견제로 주도권을 잡으려면 '콩콩이'를 선택한다.

[Case 1] 핵심 룬: 난입 (Phase Rush)
오리아나의 생존을 책임지는 가장 보편적인 룬이다. 스킬 3회(Q-W-평)를 적중시키면 이동 속도가 폭발적으로 증가하여 갱킹 회피, 추격, 카이팅(Kiting)이 가능해진다. 후반 한타에서 포지션을 잡는 데 큰 도움을 준다.

고유 하위 룬 (마법 / Sorcery)
- 마나순환 팔찌 (Manaflow Band)
  Q-W 견제로 마나 통을 늘린다. 대천사의 포옹과 시너지가 좋다.

- 깨달음 (Transcendence)
  스킬 가속을 챙겨 구체를 더 자주 이동시킨다. 주문 작열 (Scorch) 초반 라인전 견제력을 높인다. (후반을 보면 폭풍의 결집 선택)

[Case 2] 핵심 룬: 콩콩이 소환 (Summon Aery)
사거리가 짧은 근접 챔피언(아칼리, 사일러스 등)을 상대로 평타 견제를 극대화할 때 사용한다. 평타와 스킬에 콩콩이가 묻어나가 초반 라인전 압박 능력이 매우 강력하다.

고유 하위 룬 (마법 / Sorcery)
- 마나순환 팔찌 (Manaflow Band)
  마나 관리를 위해 필수적이다.

- 절대 집중 (Absolute Focus)
  체력이 높을 때 주문력을 올려 일방적인 딜교환을 돕는다.

[공통 하위 룬 (Common Sub Runes)]
어떤 핵심 룬을 선택하든, 오리아나의 유지력과 성장성을 위해 영감 룬을 보조로 채택한다.

- 비스킷 배달 (Biscuit Delivery)
  라인전 단계에서 부족한 마나와 체력을 보충해 준다.

- 우주적 통찰력 (Cosmic Insight)
  점멸(Flash)과 텔레포트(Teleport) 쿨타임을 줄여 변수 창출과 생존력을 높인다.

능력치 파편 적응형
능력치 / 적응형 능력치 / 체력 (또는 성장 체력)

아이템 선택 가이드
마나와 주문력, 스킬 가속을 챙기는 정석적인 메이지 빌드를 따른다.

- 대천사의 포옹 (Archangel's Staff)
오리아나의 생명줄이다. 마나 문제를 해결해주고, 업그레이드 시 생기는 '생명선 (Lifeline)' 보호막은 암살자로부터 오리아나를 지켜준다. 1코어로 여신의 눈물을 올리고 완성한다.

- 리안드리의 고통 (Liandry's Torment)
구체로 지속 딜을 넣는 오리아나에게 체력 비례 데미지는 매우 유용하다. 특히 상대 앞라인이 단단할 때 2코어로 선택한다.

- 라바돈의 죽음모자 (Rabadon's Deathcap)
오리아나의 보호막과 딜량을 뻥튀기시켜주는 최고의 아이템이다. 3코어 타이밍에 나오면 충격파 데미지가 핵폭탄급이 된다.

- 존야의 모래시계 (Zhonya's Hourglass) / 밴시의 장막 (Banshee's Veil) 적의 위협적인 스킬을 흘리거나 한타 생존력을 위해 상황에 맞춰 선택한다.

- 공허의 지팡이 (Void Staff) 후반 마법 저항력을 뚫기 위해 반드시 구비해야 한다.

스킬 메커니즘
오리아나의 본체는 챔피언이 아니라 '구체(The Ball)'다. 구체의 위치를 항상 파악하고 있어야 한다.

- 패시브: 시계태엽 감기 (Clockwork Winding)
기본 공격 시 추가 마법 피해를 입힌다. 같은 대상을 연속 공격하면 피해량이 증가한다. 초반 라인전에서 평타 딜교환이 강력한 이유다.

- Q: 명령: 공격 (Command: Attack)
구체를 지정한 위치로 이동시킨다. 이동 경로에 있는 적들에게 피해를 준다. 쿨타임이 짧아 구체 위치를 조정하고 시야를 체크하는(Face check) 용도로 쓴다.

- W: 명령: 불협화음 (Command: Dissonance)

구체 주변에 전류를 방출하여 피해를 주고 장판을 남긴다. 장판 위의 적은 둔화 (Slow)되고, 아군은 이동 속도가 증가한다. 카이팅과 추격의 핵심이다.

- E: 명령: 보호 (Command: Protect)

구체를 아군(혹은 자신)에게 붙인다. 이동 경로의 적에게 피해를 주고, 구체가 붙은 대상에게 보호막(Shield)과 방어력/마법 저항력을 제공한다. 아군 이니시에이터에게 구체를 배달할 때 쓴다.

- R: 명령: 충격파 (Command: Shockwave)

잠시 후 구체 주변의 적들을 구체 쪽으로 끌어당기며(Pull) 큰 피해를 입힌다. 일명 ' 진공청소기'. 다수의 적을 모으거나 적 딜러를 끊어먹는 최고의 한타 스킬이다.

필수 콤보 및 딜 교환 기술
- 기본 견제

(Q-W) Q(이동) → W(피해/둔화) 가장 기본적인 콤보다. Q로 맞추고 W로 터뜨려 천둥군주/난입 등을 발동시킨다. 마나 소모가 크니 확실할 때만 쓴다.

- 셀프 쉴드 딜교

Q(공격) → W(공격) → E(회수하며 피해/쉴드) → 평타 Q-W 후 E를 나에게 써서 구체를 회수하며 돌아오는 경로의 적을 긁고, 보호막으로 적의 반격을 씹는 이기적인 딜교환이다.

- 배달 콤보 (Ball Delivery)

E(진입하는 아군에게 부착) → R(충격파) → W(둔화) 말파이트, 자르반, 렝가 등 돌진하는 아군에게 공을 태워 보내 충격파를 맞추는 전술이다. 오리아나의 꽃이다.

- 숨기기 (Hiding the Ball)

구체를 지형(벽) 속에 넣어두면 적에게 보이지 않는다. 이를 이용해 기습적인 Q-R 이니시를 걸 수 있다.

단계별 게임 운영 전략

- 라인전 단계 (Lv 1~5)

패시브 평타가 강력하므로 평타와 Q로 지속적인 압박을 가한다. 갱킹에 취약하므로
와드를 철저히 하고, 라인을 너무 깊게 밀지 않는다. 난입을 들었다면 Q-W-평으로
터뜨리고 도망가는 식으로 딜교환한다.

- 중반 운영 (Lv 6 이후)

대천사가 완성되면 라인 클리어가 매우 빨라진다. 미드 라인을 밀고 시야가 없는 곳
에 구체를 숨겨두어 적을 위협한다. 소규모 교전 시 아군에게 E를 써서 지원하고, R
각을 본다.

- 팀 교전 (한타)

오리아나는 한타의 지휘자다. 직접 공을 던져(Q-R) 이니시를 걸 수도 있지만, 진입
하는 아군에게 공을 태워(E-R) 대박을 노리는 것이 더 안전하고 효과적이다. 충격파
가 빠진 후에는 Q와 W의 짧은 쿨타임을 이용해 지속 딜(DPS)을 넣는다.

마인드셋

킬보다 중요한 건 각도다 오리아나 플레이어는 '인내심'이 필요하다. 성급하게 궁극
기를 썼다가 충격파가 빗나가면 (공기팡) 한타는 패배한다. 구체의 위치를 항상 주시
하고, 적들이 방심하고 뭉치는 그 '찰나의 순간'을 포착하여 충격파로 강력한 딜과
진형파괴를 이뤄내며 게임을 끝내야 한다.

4) 빅토르 (Viktor)

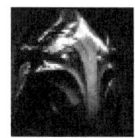

빅토르는 '기계의 전령(The Machine Herald)'이라는 이명답게, 감정을 배제한 듯한
냉철한 거리 조절과 압도적인 광역 화력을 뿜어내는 정통 메이지다. 패시브 '영광스러
운 진화'를 통해 스킬을 강화하며, 후반으로 갈수록 기하급수적으로 강해지는 왕귀형
(Hyper Carry) 챔피언의 표본이다.

사전 준비: 영광스러운 진화 (Setup)
빅토르 운영의 알파이자 오메가는 패시브 스택 관리다. 미니언 처치와 챔피언 킬/어시스트를 통해 '헥스 파편' 100개를 모을 때마다 스킬을 하나씩 진화시킨다. 따라서 초반에는 무리한 교전보다 CS 수급을 통한 확실한 성장이 최우선 과제다.

핵심 룬 빌드: 선제공격 vs 난입
성장 속도를 당기는 '선제공격'과 생존력을 극대화하는 '난입'으로 나뉜다.

[Case 1] 핵심 룬: 선제공격 (First Strike)
빅토르의 긴 사거리(E)를 활용해 골드를 뜯어내고 아이템/진화 타이밍을 앞당기는 가장 공격적인 빌드다. 상대가 사거리가 짧거나 무난한 파밍 구도일 때 선택한다.

고유 하위 룬 (영감 / Inspiration)
- 마법의 신발 (Magical Footwear)
  똥신 구매 비용을 아껴 코어 아이템을 빨리 뽑는다.

- 스킷 배달 (Biscuit Delivery)
  초반 약한 라인 유지력을 보완하고 최대 마나를 늘린다.

- 우주적 통찰력 (Cosmic Insight)
  점멸 쿨타임을 줄여 생존력을 높인다.

[Case 2] 핵심 룬: 난입 (Phase Rush) 적 정글러의 갱킹 위협이 크거나 브루저(전사)들이 많을 때 선택한다. Q-평-E 콤보로 난입을 터뜨려 이속을 확보, 생존과 카이팅을 도모한다.

고유 하위 룬 (마법 / Sorcery)
- 마나순환 팔찌 (Manaflow Band)
  메이지의 기본 소양인 마나 통 확보.

- 깨달음 (Transcendence)

스킬 가속을 확보해 스킬 회전율을 높인다.

- 주문 작열 (Scorch)
초반 라인전 견제에 힘을 싣는다.

[공통 하위 룬 (Common Sub Runes)]
메인 룬에 따라 마법 또는 영감을 보조로 든다. 핵심은 유지력과 스킬 가속이다.

능력치 파편
적응형 능력치 / 적응형 능력치 / 체력 (또는 성장 체력)

아이템 선택 가이드
마나, 쿨감, 주문력을 챙기며, 특히 '강화 평타(Q)'와의 시너지를 고려한다.

- 루덴의 동반자 (Luden's Companion)
1코어 고정이다. 라인 클리어 능력과 순간적인 폭딜, 마나 관리를 모두 해결해 준다.

- 리치베인 (Lich Bane)
Q 스킬(평타 강화) 메커니즘을 가진 빅토르에게 최고의 효율을 낸다. 타워 철거와 대인전 딜링 능력이 수직 상승한다.

- 라바돈의 죽음모자 (Rabadon's Deathcap)
진화가 끝난 빅토르의 주문력을 폭발시킨다. 3~4코어 타이밍에 올리면 E 스킬 한 방에 적 딜러 빈사 상태를 만든다.

- 존야의 모래시계 (Zhonya's Hourglass)
생존기 없는 빅토르의 보험이다. 암살자가 많으면 필수다.

- 공허의 지팡이 (Void Staff)
마법 저항력을 두른 적 탱커를 녹이기 위한 필수 관통 아이템.

스킬 메커니즘

빅토르 플레이의 핵심은 '진화 순서'와 '거리 조절'이다.

- 패시브: 영광스러운 진화 (Glorious Evolution)
파편 100개당 스킬 강화. 진화 순서는 E -> Q -> W가 절대적이다. E 진화 시 라인 클리어 능력이 완성되기 때문이다.

- Q: 힘의 흡수 (Siphon Power)
적에게 피해를 주고 보호막을 얻으며, 다음 평타가 강화된다. 진화 시: 보호막 양이 늘고 이동 속도가 대폭 증가한다. '치고 빠지기(Hit & Run)'의 핵심이다.

- W: 중력장 (Gravity Field)
지역을 장악하는 장판기다. 3스택이 쌓이면 기절시킨다. 진화 시: 스킬 적중 시 둔화 효과가 추가된다.

- E: 죽음의 광선 (Death Ray)
주력 딜링기이자 포킹기. 시작점과 끝점을 지정해 긋는다. 진화 시: 폭발이 뒤따르며 2단 히트한다. 이때부터 원거리 미니언이 한 방에 정리된다.

- R: 혼돈의 폭풍 (Chaos Storm)
지속 광역 딜링기. 시전 시 적의 채널링 스킬(정신 집중)을 끊는다(침묵 효과). 교전 내내 적을 따라다니며 딜을 넣는다.

필수 콤보 및 딜 교환 기술

- 기본 견제 (Q-평)
미니언을 먹으러 오는 적에게 Q를 쓰고 강화 평타를 때린다. 보호막 덕분에 이기적인 딜교환이 성립된다.

- 레이저 콤보 (Q-E-평)
Q의 모션 중에 E를 사용할 수 있다. Q(투사체 날아감) → E(긋음) → 평타(강화) 순으로 빠르게 우겨넣어 순간 폭딜을 낸다.

- 생존형 카이팅 (Q-Back)

들어오는 적에게 Q를 쓰고 이속 증가를 이용해 뒤로 빠지면서 E를 긋는다. 난입 룬과 시너지가 좋다.

- 풀 콤보 (R-W-Q-E)

R로 침묵을 걸어 반응을 못하게 하고 W를 깔아 퇴로를 차단한 뒤 Q-E와 평타를 쏟아붓는다.

단계별 게임 운영 전략

- 라인전 단계 (Lv 1~5)

빅토르의 가장 약한 시기다. 마나 소모가 심하니 E 스킬을 챔피언과 미니언을 동시에 맞추는 각도로만 쓴다. 딜교환 승리보다 CS를 하나도 놓치지 않고 헥스 파편을 모으는 것이 승리 플랜이다.

- 중반 운영 (E 진화 이후)

E 스킬 한 번에 라인이 지워진다. 라인을 빠르게 밀고 시야 장악 혹은 합류를 한다. 상대 미드가 라인을 받아먹을 때 먼저 움직여 수적 우위를 점한다.

- 팀 교전 (한타)

원딜 옆이나 뒤에서 포지션을 잡는다. E로 적의 체력을 갉아먹다가, 한타가 열리면 R과 W로 지역을 장악한다. 들어오는 브루저는 Q 진화의 이속 증가를 이용해 농락하며 카이팅한다.

마인드셋

기계적인 완벽함 빅토르 플레이어는 감정에 휘둘려선 안 된다. 화려한 변수 창출보다는 '실수 없는 파밍'과 '정확한 스킬 적중'이 중요하다. 기계처럼 정교하게 거리를 재고, 사거리가 긴 죽음의 광선 E스킬로 적의 체력을 소모시킨후 궁극기를 활용해 한타를 하면 쉽게 이길수 있다.

2. 폭딜형 미드 (Brust Mage)

1) 애니 (Annie)

애니는 리그 오브 레전드 역사상 가장 직관적이고 강력한 누커(Nuker)다. 복잡한 메커니즘 없이 단순한 스킬 구성으로 이루어져 있지만, '점멸-티버'라는 확정적인 광역 이니시에이팅 수단 하나만으로도 게임의 판도를 뒤집는다. 짧은 스킬 사거리 단점을 심리전과 순간 폭딜로 극복한다.

사전 준비: 패시브 스택 관리 (Setup)

애니 운영의 핵심은 패시브 '방화광'의 스택 관리다. 스킬을 4번 사용할 때마다 다음 공격 스킬이 적을 기절(Stun)시킨다. 적에게 스택 유무를 보여주며 압박하거나, 스택을 숨겼다가 기습적으로 기절을 거는 심리전이 필수적이다.

핵심 룬 빌드: 감전 vs 유성

폭발적인 딜링을 위한 '감전'과 라인전 견제를 위한 '유성'으로 나뉜다.

[Case 1] 핵심 룬: 감전 (Electrocute)

정석 빌드 애니의 아이덴티티인 '원콤(One-shot)'을 위한 빌드다. 평타와 스킬 콤보로 감전을 터뜨려 킬 캐치 능력을 극대화한다.

고유 하위 룬 (지배 / Domination)

- 비열한 한 방 (Cheap Shot)
  CC기(기절)가 확정적인 애니에게 추가 고정 피해를 제공한다.

- 사냥의 증표 (Eyeball Collection)
- 끈질긴 사냥꾼 (Relentless Hunter)
  기동성이 부족한 애니의 로밍과 합류 속도를 높여준다.

[Case 2] 핵심 룬: 신비로운 유성 (Arcane Comet)
견제 및 사거리 보완 사거리가 긴 메이지(오리아나, 신드라 등)를 상대로 감전을 터
뜨리기 어려울 때 선택한다. 긴 평타 사거리와 Q 스킬로 유성을 날려 체력을 깎아먹
는다.

고유 하위 룬 (마법 / Sorcery)
- 마나순환 팔찌 (Manaflow Band): 마나 유지력을 높인다.

- 절대 집중 (Absolute Focus)
이니시를 걸 때 체력이 가득 찬 상태인 경우가 많아 효율이 좋다.
- 주문 작열 (Scorch): 초반 견제력을 강화한다.

[공통 하위 룬] 어떤 룬을 들든 영감(마법의 신발, 우주적 통찰력)을 들어 점멸 쿨타
임을 줄이는 것이 핵심이다. 애니에게 점멸은 곧 킬이다.

아이템 선택 가이드
궁극기 쿨타임 감소와 마법 관통력에 집중한다.

- 악의 (Malignance)
1코어 핵심 아이템. 궁극기 쿨타임을 대폭 줄여주고, 티버가 비비는 장판에 마저 깎
기 효과를 부여해 시너지가 폭발적이다.

- 그림자불꽃 (Shadowflame)
체력이 낮은 적에게 치명타가 터진다. 한방에 적을 줄일 수 있는 딜을 완성시키는
아이템이다.

- 존야의 모래시계 (Zhonya's Hourglass)
적진 한가운데로 파고들어 이니시를 거는 애니의 생존을 책임진다.

- 라바돈의 죽음모자 (Rabadon's Deathcap)
후반 딜링의 핵심. 폭발적으로 주문력을 올려 티버 소환 데미지를 핵폭탄으로 만든다.

- 공허의 지팡이 (Void Staff)

스킬 메커니즘
단순하지만, 스킬 발동 속도와 판정을 정확히 알아야 한다.

- 패시브: 방화광 (Pyromania)
스킬 4회 시전 후 다음 공격 스킬에 기절 효과 부여. 핵심 테크닉: 3스택 상태에서
Q를 날리고, 투사체가 날아가는 도중 E를 쓰면 4스택이 되어 기절이 적용된다.

- Q: 붕괴 (Disintegrate)
타겟팅 스킬. 막타를 치면 마나를 돌려받고 쿨타임이 절반으로 줄어든다. 이 덕분에
애니는 CS 수급 난이도가 매우 낮다.

- W: 소각 (Incinerate)
부채꼴 광역 스킬. 즉발(Instant cast)이다. Q보다 발동 속도가 빨라, 급하게 기절을
걸어야 할 때는 W를 쓰는 것이 좋다.

- E: 용암 방패 (Molten Shield)
보호막을 얻고 이동 속도가 빨라진다. 공격한 적에게 반사 피해를 준다. 딜교환 시
평타 데미지를 씹거나, 이니시를 걸기 위한 접근용으로 쓴다.

- R: 소환: 티버 (Summon: Tibbers)
곰인형 티버를 소환하여 광역 피해를 준다. 소환된 티버는 주변 적을 태우고 평타를
때린다. 애니가 죽은 뒤에도 티버는 광폭화하여 적을 공격하므로 '동귀어진'이 가능
하다.

필수 콤보 및 딜 교환 기술
- 기본 딜교 (평-Q-평)
애니는 평타 사거리(625)가 매우 길다. 원딜보다 길다. 이를 이용해 평타로 쉴 새 없
이 괴롭히고 Q를 섞는다.

- 감전 콤보 (Q-W-평)

  스턴이 장전된 상태에서 Q로 기절시키고 W와 평타를 쳐 감전을 터뜨리고 뒤로 빠진다(E 사용).

- 3스택 기습 콤보 (Q-E)

  적은 애니의 스택바(흰색 게이지)를 보고 거리를 잰다. 3스택일 때 안심하는 적에게 Q를 날리고 비행 중에 E를 켜서 4스택 기절을 먹인다.

- 플래시 티버 (Flash-R-W-Q)

  애니의 존재 이유. 점멸로 거리를 좁힘과 동시에 R로 광역 기절을 걸고 나머지 스킬을 쏟아붓는다. 반응 불가 수준의 속도가 생명이다.

단계별 게임 운영 전략

- 라인전 단계 (Lv 1~5)

  평타 사거리를 이용해 상대를 견제한다. Q로 미니언 막타를 쳐 마나를 아끼며 안정적으로 6레벨을 찍는 것이 목표다. 상대가 들어오면 침착하게 스턴을 먹이고 딜교환한다.

- 중반 운영 (Lv 6 이후)

  킬각이 보이면 주저 없이 점멸-티버를 꽂는다. 미드 주도권을 바탕으로 바텀이나 탑으로 로밍을 가거나, 시야가 없는 부쉬에 숨어 암살을 노린다. 애니는 '부쉬 플레이'의 제왕이다.

- 팀 교전 (한타)

  정면보다는 측면이나 뒤를 잡는다(Flank). 적 딜러진이 뭉쳐있는 순간을 노려 점멸-티버로 이니시를 건다. 이니시 후에는 존야로 어그로를 핑퐁하거나, 뒤로 빠지며 쿨타임을 번다.

마인드셋

애니 플레이어에게 망설임은 독이다. 점멸이 있는 애니는 그 자체로 핵무기 버튼을 쥔 것과 같다. 상대 딜러가 사거리 안에 들어오는 순간, 기계적인 반사신경으로 R 버튼을 눌러라. 복잡한 설계보다 단순하고 강력한 한 방이 승리를 가져온다.

2) 애니비아 (Anivia)

애니비아는 '얼음불사조 (The Cryophoenix)'라는 이명처럼 전장에 거대한 눈보라와 벽을 생성하여 지형을 통제하는 하이퍼 컨트롤 메이지다. 궁극기로 라인을 순식간에 지워버려 수성 능력이 탁월하며, 잘 쓰인 결정화(벽) 한 번으로 적 진형을 붕괴시키는 역할을 수행한다.

사전 준비: 패시브 활용 (Setup)
애니비아는 패시브 '환생' 덕분에 알 상태로 부활할 수 있다. 이는 초반 라인전에서 상대방의 점화나 주요 스킬 쿨타임을 낭비시키는 용도로 활용된다.
하지만 알 상태에서는 방어력과 마법 저항력이 낮아지므로, 아군 정글러가 근처에 있거나 포탑 사거리 내에서만 배짱 플레이를 해야 한다.

핵심 룬 빌드: 감전
순간적인 딜 교환 능력과 킬 캐치를 위해 감전을 주로 사용한다.

[Case 1] 핵심 룬: 감전 (Electrocute)
애니비아는 Q-E-평타 콤보 혹은 R-W-Q-E 연계로 감전을 터뜨리기 쉽다.

고유 하위 룬 (지배 / Domination)
- 비열한 한 방 (Cheap Shot)
  CC기(기절, 둔화, 벽)가 풍부한 애니비아에게 추가 고정 피해를 제공한다.

- 사냥의 증표 (Eyeball Collection): 주문력을 확보한다.

- 끈질긴 사냥꾼 (Relentless Hunter): 기본 이동 속도가 매우 느린 애니비아의 기동성을 보완한다.

[공통 하위 룬]
마나 소모가 극심하므로 마나 관련 룬이 필수다.

고유 하위 룬 (정밀 / Precision)
- 침착 (Presence of Mind): 마나 유지력을 극대화한다.

- 최후의 일격 (Coup de Grace): 킬 결정력을 높인다.

아이템 선택 가이드
마나, 체력, 주문력을 동시에 챙기는 '대마법사' 빌드를 따른다.

- 영겁의 지팡이 (Rod of Ages)
1코어 필수 아이템. 체력, 마나, 주문력을 모두 올려주며 애니비아의 유지력과 왕귀 타이밍을 보장한다.

- 대천사의 포옹 (Archangel's Staff)
마나 소모가 심한 애니비아의 엔진과 같다. 완성 시 생기는 보호막은 생존력을 높여준다.

- 라바돈의 죽음모자 (Rabadon's Deathcap)
딜링 능력을 극대화하기 위해 3코어로 올린다.

- 존야의 모래시계 (Zhonya's Hourglass)
생존이 필요할 때 선택한다. 존야 사용 중에는 궁극 장판이 유지되므로 시너지가 좋다.

- 공허의 지팡이 (Void Staff): 마법 관통력을 확보한다.

스킬 메커니즘
애니비아 딜링의 핵심은 '동상' 효과 활용이다.

- 패시브: 환생 (Rebirth)
사망 시 알로 변해 일정 시간 후 부활한다.

- Q: 냉기 폭발 (Flash Frost)
거대한 얼음 덩어리를 날린다. 날아가는 도중 다시 누르면 그 자리에서 터지며 기절시킨다. 투사체 속도가 느리므로 예측샷이 필요하다.

- W: 결정화 (Crystallize)
지나갈 수 없는 얼음 벽을 생성한다. 적의 이동 경로를 차단하거나 적을 살짝 밀어내는(Displace) 판정을 이용해 채널링 스킬을 끊을 수 있다.

- E: 동상 (Frostbite)
타겟팅 공격 스킬. Q나 R로 인해 '서리' 효과가 묻은 적에게는 2배의 피해를 입힌다. 주력 딜링기다.

- R: 얼음 폭풍 (Glacial Storm)
지정한 위치에 눈보라를 소환하여 지속 피해와 둔화를 준다. 최대 크기에 도달하면 피해량이 증가하고 '서리' 효과를 갱신한다.

필수 콤보 및 딜 교환 기술
- 기본 딜교 (Q-E)
Q를 맞춰 기절시키고 E를 날려 2배 데미지를 입힌 뒤 평타로 감전을 터뜨리고 빠진다.

- 벽 콤보 (W-Q)
적의 퇴로에 W(벽)를 먼저 깔아 움직임을 제한한 뒤, 당황해서 무빙이 꼬인 적에게 Q를 확정적으로 맞춘다.

- 6레벨 풀 콤보 (R-W-Q-E)
R을 적 발밑에 깔아 둔화를 걸고, 빠져나가려는 경로에 W를 세운다. 갇힌 적에게 Q

를 맞추고 E로 마무리한다.

단계별 게임 운영 전략

- 라인전 단계 (Lv 1~5):
  평타 사거리(600)가 긴 편이므로 평타 견제를 적극적으로 한다. Q는 마나 소모가 크고 빗나갔을 때 리스크가 크므로 확실한 각이나 갱 호응용으로 아껴 쓴다. 6레벨 전까지는 라인 클리어가 느리므로 받아먹는 위주로 플레이한다.

- 중반 운영 (Lv 6 이후):
  R 스킬로 미니언 웨이브를 순식간에 지울 수 있다. 라인을 먼저 밀고 시야를 잡거나 오브젝트 싸움에 합류한다. 애니비아는 수성 능력이 뛰어나므로 불리한 상황에서도 타워를 끼고 버티며 후반을 도모할 수 있다.

- 팀 교전 (한타):
  좁은 길목(정글)에서 싸우는 것을 유도한다. R로 지역을 장악하여 적의 진입을 막고, W로 적 진형을 붕괴시킨다. 들어오는 브루저에게 Q를 맞춰 아군 원딜을 보호하거나, 적 딜러를 벽으로 고립시켜 잘라먹는다.

마인드셋

애니비아 플레이 시 점검해야 할 기술적 판단 기준은 다음과 같다. 단순히 수비적으로 받아치는 것에 그치지 않고, 적 딜러가 사거리 내에 들어오거나 좁은 길목에 위치했다면 아군의 호응을 기다리기보다 과감하게 벽(W)을 세워 퇴로를 끊고 진형을 갈라놓는 플레이가 필요하다.

- 벽 활용의 전략적 판단
  W(결정화)를 단순한 도주기나 추격기로만 사용해선 안 된다. 한타 발생 시 상대 앞라인(탱커)과 뒷라인(딜러) 사이를 벽으로 가로막아, 일시적으로 적 탱커를 고립시키고 딜 호응을 불가능하게 만드는 '전장 분단(Isolation)' 플레이가 애니비아 숙련도의 척도다.

- 패시브를 이용한 어그로 핑퐁

패시브(알)가 살아있고 아군 백업이 가능한 상황이라면, 일부러 적의 주요 스킬(궁극기 등)을 맞으며 앞에서 딜을 하다가 알 상태로 변해 스킬 쿨타임을 빼는 과감한 미끼 플레이가 가능하다.

- 궁극기 유지 판단
  R(얼음 폭풍)은 CC기를 맞으면 즉시 끊긴다. 적에게 카사딘의 Q나 초가스의 W 같은 침묵, 혹은 하드 CC기가 있다면 해당 스킬이 빠지기 전까지는 거리를 벌리거나 존야의 모래시계를 활용해 궁극기 장판을 유지하는 데 집중해야 한다.

3) 베이가 (Veigar)

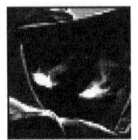

베이가는 '악의 작은 지배자 (The Tiny Master of Evil)'라는 이명처럼 무한히 증가하는 주문력을 바탕으로 후반 캐리력이 보장된 성장형 메이지다. '사건의 지평선'이라는 최상급 지역 장악 스킬을 보유하고 있어 한타 기여도가 매우 높으며, 후반에는 궁극기 단 한 방으로 적 딜러를 삭제시키는 누킹 능력을 보여준다.

사전 준비: 주문력 스택 관리 (Setup)
베이가 운영의 핵심은 패시브 '극악무도' 스택을 쌓는 것이다. 스킬로 적 챔피언을 맞추거나 Q 스킬로 미니언을 처치할 때마다 주문력이 영구적으로 1씩 증가한다.
초반에는 킬 욕심을 내기보다 Q 스킬로 미니언 막타를 칠 때, 두 마리를 동시에 처치하거나 미니언과 적 챔피언을 같이 맞추는 각을 보며 효율적으로 스택을 쌓는 것이 중요하다.

핵심 룬 빌드: 선제공격
성장 속도를 가속화하고 아이템 타이밍을 앞당기기 위해 선제공격을 주로 채택한다.

[Case 1] 핵심 룬: 선제공격 (First Strike)
사거리가 긴 베이가가 선공권을 가질 때 골드 수급과 스택 쌓기를 동시에 가속화할 수 있다. 영겁-대천사 빌드의 느린 템포를 보완해준다.

고유 하위 룬 (영감 / Inspiration)
- 마법의 신발 (Magical Footwear): 똥신 구매 비용을 아껴 코어 아이템 타이밍을 당긴다.

- 비스킷 배달 (Biscuit Delivery): 초반 라인 유지력과 마나를 보충한다.

- 우주적 통찰력 (Cosmic Insight): 점멸과 아이템 쿨타임을 줄여 생존력을 높인다.

공통 하위 룬
마나와 스킬 가속을 위해 마법 룬을 보조로 사용한다.

고유 하위 룬 (마법 / Sorcery)
- 마나순환 팔찌 (Manaflow Band): 대천사의 포옹 효과를 극대화하기 위해 마나 통을 늘린다.

- 깨달음 (Transcendence): 스킬 가속을 확보한다.

아이템 선택 가이드
체력과 마나를 기반으로 생존력을 챙기며 주문력을 극대화하는 '탱키 메이지' 빌드를 따른다.

- 영겁의 지팡이 (Rod of Ages): 1코어 필수 아이템. 체력, 마나, 주문력을 모두 올려주며 레벨 업 효과까지 있어 베이가의 왕귀 타이밍을 보장한다. 유지력이 핵심이다.

- 대천사의 포옹 (Archangel's Staff): 2코어 고정. 영겁의 지팡이와 시너지가 좋으며, 완성 시 생기는 '생명선' 보호막은 생존기가 없는 베이가를 암살자로부터 지켜준다.

- 라바돈의 죽음모자 (Rabadon's Deathcap): 3코어 타이밍에 올린다. 패시브로 쌓은 주문력에 라바돈 효과가 더해지면 주문력이 폭발적으로 상승한다.

- 존야의 모래시계 (Zhonya's Hourglass): 생존이 최우선이거나 적 AD가 강력할 때 올린다. 한타에서 어그로 핑퐁을 가능하게 한다.

- 공허의 지팡이 (Void Staff): 적이 마법 저항력을 두르기 시작하면 4~5코어로 구비한다.

스킬 메커니즘
스택 시스템과 '사건의 지평선'의 판정을 정확히 이해해야 한다.

- 패시브: 극악무도 (Phenomenal Evil Power)
  적 챔피언에게 스킬을 적중시키거나 처치 관여 시, Q로 미니언 처치 시 주문력이 영구 증가한다.

- Q: 사악한 일격 (Baleful Strike)
  전방으로 암흑 에너지를 발사한다. 처음 적중한 적 2명에게 피해를 준다. 2명 모두 처치하면 스택이 2개 쌓인다.

- W: 암흑 물질 (Dark Matter)
  지정 위치에 하늘에서 암흑 물질을 떨어뜨린다. 딜레이가 길지만 계수가 매우 높다. CC기에 걸린 적에게 연계하는 것이 기본이다.

- E: 사건의 지평선 (Event Horizon)
  3초 동안 유지되는 오각형 감옥을 생성한다. 가장자리에 닿는 적은 기절한다. 베이가의 존재 의의다.

- R: 태초의 폭발 (Primordial Burst)
  타겟팅 딜링기. 적의 잃은 체력에 비례하여 피해량이 증가한다. 체력이 33% 이하인 적에게 최대 피해가 들어간다.

필수 콤보 및 딜 교환 기술
- 가두기 콤보 (E-W-Q):

E로 적을 가두거나 기절시킨 뒤, 적의 예상 이동 경로 혹은 기절한 위치에 W를 떨어뜨리고 Q를 맞춘다. 가장 기본적인 콤보다.

- 궁극기 마무리 (Q-R):
이미 체력이 깎인 적에게 Q로 간을 보고, 킬 각(체력 33% 이하)이 나오면 R을 꽂아 마무리한다.

- 점멸 이니시 (Flash-E):
아군의 갱킹이 왔거나 확실한 잘라먹기 각일 때, 점멸을 쓰며 E를 깔아 즉발적으로 가둬버린다.

단계별 게임 운영 전략
- 라인전 단계 (Lv 1~5):
딜 교환보다는 파밍에 집중한다. 영겁의 지팡이를 빨리 뽑는 것이 목표다. Q로 미니언 2마리를 동시에 잡는 각을 계속 보며 스택을 쌓는다. 갱킹에 매우 취약하므로 E 스킬은 생존용으로 아껴두는 것이 좋다.

- 중반 운영 (Lv 6 이후):
영겁과 대천사가 나오는 시점부터 유지력이 좋아진다. 미드 라인을 받아먹으며 스택을 쌓고, 용이나 전령 싸움 등 오브젝트 한타 때 합류하여 E 스킬로 변수를 만든다.

- 팀 교전 (한타):
전방에 나서지 않고 원딜 근처에서 포지션을 잡는다. 들어오는 적 브루저나 암살자를 E로 차단하고, W와 Q로 지속 딜을 넣는다. 체력이 낮은 적 딜러가 보이면 R로 확실하게 끊어낸다.

마인드셋
베이가 플레이 시 점검해야 할 기술적 판단 기준은 다음과 같다. 베이가는 생존기가 전무한 뚜벅이 챔피언이다. 화려한 변수 창출보다는 철저한 거리 조절(Spacing)을 통해 생존을 최우선으로 하며, E(사건의 지평선)를 활용해 진입하는 적을 받아치거나 고립된 적을 가둬 잘라먹는 침착함이 승리의 열쇠다.

- 사건의 지평선 활용

E 스킬은 기절을 맞추는 것만큼이나 적을 안에 '가두는 것'도 중요하다. 무리하게 테두리를 맞추려다 빗맞히면 역관광을 당하기 쉽다. 확실하게 안에 가두어 3초간 딜로스를 유발하고, 상대의 점멸이나 이동기를 강요하는 지역 장악 용도로 사용하는 것이 안정적이다.

- 궁극기 사용 대상 선정

R(태초의 폭발)은 적의 '잃은 체력'에 비례한다. 풀 컨디션인 적에게 딜링 용도로 R을 사용하는 것은 비효율적이다. 아군의 포킹이나 교전으로 체력이 33% 이하로 떨어진 적을 확실하게 마무리(Execute)하여 머릿수를 줄이는 데 집중해야 한다.

- 스택과 합류의 균형

미니언 웨이브를 버리고 무리하게 합류하다가 성장 타이밍을 놓쳐선 안 된다. 하지만 대규모 교전이 일어날 때는 챔피언 스킬 적중 및 킬 관여로 얻는 스택(5스택)이 미니언 파밍보다 훨씬 크다는 점을 기억하고, 안전이 보장된 상황에서는 적극적으로 합류해야 한다.

4) 벡스 (Vex)

벡스는 (the Gloomist) 리그 오브 레전드 내에서 이동기가 많은 암살자와 브루저를 가장 확실하게 카운터치는 안티 캐리(Anti-Carry) 메이지다. 적이 돌진할 때마다 조건부 광역 공포(Fear)로 적의 진입을 차단한다. 궁극기의 쿨타임 초기화 메커니즘을 활용하여 한타에서 킬을 쓸어 담는 폭발적인 잠재력을 지녔다.

사전 준비: 패시브 게이지 관리 (Setup)

벡스 운영의 핵심은 패시브 파멸(Doom) 게이지 관리다. 시간이 지남에 따라 붉은색 게이지가 차오르며, 가득 찼을 때 기본 스킬을 사용하면 적을 공포 상태로 만든다. 라인전이나 대치 구도에서 무의미하게 Q나 E로 공포를 소모하지 않는 것이 중요하다. 갱킹 호응이나 킬 각을 볼 때 공포가 장전되어 있어야 한다.

핵심 룬 빌드: 감전
순간적인 폭딜로 적을 제압하는 감전이 가장 효율적이다.

[Case 1] 핵심 룬: 감전 (Electrocute)
벡스는 스킬 콤보가 빠르고 간결하여 감전을 터뜨리기 매우 쉽다.

고유 하위 룬 (지배 / Domination)
- 피의 맛 (Taste of Blood): 라인 유지력을 보완한다.
- 사냥의 증표 (Eyeball Collection): 주문력을 확보한다.

- 궁극의 사냥꾼 (Ultimate Hunter): 궁극기 의존도가 높은
  벡스에게 필수적이다.

[공통 하위 룬]
마나 소모가 심하고 쿨타임이 중요하므로 마법 룬을 보조로 사용한다.

고유 하위 룬 (마법 / Sorcery)
- 마나순환 팔찌 (Manaflow Band): 마나 통을 늘려 유지력을 높인다.
- 깨달음 (Transcendence): 스킬 가속을 챙긴다.

아이템 선택 가이드
폭딜(Burst)과 궁극기 진입 후의 생존을 모두 고려해야 한다.

- 루덴의 동반자 (Luden's Companion)
  1코어 고정 아이템. 라인 클리어와 순간 딜링 능력을 모두 챙길 수 있다.

- 존야의 모래시계 (Zhonya's Hourglass): 벡스는 궁극기로 적진에 파고드는 플레이
  를 해야 하므로 생존을 위해 2~3코어에 반드시 올려야 한다.

- 그림자불꽃 (Shadowflame)
  마법 관통력과 치명타 효과로 킬 캐치 능력을 극대화한다.

- 라바돈의 죽음모자 (Rabadon's Deathcap)
  주문력을 뻥튀기하여 후반 캐리력을 완성한다.

- 공허의 지팡이 (Void Staff)
  상대가 마법 저항력 아이템을 갖췄을 때 올린다.

스킬 메커니즘
패시브의 두 가지 효과(파멸, 우울)를 구분해서 이해해야 한다.

- 패시브: 파멸과 우울 (Doom 'n Gloom)
  파멸(빨간 게이지): 시간이 지나면 충전되며 다음 스킬에 공포가 묻는다.

- 우울(표식)
  이동기(돌진, 도약)를 쓴 적에게 표식이 남는다. 표식이 남은 적을 평타나 스킬로 때리면 추가 피해를 주고 파멸 쿨타임을 줄여준다.

- Q: 안개 화살 (Mistral Bolt)
  전방으로 파동을 날린다. 투사체 속도가 처음엔 느리다가 빨라진다. 주력 딜링기이자 라인 클리어 스킬이다.

- W: 거리 두고 (Personal Space)
  보호막을 얻으며 주변 적에게 피해를 준다. 즉발 광역 스킬이므로 적이 근접했을 때 공포를 거는 용도로 가장 확실하다.

- E: 어둠이 드리운다 (Looming Darkness)
  지정 위치로 그림자를 보내 피해를 주고 둔화를 건다. 사거리가 길어 원거리에서 공포를 걸어 이니시를 여는 용도로 쓴다.

- R: 그림자 파동 (Shadow Surge)
적중한 적에게 날아간다(재시전). 적을 처치하면 쿨타임이 초기화된다. 벡스의 꽃이다.

필수 콤보 및 딜 교환 기술
- 기본 공포 콤보 (E-Q-평):
E로 원거리에서 공포를 걸고, 움직임이 멈춘 적에게 Q와 평타를 확정적으로 맞춘다. 가장 기본적인 견제 패턴이다.

- 근접 대처 콤보 (W-평-Q):
암살자가 진입하면 즉발 W로 공포를 걸어 밀쳐내고 평타(우울 표식 터뜨리기)와 Q를 꽂아 역관광을 낸다.

- 궁극기 원콤 (R-R-W-Q-E):
R을 맞추고 날아간 뒤(R2), 도착하자마자 W로 공포를 걸어 적을 무력화시키고 Q와 E를 쏟아붓는다. 공포 게이지가 있을 때 들어가야 안전하다.

단계별 게임 운영 전략
- 라인전 단계 (Lv 1~5):
평타와 E-Q 콤보로 견제한다. 상대가 야스오, 이렐리아, 르블랑 같이 이동기를 쓴다면 패시브(우울) 표식을 평타로 계속 터뜨려 추가 데미지를 누적시킨다. 공포가 없을 때는 갱킹에 취약하므로 거리를 조절한다.

- 중반 운영 (Lv 6 이후):
궁극기를 배운 시점부터는 적극적인 로밍이 가능하다. 라인을 밀고 바텀이나 탑 교전에 R로 합류하여 킬을 쓸어담는다. 시야가 없는 곳에서 R을 날려 이니시를 걸 수 있다.

- 팀 교전 (한타):
본대와 함께 대치하며 E와 Q로 포킹을 하다가, 체력이 낮은 적이나 주요 딜러에게 R을 맞춰 진입한다. 킬 초기화를 이용해 R-W-평-R-W-평 리듬으로 전장을 휘젓는다.

마인드셋

벡스 플레이 시 점검해야 할 기술적 판단 기준은 다음과 같다.

- 공포 게이지 체크

궁극기로 진입하기 전, 반드시 패시브 게이지가 차 있는지(빨간색) 확인한다. 공포 없는 벡스의 진입은 자살 행위다.

- 진입 타이밍 계산

내가 먼저 들어가서 이니시를 걸어야 할 때와, 아군이 양념을 쳐놓은 것을 주워 먹어야 할 때(후진입)를 구분해야 한다. 상대에게 즉발 하드 CC가 많다면 존야가 나오기 전까진 후진입이 원칙이다.

- 표식 활용

한타 도중 적들이 이동기를 쓰면 머리 위에 표식이 뜬다. 당황하지 말고 침착하게 해당 적에게 평타나 스킬을 맞춰 쿨타임을 줄이고 추가 딜을 넣어야 한다.

3. 로밍형 미드

1) 트위스티드 페이트 (Twisted Fate)

트위스티드 페이트(이하 트페)는 '카드의 달인 (The Card Master)'이라는 이명처럼 협곡 전체를 자신의 보드게임판으로 만드는 로밍형 메이지다. 라인전에서의 무력보다는 확정 스턴(골드 카드)과 궁극기를 이용한 전 라인 개입 능력, 그리고 스펠 차이를 만들어내는 운영 능력이 곧 실력이다.

사전 준비: 카드 뽑기 (Pick a Card)

트페 운영의 기초는 W 스킬 '카드 뽑기'를 원하는 타이밍에 즉시 뽑는 피지컬과 판단력이다. 머리 위에 카드가 돌아가는 순서(파랑-빨강-노랑)는 일정하지만, 실전에서는 상황에 맞춰 본능적으로 골드(기절), 레드(광역/슬로우), 블루(마나)를 선택해야 한다.

라인전 단계에서는 블루 카드로 마나를 수급하며 라인을 유지하고, 갱 호응이나 로밍 시에는 골드 카드를 실수 없이 뽑는 것이 기본이다.

핵심 룬 빌드: 유성 vs 봉인 풀린 주문서
라인 주도권을 꽉 잡고 싶다면 '유성', 다양한 스펠로 변수를 창출하고 싶다면 '봉풀주'를 선택한다.

[Case 1] 핵심 룬: 신비로운 유성 (Arcane Comet)
사거리가 긴 Q와 레드 카드를 이용해 상대를 갉아먹고 라인을 미는 힘을 싣는다. 라인전이 중요한 현 메타에서 가장 무난하고 강력하다.

고유 하위 룬 (마법 / Sorcery)
- 마나순환 팔찌 (Manaflow Band): 마나 유지력.

- 절대 집중 (Absolute Focus)
  카드 한 방 딜과 라인 클리어 능력 강화.

- 주문 작열 (Scorch): 초반 견제력 강화.

[Case 2] 핵심 룬: 봉인 풀린 주문서 (Unsealed Spellbook)
순간이동(텔포)을 들어 복귀와 로밍을 챙기고, 이후 유체화(한타), 점화(킬각), 정화(CC 해제), 탈진(암살자 대처) 등으로 스펠을 바꿔가며 게임을 설계한다. 숙련자용 빌드다.

고유 하위 룬 (영감 / Inspiration)
- 마법의 신발 (Magical Footwear)
  이속이 중요한 트페에게 코어템 타이밍을 당겨준다.

- 비스킷 배달 / 삼중 물약: 유지력 보완 또는 스킬 포인트 이득.

- 우주적 통찰력 (Cosmic Insight)
  스펠 쿨타임 감소는 봉풀주 트페의 핵심이다.

아이템 선택 가이드

안정성과 유틸리티, 그리고 '리치베인'의 강화 평타 효율을 극대화한다.

- 영겁의 지팡이 (Rod of Ages): 1코어 필수. 트페의 부족한 체력과 마나를 채워주며 안정적인 성장을 돕는다.

- 리치베인 (Lich Bane): 2코어 핵심. W 스킬(평타 판정)과 시너지가 폭발적이다. 타워 철거와 암살 능력이 생긴다.

- 고속 연사포 (Rapid Firecannon): 3코어 타이밍에 올린다. 골드 카드의 사거리를 늘려 이니시에이팅을 가능하게 한다. 트페의 존재감을 바꾸는 아이템이다.

- 존야의 모래시계 (Zhonya's Hourglass): 어그로 핑퐁이 필요하거나, 궁극기 진입 후 생존을 위해 선택한다.

스킬 메커니즘
- 패시브: 사기 주사위 (Loaded Dice)
  유닛 처치 시 1~6골드를 추가로 얻는다. 트페가 반반 파밍만 가도 골드 차이를 벌리는 원동력이다.

- Q: 와일드 카드 (Wild Cards)
  전방 세 갈래로 카드를 던진다. 라인 클리어와 원거리 견제 주력기다.

- W: 카드 뽑기 (Pick a Card)
  블루: 가장 강한 단일 피해 + 마나 회복.
  레드: 광역 피해 + 둔화. 라인 클리어용.
  골드: 피해 + 기절. (트페의 상징)

- E: 속임수 덱 (Stacked Deck)
  4번째 평타마다 추가 피해. 공격 속도가 증가한다. 딜교환 시 스택을 확인해야 한다.

- R: 운명 (Destiny)

  적 전체의 위치를 드러내고(절대 시야), 1.5초 후 지정 위치로 순간이동한다.

필수 콤보 및 딜 교환 기술

- 기본 딜교 (골카-Q-평)

  W로 골드 카드를 뽑아 던지면서 동시에 Q를 날리고 평타(E스택)를 섞어 천둥군주(감전)나 유성을 터뜨리고 빠진다.

- 라인 클리어 (레드-Q)

  원거리 미니언에 레드 카드를 던져 광역 데미지를 주고 Q로 긁어 한 번에 정리한다.

- 궁극기 암살 (R-W-Q)

  R을 켜고 날아가는 도중 W를 골라(비행 중 선택 가능) 도착하자마자 골드 카드를 꽂고 Q와 리치베인 평타를 넣는다.

단계별 게임 운영 전략

- 라인전 단계 (Lv 1~5)

  솔로 킬보다는 CS 수급과 마나 관리에 집중한다. 상대가 라인을 밀지 못하게 레드 카드로 맞대응하며 6레벨을 준비한다. 갱 호응이 좋으므로 정글러를 호출해 점멸 골드 카드로 킬을 만든다.

- 중반 운영 (Lv 6 이후)

  미드 라인을 빠르게 밀고 시야에서 사라진다(미아). 트페가 안 보이는 것만으로도 상대 바텀과 탑은 압박을 받는다. 실제로 궁극기를 타지 않더라도 무빙으로 심리전을 건다.

- 팀 교전 (한타)

  고속 연사포가 나왔다면 긴 사거리의 골드 카드로 과감하게 이니시를 건다. 이후 쿨타임마다 골드 카드를 돌리며 적 딜러를 묶거나 들어오는 적을 저지한다.

마인드셋

트페 플레이 시 점검해야 할 기술적 판단 기준은 다음과 같다. 단순히 미드 라인에 서서 파밍만 하는 것이 아니라, 6레벨 이후에는 의도적으로 시야에서 사라져(Mia) 상대 바텀과 탑 라이너에게 '언제든 트페가 날아올 수 있다'는 심리적 압박을 주고 소극적인 플레이를 강요해야 한다.

- 카메라 컨트롤
F1~F5 키나 미니맵 클릭을 통해 아군 상황을 수시로 확인한다. 내가 라인을 먹는 시간 보다 미니맵을 보는 시간이 더 길어야 한다.

- 골드 카드의 인내심
교전 중 W를 켜고 바로 던지지 않는다. 머리 위에서 카드가 돌아가는 동안 상대는 심리적 압박을 받아 무빙이 제한되거나 존야/스펠을 낭비할 수 있다. 골드 카드를 들고 있는 그 자체로 지역 장악이 된다.

- 스펠 활용
봉풀주를 들었다면 스펠 쿨타임을 놀리지 마라. 6분 대에 유체화로 바꿔 로밍 성공률을 높이거나, 중요 한타 전에 탈진/정화로 바꿔 생존을 도모하는 등, 스펠 교체 자체가 하나의 '궁극기'라고 생각하고 설계해야 한다.

2) 탈리야 (Taliyah)

탈리야는 '바위술사 (The Stoneweaver)'라는 이명처럼 지형을 생성하고 타고 넘으며 전장을 넓게 쓰는 로밍형 메이지다. 빠른 라인 클리어와 기동성을 바탕으로 타 라인에 개입하고 WE 스킬 연계 스턴으로 게임 템포를 지배한다.

사전 준비: 다져진 땅 (Worked Ground)
탈리야 운영의 핵심은 Q 스킬 사용 시 생성되는 '다져진 땅' 활용이다.

핵심 룬: 난입 (Phase Rush)
Q-E-평타 등으로 난입을 터뜨려 이속을 확보, 적의 추격을 뿌리치거나 거리를 유지하

며 딜을 넣는다.

고유 하위 룬 (마법 / Sorcery)
- 마나순환 팔찌: 대천사의 포옹 효율을 높이고 마나를 확보한다.
- 깨달음: 스킬 가속.

- 주문 작열: 초반 라인전 견제력 보완.

보조 룬 (영감 / Inspiration)
- 비스킷 배달: 라인 유지력.

- 우주적 통찰력: 점멸 쿨타임 감소는 생존에 필수적이다.

아이템 선택 가이드
대천사-라일라이-리안드리로 이어지는 '유틸형 지속 딜러' 빌드가 핵심이다.

- 대천사의 포옹 (Archangel's Staff)
  필수 고정. 여신의 눈물을 빠르게 올려 마나 문제를 해결하고, 완성 시 생기는 보호막
  으로 암살자나 브루저의 진입을 한 턴 버텨낸다.

- 라일라이의 수정홀 (Rylai's Crystal Scepter)
  가격이 싸고 체력과 주문력을 챙겨준다. Q 한 대만 스쳐도 슬로우가 묻어, 탈리야의
  W-E 콤보 적중률과 카이팅 능력을 비약적으로 상승시킨다.

- 리안드리의 고통 (Liandry's Torment)
  탱커가 많은 현 메타에서 체력 비례 데미지는 필수다. 라일라이와 시너지가 좋다.

스킬 메커니즘
- Q: 파편 난사
  주력 딜링기. 무빙하며 쏠 수 있다.

- W: 지각변동

적을 지정 방향으로 튕겨낸다. E 장판 쪽으로 밀어넣는 것이 핵심.

- E: 대지의 파동

바위밭을 깐다. 적이 돌진기를 쓰거나 W로 밀려나면 바위가 터지며 기절한다.

- R: 바위술사의 벽

벽을 타고 이동한다. 로밍, 퇴로 차단, 오브젝트 둥지 봉쇄 등 활용도가 무궁무진하다.

필수 콤보 및 딜 교환 기술

- 국민 콤보 (W-E)

W로 적을 띄움과 동시에 E를 깔아, 적이 밀려나면서 E 장판 위로 떨어지게 한다.

- 카이팅 (Q-난입-무빙)

Q를 맞추고 난입이 터지면 증가한 이속으로 적의 스킬을 피하며 일방적으로 때린다.

- 벽 콤보 (R-내리기)

로밍 시 적의 뒤쪽 퇴로를 막게 벽을 치고, 적 근처에서 내려(클릭) W-E로 마무리한다.

단계별 게임 운영 전략

- 라인전(1~6lv)

1레벨부터 Q로 라인을 밀고 시야를 잡는다. 딜교환 욕심보다는 안정적인 반반 파밍 후 여눈 스택을 쌓으며 대천사를 띄우는 것이 목표다.

- 중반 (6~12lv)

대천사가 나오면 라인 클리어가 매우 빠르다. 라인을 지우고 R을 활용해 적극적으로 사이드 라인에 개입한다. 벽으로 적을 고립시켜 짤라먹는 플레이를 주도한다.

- 한타(운영)

원딜 옆에서 Q로 지속 딜을 넣으며 들어오는 적에게 E-W를 쓴다. 무리해서 딜러를 물기보다 앞라인부터 라일라이 슬로우와 리안드리로 녹이는 플레이가 유효하다.

마인드셋

탈리야 플레이 시 점검해야 할 기술적 판단 기준은 다음과 같다. 단순히 들어오는 적을 받아치는 것에 만족하지 말고, 드래곤이나 바론 대치 상황에서 먼저 궁극기로 적의 뒤를 막거나 진형을 갈라버려 적 딜러를 고립시키고 강제로 한타를 여는 설계자가 되어야 한다.

- W(지각변동)의 신중함

W는 유일한 생존기이자 변수 창출기다. 확실한 CC 연계 상황이 아니라면 아껴두었다가, 적이 나를 물러 들어올 때 밀쳐내는 용도로 쓰는 것이 생존율을 높인다.

- 지뢰밭 설계

E는 단순 딜링기가 아니라 '진입 억제기'다. 르블랑, 사일러스 등 이동기가 있는 적 앞에 E를 깔아두면 그들은 들어오다가 폭사한다.

- 궁극기 벽 해제

R을 잘못 쳐서 아군의 길을 막았다면 즉시 R을 다시 눌러 벽을 허물어야 한다. 이 판단 속도가 트롤과 장인을 가른다.

3) 판테온 (Pantheon)

판테온은 '불굴의 창 (The Unbreakable Spear)'이라는 이명처럼 초중반 소규모 교전에서 압도적인 강함을 보이는 AD 캐스터이자 암살자다. 미드 판테온은 근접 암살자(야스오, 요네, 제드 등)를 카운터치는 픽으로 유효하며, 궁극기를 활용한 전 라인 영향력이 핵심이다.

사전 준비: 패시브 스택 관리 (Setup)

판테온 운영의 핵심은 패시브 '필멸자의 의지' 5스택 관리다. 스킬이나 평타를 5번 쓰면 다음 스킬이 강화된다.

강화 Q(추가 피해+슬로우), 강화 W(평타 3회), 강화 E(이속 증가)를 상황에 맞춰 골라

쓰는 판단이 필요하다. 일반적으로 딜교환 시에는 3~4스택을 유지하다가 W로 진입하여 바로 강화 효과를 터뜨리는 것이 좋다.

핵심 룬 빌드: 정복자 vs 집중 공격

지속 싸움과 2:2 교전 능력을 보고 싶다면 '정복자', 순간 폭딜로 상대를 녹여야 한다면 '집중 공격'을 선택한다. 최근 한국 서버 상위권 지표는 정복자가 우세하다.

[Case 1] 핵심 룬: 정복자 (Conqueror)

강화 W(평타 3회 판정) -〉 평타 -〉 Q 연계로 순식간에 정복자 스택을 쌓을 수 있다. 교전 시간이 길어질수록 강력하며, 후반 유통기한을 늦춰주는 가장 밸런스 좋은 룬이다.

고유 하위 룬 (정밀 / Precision)

- 침착: 마나 유지력.
- 전설: 가속: 스킬 쿨타임 감소.
- 최후의 저항: 낮은 체력 상태에서 역관광 능력 극대화.

[Case 2] 핵심 룬: 집중 공격 (Press the Attack)

강화 W 한 번에 집공이 즉시 터진다. 상대가 몸이 약한 챔피언(빅토르, 신드라 등)이거나 초반에 라인전을 박살내야 할 때 사용한다.
고유 하위 룬은 정복자와 동일하게 가져간다.

아이템 선택 가이드

- 월식 (Eclipse)
  고정 필수. 강화 W 한 방에 월식의 보호막과 추가 피해가 터진다. 이기적인 딜교환의 핵심이다.

- 칠흑의 양날 도끼 (Black Cleaver)
  강화 W(3타) 한 번에 블클 스택 3개가 쌓이며, 평-Q 연계로 순식간에 적의 방어력을 30% 깎아버린다. 정복자와 시너지가 좋으며 팀 기여도와 개인 딜링 모두 챙기는 최고의 아이템이다.

- 갈라진 하늘 (Sundered Sky)

  유지력 필요하면 갈라진 하늘로 한타에서 오래 버틸수 있다.

스킬 메커니즘
- Q: 혜성의 창

  주력 딜링기. 체력 20% 이하 적에게 치명타가 터진다. (짧게 눌러 사용)

- W: 방호의 도약

  타겟팅 기절. 강화 W 사용 시 평타 3대 판정.

- E: 방패 돌격: 전방 무적. 포탑 다이브와 생존의 핵심.

- R: 거대 유성: 글로벌 합류기.

필수 콤보 및 딜 교환 기술
- 국민 원콤 (강화 W-평-Q-E)

  5스택 상태에서 W-평타-Q(치명타)-E(마무리 및 후퇴). 정복자 스택이 가득 차며 강력한 딜이 들어간다.

- 스택 쌓기 콤보 (3/4스택 W)

  3~4스택에서 W로 들어가 평타를 치면 바로 5스택이 된다. 이후 강화 Q를 꽂아넣는다.

단계별 게임 운영 전략
- 라인전(1~5lv)

  1레벨 Q 짤짤이로 피를 깎다가, 2레벨에 강화 W를 찍고 킬각을 본다. 상대가 CS를 먹으러 올 때 강화 W-평-Q만 박고 빠져도 반피가 나간다.

- 중반: 6레벨 이후에는 라인을 빠르게 밀고 시야에서 사라진다. 바텀이나 탑 교전이 일어나면 주저 없이 R로 합류한다. 내가 킬을 못 먹더라도 어시스트와 라인 개입으로 게임을 터뜨려야 한다.

- 한타(운영)

정면 진입보다는 궁극기로 적의 뒤나 옆을 잡는 것이 좋다. 적 딜러를 W로 물어 삭제하거나, E로 적의 주요 스킬(궁극기 등)을 빼주며 어그로를 끈다.

마인드셋

판테온 플레이 시 점검해야 할 기술적 판단 기준은 다음과 같다. 라인전에서 솔로 킬을 따는 것에만 집착하지 말고, 상대 미드가 보이지 않거나 아군 정글이 교전을 열었을 때 라인을 버리고서라도 가장 먼저 합류하여 확정 CC기(W)로 상대 핵심 딜러를 무력화시키거나 먼저 들어가 스턴을 걸고 E스킬로 빠져나오는 역할을 수행해야 한다.

- 타겟팅 CC의 가치

판테온의 W는 롤에서 몇 안 되는 즉발 타겟팅 스턴이다. 화려하게 무빙하는 이렐리아, 야스오, 르블랑 같은 챔피언을 억제할 수 있는 최고의 수단이므로, 교전 시 날뛰는 적 에이스를 마크하는 역할을 수행해야 한다.

- 방패 활용의 기술

E(방패 돌격)를 단순히 딜 넣는 용도로 낭비하면 안 된다. 상대의 가장 강력한 스킬(ex: 신드라 궁, 제드 궁) 타이밍에 맞춰 사용하여 데미지를 '0'으로 만드는 것이 숙련도의 척도다.

- 궁극기 위치 선정

R(거대 유성)은 적 머리 위로 떨어지는 것보다, 적이 도망가는 경로(퇴로)에 사용하여 쌈싸먹는 구도를 만드는 것이 적중률과 효율이 훨씬 높다.

4. 배틀 메이지형 미드

1) 블라디미르 (Vladimir)

블라디미르는 '진홍빛 사신 (The Crimson Reaper)'이라는 이명처럼, 피를 매개로 적

의 생명력을 흡수하고 자신의 생존력으로 치환하는 전투형 마법사(Battle Mage)다. 초반에는 다소 유약하나, 시간이 흐를수록 기하급수적으로 강해지는 왕귀형 챔피언의 대표 주자이며, 표적 제어가 불가능한 생존기를 통해 적진 한복판을 휘젓는 전장의 지배자다.

사전 준비: 핏빛 계약의 이해 (Crimson Pact)

블라디미르 운영의 핵심은 기본 지속 효과인 '핏빛 계약'을 이해하고 활용하는 것이다. 그는 주문력을 올리면 추가로 체력이 증가하고, 체력이 올라가면 주문력이 증가하는 독보적인 메커니즘을 보유하고 있다.

마나 자원이 없으므로 스킬 쿨타임이 돌 때마다 사용하여 체력을 회복하고 유지력을 높여야 한다. 라인전 단계에서는 무리한 킬 시도보다는 '수혈'을 통해 딜교환과 체력을 최상의 상태로 유지하며, 미니언을 하나도 놓치지 않고 성장하여 코어 아이템을 앞당기는 것이 최우선 과제다.

핵심 룬 빌드: 난입 vs 정복자

기동성을 극대화하여 적을 농락하려면 '난입', 지속적인 전투에서 유지력을 극대화하려면 '정복자'를 선택한다.

[Case 1] 핵심 룬: 난입 (Phase Rush)

현재 블라디미르의 가장 보편적이고 강력한 선택지다. 기술 3회 적중 시 이동 속도가 폭발적으로 증가하여, 짧은 사거리를 극복하고 적 딜러에게 빠르게 접근하거나 위험 상황에서 유유히 빠져나올 수 있다.

고유 하위 룬 (마법 / Sorcery)

- 빛의 망토 (Nimbus Cloak)
  소환사 주문 사용 시 이동 속도를 높여 진입 능력을 강화한다.

- 깨달음 (Transcendence)
  기술 가속을 확보하여 스킬 회전율을 높인다.

- 폭풍의 결집 (Gathering Storm): 후반 캐리력을 완성한다.

보조 룬 (영감 / Inspiration)
- 마법의 신발 (Magical Footwear), 우주적 통찰력 (Cosmic Insight)

[Case 2] 핵심 룬: 정복자 (Conqueror)
상대 조합이 단단한 탱커 위주이거나, 블라디미르가 지속적으로 비비며 싸울 수 있는 근접 챔피언 위주 일 때 선택한다. 전투가 길어질수록 주문력과 흡혈량이 증가하여 불사신의 면모를 보여준다.

고유 하위 룬 (정밀 / Precision)
- 승전보 (Triumph): 교전 승리 시 체력 회복으로 생존력을 높인다.
- 전설: 가속 (Legend: Haste): 기술 가속을 확보한다.
- 최후의 저항 (Last Stand): 체력이 낮아질수록 더 강력한 피해를 입힌다.

보조 룬 (마법 / Sorcery)
- 깨달음 (Transcendence), 폭풍의 결집 (Gathering Storm)

아이템 선택 가이드
이동 속도와 기술 가속, 그리고 주문력을 동시에 챙기는 아이템 트리가 정석이다.

- 지평선의 초점(Horizon Focus)
주문력 125에 스킬가속 25, 가격도 2750원으로 저렴하고 하위템도 딜로스 아예 없는 편이다.

- 라바돈의 죽음모자 (Rabadon's Deathcap)
패시브 효율을 극대화하여 주문력과 체력을 동시에 폭발적으로 늘려준다. 블라디미르의 전성기를 여는 열쇠다.
균열 생성기 (Riftmaker): 지속 싸움과 유지력이 필요할 때 선택한다. 정복자 룬과 시너지가 좋다.

- 우주의 추진력 (Cosmic Drive)
주문력, 체력, 기술 가속, 이동 속도까지 블라디미르에게 필요한 모든 능력치를 제공한다. 이 아이템이 나오면 카이팅과 추격 능력이 완성된다.

- 균열 생성기 (Riftmaker)
지속 싸움과 유지력이 필요할 때 선택한다. 정복자 룬과 시너지가 좋다.

- 존야의 모래시계 (Zhonya's Hourglass)
적진 깊숙이 파고든 후 한 턴을 버티며 어그로를 흡수하기 위해 선택한다.

스킬 메커니즘
- 패시브: 핏빛 계약 (Crimson Pact)
주문력 1당 추가 체력을, 추가 체력당 주문력을 얻는다. (서로 중첩되지 않음)

- Q: 수혈 (Transfusion)
대상의 체력을 훔쳐 피해를 입히고 자신의 체력을 회복한다. 두 번 사용 후 세 번째 사용 시 '핏빛 격노' 상태가 되어 피해량과 회복량이 대폭 증가한다.

- W: 피의 웅덩이 (Sanguine Pool)
2초 동안 웅덩이로 변해 대상으로 지정할 수 없는 상태가 된다. 웅덩이 위의 적에게 둔화와 지속 피해를 입히며 체력을 회복한다.

- E: 선혈의 파도 (Tides of Blood)
체력을 희생해 피를 모으고, 방출하여 주변 적에게 피해를 입힌다. 충전 시간에 비례해 피해량과 둔화율이 증가한다. 미니언에 막힐 수 있으므로 각도 조절이 중요하다.

- R: 혈사병 (Hemoplague)
지정한 지역을 감염시켜 적이 받는 모든 피해를 증가시킨다. 잠시 후 감염된 적에게 피해를 입히고, 적중한 챔피언 수에 비례해 블라디미르의 체력을 회복한다.

필수 콤보 및 교전 기술
- 강화 Q 견제 (평-강화 Q)
게이지가 찼을 때 앞무빙을 쳐서 평타와 강화된 Q를 꽂아넣는다. 라인전 딜 교환의 기본이다.

- 선혈의 파도 연계 (E-점멸-E 방출-Q-R)

E를 충전(Hold)한 상태에서도 점멸 사용이 가능하다. E를 끝까지 모으며 점멸로 진입해 터뜨리고 Q와 궁극기를 쏟아붓는 기습 콤보다.

- 한타 파괴 콤보 (R-E-W)

궁극기를 다수에게 맞춘 뒤 E를 충전하며 W(웅덩이)로 들어간다. 웅덩이 상태에서도 E 충전과 폭발이 가능하다. 안전하게 광역 피해를 입히고 빠져나오는 기술이다.

단계별 게임 운영 전략

- 라인전 단계 (Lv 1~5)

초반 쿨타임이 길어 약한 구간이다. '수혈'로 미니언 막타를 챙기고 체력을 유지하는 데 집중한다. 강화 Q 타이밍에만 소극적으로 견제를 시도하고, 갱킹에 취약하므로 '피의 웅덩이'는 생존용으로 아껴둔다.

- 중반 운영 (Lv 9 이후)

Q 스킬 레벨이 5가 되면 쿨타임이 매우 짧아진다. '우주의 추진력'이 나온 시점부터 적극적으로 사이드 라인을 밀고 합류한다. 적 딜러가 보이면 유체화를 켜고 달려들어 킬 각을 본다.

- 팀 교전 (한타)

후방에 머무르지 않는다. 점멸이나 유체화를 활용해 적의 측면이나 후방으로 파고든다. 궁극기를 최대한 많은 적(특히 딜러)에게 적중시켜 받는 피해 증폭 효과를 걸고, E와 강화 Q로 적 딜러를 삭제한 뒤 웅덩이나 존야로 어그로를 뺀다.

마인드셋

블라디미르 플레이 시 점검해야 할 기술적 판단 기준은 다음과 같다. 단순히 후방에서 체력만 채우는 흡혈귀가 되지 말고, 본인의 체력을 자원으로 삼아 적진을 초토화시키는 파괴자가 되어야 한다.

- 피의 웅덩이의 공격적 활용

피의 웅덩이는 단순한 도주 기술이 아니다. 적의 가장 강력한 군중 제어기나 핵심 기술이 날아오는 순간을 포착하여 W로 무효화하고, 역공의 발판을 마련하는 무적의 반격기임을 명심해야 한다.

- 혈사병의 가치 판단
  혈사병은 아끼는 기술이 아니다. 교전이 시작되자마자 과감하게 사용하여 적들이 받는 피해를 증폭시키고, 폭발하는 순간 대량의 체력을 회복하여 죽음의 문턱에서 살아 돌아오는 불사신의 변수를 창출해야 한다.

- 능동적인 진입 설계
  블라디미르는 뚜벅이라는 단점이 있지만, 폭발적인 속도로 이를 극복할 수 있다. 아군이 싸움을 걸어주길 기다리지 말고, 유체화와 점멸이 준비되었다면 과감하게 적 딜러진의 측면을 파고들어 진형을 붕괴시키고 강제로 한타를 여는 결단력이 필요하다.

2) 카시오페아 (Cassiopeia)

카시오페아는 '독사의 포옹 (The Serpent's Embrace)'이라는 이명처럼, 독을 주입하여 적을 서서히 죽음에 이르게 하거나 순간적인 석화로 숨통을 끊어버리는 지속 화력형 마법사(DPS Mage)다. 원거리 딜러에 버금가는 지속 공격 능력을 갖추고 있으며, 신발을 구매할 수 없는 대신 6번째 아이템을 갖출 수 있어 후반 성장 잠재력이 게임내 최상위권에 위치한다.

사전 준비: 독사의 우아함 (Setup)
카시오페아 운영의 가장 큰 특징은 기본 지속 효과로 인해 '장화(Boots)' 아이템을 구매할 수 없다는 점이다. 레벨에 비례하여 이동 속도가 자동으로 증가한다.
초반에는 기동성이 다소 떨어질 수 있으나, 아이템 칸 하나를 장화 대신 강력한 코어 아이템으로 채울 수 있다는 점은 후반으로 갈수록 압도적인 화력 차이를 만드는 원동력이 된다. 따라서 초반 라인전에서는 Q 기술의 이동 속도 증가 효과를 적극 활용하여 기동성 열세를 극복해야 한다.

핵심 룬 빌드: 정복자 vs 난입

지속 교전에서의 파괴력과 회복을 원하면 '정복자', 생존과 카이팅(Kiting) 능력을 극대화하려면 '난입'을 선택한다.

[Case 1] 핵심 룬: 정복자 (Conqueror)

카시오페아의 표준이자 가장 강력한 선택지다. E 기술의 난사를 통해 정복자 중첩을 순식간에 쌓을 수 있으며, 중첩이 쌓인 상태에서의 주문력 증가와 체력 회복 효과는 1:1 맞대결과 한타 유지력을 최상으로 끌어올린다.

고유 하위 룬 (정밀 / Precision):

- 침착 (Presence of Mind): 마나 소모가 극심한 카시오페아에게 필수적이다.

- 전설: 가속 (Legend: Haste): 기술 가속을 확보하여 스킬 회전율을 높인다.
- 최후의 저항 (Last Stand)
  근접 교전이 잦은 특성상 효율이 좋다.

보조 룬 (마법 / Sorcery)

- 마나순환 팔찌 (Manaflow Band)
- 깨달음 (Transcendence)

[Case 2] 핵심 룬: 난입 (Phase Rush)

상대 조합이 돌진기가 많거나(올라프, 트린다미어 등), 거리를 벌리며 싸워야 하는 매치업(빅토르, 오리아나)일 때 선택한다. Q-E-E 등으로 룬을 발동시켜 빠른 속도로 적의 논타겟 스킬을 피하고 일방적인 딜 교환을 수행한다.

고유 하위 룬 (마법 / Sorcery)

- 마나순환 팔찌 (Manaflow Band): 마나 유지력 확보.
- 깨달음 (Transcendence): 기술 가속 확보.
- 주문 작열 (Scorch): 초반 라인전 견제력 강화.

보조 룬 (정밀 / Precision)
- 침착 (Presence of Mind)
- 전설: 가속 (Legend: Haste)

아이템 선택 가이드
마나, 주문력, 그리고 생존력을 동시에 챙기는 아이템 구성이 필수적이다.

- 영겁의 지팡이 (Lord of Age)
길게 교전을 하는 카시오페아에게 체력과 마나를 올려주고 스킬 사용 시 체력을 회복시켜주기에 찰떡인 아이템이다.

- 대천사의 포옹 (Archangel's Staff)
1코어 필수 아이템. 마나 문제를 해결하고 '대천사의 포옹'으로 업그레이드 시 생존 보호막을 제공한다. 카시오페아의 생명줄과 같다.

- 라일라이의 수정홀 (Rylai's Crystal Scepter)
스킬 적중 시 적을 둔화시킨다. 적을 느리게 만들어 Q 기술 적중률을 높이고, 독이 묻은 적을 끝까지 추격하여 E 기술을 꽂아넣는 카이팅의 핵심이다.

스킬 메커니즘
- 패시브: 독사의 우아함 (Serpentine Grace)
레벨에 따라 이동 속도가 증가하며, 장화를 구매할 수 없다.

- Q: 맹독 폭발 (Noxious Blast)
지정 위치에 독을 폭발시켜 피해를 입힌다. 적중 시 이동 속도가 증가한다. 이 기술을 맞춰야 E 기술의 효율이 나온다.

- W: 독기의 늪 (Miasma)
독구름을 내뿜어 적에게 둔화와 고정(Grounding) 효과를 건다. 고정된 적은 점멸이나 이동기를 사용할 수 없다.

- E: 쌍독니 (Twin Fang)

대상에게 피해를 입힌다. 중독된 대상에게 사용하면 추가 피해를 입히고 자신의 체력을 회복한다. 처치 시 소모한 마나를 돌려받는다.

- R: 석화의 응시 (Petrifying Gaze)

전방의 적들을 마비시킨다. 카시오페아를 마주 본 적은 기절(석화)하고, 등을 돌린 적은 둔화된다.

필수 콤보 및 교전 기술

- 기본 교전 (Q-E-E-E)

Q를 적중시켜 중독 상태로 만들고 이동 속도 증가 효과를 얻은 뒤, 쫓아가며 E를 계속 던진다. 독이 끝나기 전에 다시 Q를 맞춰 중독을 유지하는 것이 핵심이다.

- 점멸 석화 (R-점멸)

R 시전 동작 중에 점멸을 사용하여 궁극기 발사 위치와 범위를 순간적으로 조정한다. 적이 반응할 수 없는 타이밍에 광역 기절을 거는 필살기다.

- 늪지대 연계 (W-Q-E)

적의 진입 경로에 W를 깔아 이동기를 봉인하고, 느려진 적에게 Q를 확정적으로 맞춘 뒤 화력을 쏟아붓는다.

단계별 게임 운영 전략

- 라인전 단계 (Lv 1~5)

마나 관리가 생명이다. E 기술로 미니언을 처치해 마나를 환급받으며 성장에 집중한다. Q 기술은 확실히 맞출 수 있을 때만 사용하여 마나 낭비를 줄인다. 갱킹 호응 시에는 W로 적의 도주로(점멸 사용 불가)를 차단한다.

- 중반 운영 (Lv 6 이후)

'대천사의 포옹'과 '라일라이의 수정홀'이 나오면 전성기다. 소규모 교전에서 W로 진형을 붕괴시키고, 들어오는 적에게 지속 화력을 투사한다. 오브젝트 사냥 속도가 매우 빠르므로 적극적으로 바론이나 드래곤을 시도한다.

- 팀 교전 (한타)

원거리 딜러처럼 위치를 잡고 앞라인부터 E로 녹여낸다. 적 암살자가 들어오면 궁극기로 받아치거나, 기습적인 R-점멸로 적 딜러진을 한 번에 석화시켜 게임을 끝낸다.

마인드셋

카시오페아 플레이 시 점검해야 할 기술적 판단 기준은 다음과 같다. 단순히 기술을 난사하는 것을 넘어, 적의 이동을 원천 봉쇄하는 전략적인 설계와 결정적인 순간에 몸을 던져 판을 뒤집는 과감함이 필요하다.

- 독기의 늪 활용의 정교함

독기의 늪은 게임 내에서 가장 강력한 군중 제어기 중 하나인 '고정' 효과를 부여한다. 이동기에 의존하는 적 챔피언이 진입하거나 도주하려는 경로에 정확히 이 기술을 깔아두면, 그들은 독 안에 갇힌 쥐가 되어 무력하게 산화할 수밖에 없다.

- 석화의 응시의 무게감

석화의 응시는 방어용이자 공격용이다. 적이 나를 물러 들어올 때 받아치는 용도로 쓰는 것이 가장 안정적이지만, 적 딜러진이 뭉쳐 있고 아군이 호응할 수 있는 상황이라면 과감하게 점멸과 연계하여 선제공격을 가하는 결단력이 전황을 뒤집는다.

- 사냥꾼의 인내심 (독 적중의 중요성)

맹독 폭발을 맞추지 못한 상태에서 쌍독니를 사용하는 것은 마나를 땅에 버리는 행위다. 적의 움직임을 예측하여 신중하게 독을 적중시키고, 중독된 사냥감이 쓰러질 때까지 집요하게 물어뜯는 냉철한 추격자가 되어야 한다.

3) 라이즈 (Ryze)

라이즈는 '룬 마법사 (The Rune Mage)'라는 이명처럼 룬의 힘을 개방하여 순식간에 화력을 쏟아붓는 속사형 마법사(Battle Mage)다. 짧은 사거리라는 단점이 있지만, 스킬

난사를 통한 폭발적인 이동 속도와 확정 군중 제어기, 그리고 공간을 비트는 궁극기로 협곡 전체에 영향력을 행사하는 대장군형 챔피언이다.

사전 준비: 룬 충전과 과부하 (Set up)

라이즈 운영의 핵심은 Q 기술인 '과부하'의 룬 충전 메커니즘을 이해하는 것이다. W나 E 기술을 사용하면 룬이 충전되며, 룬이 2개 모인 상태에서 Q를 사용하면 이동 속도가 폭발적으로 증가한다.

과거와 달리 Q 기술 자체에 보호막은 없으므로, 이 이동 속도를 활용해 적의 논타겟 스킬을 피하고 일방적으로 공격하는 '카이팅(Kiting)' 능력이 생존의 열쇠다. 라인전 단계에서는 마나 관리가 생명이므로 '여신의 눈물'을 빠르게 확보하고, E-E-Q 연계로 미니언을 정리하며 성장을 도모해야 한다.

핵심 룬 빌드: 난입 vs 정복자

기동성을 바탕으로 한 생존과 카이팅을 원하면 '난입', 지속적인 전투에서 유지력을 극대화하려면 '정복자'를 선택한다.

[Case 1] 핵심 룬: 난입 (Phase Rush)

라이즈의 교복과도 같은 가장 보편적인 선택이다. 기술 3회 적중 시 이동 속도가 급격히 증가하고 둔화 저항을 얻는다. 뚜벅이인 라이즈가 적 딜러에게 빠르게 접근하거나 갱킹 위협에서 벗어날 수 있게 해주는 생명줄이다.

고유 하위 룬 (마법 / Sorcery)

- 마나순환 팔찌 (Manaflow Band)
  마나 비례 피해를 입히는 라이즈에게 필수 불가결하다.

- 깨달음 (Transcendence)
  기술 가속을 확보하여 스킬 난사를 돕는다.

- 폭풍의 결집 (Gathering Storm): 후반 캐리력을 보장한다.

보조 룬 (영감 / Inspiration)

- 마법의 신발 (Magical Footwear)
- 우주적 통찰력 (Cosmic Insight)

[Case 2] 핵심 룬: 정복자 (Conqueror)

상대 조합이 단단한 탱커 위주이거나, 사거리가 짧은 근접 챔피언들이 많아 지속적인 긴 교전이 예상될 때 선택한다. 스킬 콤보 한 사이클에 정복자 중첩을 빠르게 쌓을 수 있으며, 전투가 길어질수록 주문력과 회복량이 증가하여 전사(Bruiser)와 같은 유지력을 보여준다.

고유 하위 룬 (정밀 / Precision)

- 침착 (Presence of Mind)
  마나 회복을 통해 지속 교전 능력을 높인다.
- 가속 (Legend: Haste): 기술 가속을 확보한다.
- 최후의 저항 (Last Stand)
  낮은 체력에서 역전할 가능성을 높인다.

보조 룬 (마법 / Sorcery)

- 마나순환 팔찌 (Manaflow Band)
- 깨달음 (Transcendence)

아이템 선택 가이드

마나와 주문력, 그리고 생존력을 동시에 챙기는 '대장군' 빌드를 구성한다.

- 영겁의 지팡이 (Rod of Ages)
  1코어 핵심 아이템. 체력, 마나, 주문력을 모두 제공하며 레벨 업까지 시켜준다. 왕귀형 챔피언인 라이즈의 체급을 담당한다.
- 대천사의 포옹 (Archangel's Staff)
  2코어 필수 아이템. 라이즈의 화력과 생존을 책임진다. 완성 시 얻는 '생명선' 효과(보호막)는 과거 룬 감옥 보호막의 부재를 완벽하게 채워준다.

- 라바돈의 죽음모자 (Rabadon's Deathcap): 3코어 추천. 패시브 효율을 극대화하여 주

문력을 폭발적으로 늘려준다.

존야의 모래시계 (Zhonya's Hourglass): 적진 한복판에서 어그로를 한 턴 받아내거나 생존하기 위해 선택한다.

스킬 메커니즘

- 패시브: 비전 연마 (Arcane Mastery)

  주문력에 비례해 최대 마나가 증가하고, 최대 마나에 비례해 기술 피해량이 증가한다.

- Q: 과부하 (Overload)

  지정 방향으로 에너지를 발사한다. W나 E 사용 시 재사용 대기시간이 초기화되며 룬이 충전된다. 룬 2개 충전 후 사용 시 이동 속도가 증가한다. (보호막은 없다)

- W: 룬 감옥 (Rune Prison)

  적을 둔화시킨다. 전이 표식(E)이 남은 적에게 사용하면 속박시킨다.

- E: 주문 전이 (Spell Flux)

  적에게 표식을 남긴다. 표식이 있는 적에게 기술을 사용하면 추가 효과(Q 확산, W 속박, E 광역 전이)가 발동한다.

- R: 공간 왜곡 (Realm Warp)

  아군과 함께 먼 거리를 순간이동한다. 기본 지속 효과로 Q의 과부하 피해량을 증가시킨다.

필수 콤보 및 교전 기술

- 기본 딜 교환 (Q-E-Q-W-Q)

  가장 강력한 단일 대상 콤보다. Q를 맞추고 E-Q로 쿨타임을 돌린 뒤 W-Q로 마무리한다. 틈이 거의 없는 속사포 연계다.

- 확정 갱 호응 (E-W-Q)

  E를 먼저 묻히고 W를 사용하여 적을 속박시킨 뒤 Q를 맞춘다. 아군 정글러가 올 때 가장 확실한 호응 방법이다.

- 도주 및 카이팅 (E-W-Q)

룬 2개를 충전(E, W)한 뒤 Q를 사용하여 이동 속도 증가 효과를 얻고 빠르게 도망가거나 거리를 벌린다. 난입까지 터지면 추격이 불가능하다.

단계별 게임 운영 전략

- 라인전 단계 (Lv 1~5)

마나가 매우 부족한 구간이다. E-E-Q 확산 콤보로 미니언을 정리하며 마나순환 팔찌를 채우는 데 집중한다. 갱킹에 취약하므로 라인을 너무 깊게 밀지 말고, 영겁의 지팡이 하위 아이템인 '카탈리스트'가 나올 때까지 버틴다.

- 중반 운영 (Lv 11 이후)

궁극기 2레벨이 찍히면 사거리가 비약적으로 늘어난다. 사이드 라인을 빠르게 밀고 본대에 합류하거나, 적의 퇴로를 차단하는 '공간 왜곡'으로 이니시에이팅을 시도한다. 대천사의 포옹이 완성되면 1:1 교전도 강력해진다.

- 팀 교전 (한타)

원거리 딜러 옆에서 들어오는 적 앞라인부터 E-Q 확산 딜로 녹여낸다. 적들이 뭉쳐 있을 때 E-E-Q를 사용하면 광역 폭딜이 들어간다. 적 딜러가 노출되면 점멸-E-W-Q로 묶고 삭제한다.

마인드셋

라이즈 플레이 시 점검해야 할 기술적 판단 기준은 다음과 같다. 단순히 공격로에서 미니언만 사냥하는 것에 그치지 말고, 공간 왜곡을 활용해 수적 우위를 점하거나 적의 허를 찌르는 합류로 협곡 전체를 설계하는 지휘관이 되어야 한다.

- 공간 왜곡의 과감함 (능동적 합류)

궁극기는 단순한 이동기가 아니다. 아군이 교전을 시작하려 할 때 적의 도주로를 미리 차단하거나, 불리한 교전에서 아군을 태우고 탈출하는 전략적 무기다. 화면을 넓게 보고 교전이 발생하면 즉시 공간을 열어 합류하는 결단력이 필요하다.

- 룬 감옥의 무게감 (확정 속박)

전이 표식이 묻지 않은 룬 감옥은 단순한 둔화 기술일 뿐이다. 급박한 상황이 아니라면 반드시 주문 전이를 먼저 적중시킨 후 룬 감옥을 연계하여 적을 제 자리에 묶어두어야 한다. 이 1.5초의 속박이 암살자의 진입을 차단하고 킬을 만들어낸다.

- 과부하의 유연성 (딜링 대 생존)

무조건 최대 피해량을 넣는 콤보만 고집해서는 안 된다. 적이 나를 물러 들어오거나 거리를 벌려야 할 때는 피해량을 포기하더라도 룬 2개를 충전한 후 과부하를 사용하여 이동 속도를 확보하는 것이 우선이다. 살아남아야 딜을 할 수 있다.

4) 스웨인 (Swain)

스웨인은 '녹서스의 대장군 (The Noxian Grand General)'이라는 이명처럼 전장의 최전선에서 적의 생명력을 흡수하며 지휘하는 전투형 마법사(Battle Mage)다. 까마귀 떼를 부려 적의 정보를 장악하고, 악마의 형상으로 변신하여 다수의 적을 동시에 상대하는 압도적인 교전 유지력을 자랑한다.

사전 준비: 굶주린 새떼의 수집 (Ravenous Flock)

스웨인 운영의 핵심은 기본 지속 효과인 '굶주린 새떼'를 통한 무한한 성장이다. 적 챔피언이 사망하거나 E, W 기술에 적중당해 '영혼 조각'을 뜯길 때마다 스웨인의 최대 체력이 영구적으로 증가하고 체력을 회복한다.

라인전 단계에서는 E 기술을 신중하게 사용하여 영혼을 수집하고, W 기술로 타 라인에 개입하여 어시스트와 영혼을 동시에 챙기는 운영이 필요하다. 이 영혼 조각이 쌓여야 중후반의 스웨인은 죽지 않는 불사신이 된다.

핵심 룬 빌드: 정복자 vs 난입

지속적인 전투에서 유지력을 극대화하려면 '정복자', 기동성을 확보하여 적을 추격하거나 거리를 조절하려면 '난입'을 선택한다.

[Case 1] 핵심 룬: 정복자 (Conqueror)

스웨인의 가장 보편적이고 강력한 선택지다. 궁극기를 켜고 적진에서 비비며 싸우는 스웨인은 정복자 중첩을 유지하기 매우 쉽다. 중첩이 쌓였을 때의 주문력 증가와 체력 회복 효과는 스웨인의 탱킹 능력을 한 차원 높여준다.

고유 하위 룬 (정밀 / Precision)

- 침착 (Presence of Mind)
  마나 소모가 극심한 스웨인에게 필수적이다.

- 전설: 가속 (Legend: Haste)
  기술 가속을 확보하여 스킬 회전율을 높인다.

- 최후의 저항 (Last Stand)
  궁극기로 버티며 역전하는 그림을 만든다.

보조 룬 (결의 / Resolve)

사전 준비 (Conditioning), 과잉성장 (Overgrowth)

아이템 선택 가이드

체력과 주문력, 그리고 지속 피해(Burn) 효과를 동시에 챙기는 아이템 구성이 정석이다.

- 어둠불꽃 횃불 (Blackfire Torch): 1코어 핵심 아이템. 라인 정리 능력과 지속 교전 능력을 모두 챙길 수 있다.

- 라일라이의 수정홀 (Rylai's Crystal Scepter): 2코어 필수 아이템. 궁극기와 Q 기술에 둔화가 묻어난다. 적이 궁극기 범위 밖으로 나가지 못하게 붙잡아두는 스웨인의 핵심 아이템이다.

- 리안드리의 고통 (Liandry's Torment): 3코어 추천. 체력 비례 피해를 입혀 탱커를 녹이고 전투 지속력을 높인다. 스웨인의 딜링 메커니즘과 완벽한 시너지를 낸다.

- 존야의 모래시계 (Zhonya's Hourglass): 적진 한복판에서 어그로를 끈 뒤 생존하기 위해 선택한다. 궁극기가 켜진 상태로 사용하면 피해는 계속 입히면서 무적 상태가 된다.

스킬 메커니즘

- 패시브: 굶주린 새떼 (Ravenous Flock)
  영혼 조각을 수집할 때마다 최대 체력이 영구적으로 증가하고 체력을 회복한다.

- Q: 죽음의 손길 (Death's Hand)
  전방으로 번개를 방출한다. 적에게 가까이서 맞출수록 더 많은 번개 줄기가 적중하여 피해량이 증가한다. (주력 딜링기)

- W: 제국의 눈 (Vision of Empire) 먼 거리에 악마의 눈을 소환하여 폭발시킨다. 적중 시 피해를 입히고 둔화를 걸며 영혼 조각을 획득하고 시야를 밝힌다.

- E: 속박명령 (Nevermove)
  파동을 발사하여 돌아올 때 적중한 적을 속박(Root)시킨다. 속박된 적을 우클릭하거나 E를 다시 사용하여 끌어당길 수 있다.

- R: 악의 승천 (Demonic Ascension)
  악마로 변신하여 주변 적의 체력을 흡수한다. '악의 에너지'를 소모하여 변신을 유지하며, 에너지가 모두 소모되면 변신이 풀린다. R을 다시 사용하면 악의 불길 (Demonflare)을 내뿜어 광역 피해를 입히고 둔화를 건다.

필수 콤보 및 교전 기술

- 기본 포획 (E-W-평-Q)
  E로 적을 속박시킨 뒤, 적이 끌려올 위치에 W를 미리 깔아둔다. 이후 패시브로 끌어당겨(E 재사용) W를 확정적으로 맞추고 평타와 Q로 마무리한다.

- 궁극기 연계 (R-유체화-존야)
  적진에 진입하여 R을 켜고 유체화로 적 딜러에게 붙는다. 집중 포화를 맞으면 존야를 사용하여 무적 상태로 버틴다. 이때 궁극기 흡혈은 계속되므로 체력을 회복하며 역관광을 노린다.

- 장거리 지원 (W 예측)
아군 정글러가 교전 중이거나 타 라인에서 싸움이 났을 때, 미니맵을 보고 적의 도주로에 W를 사용하여 지원한다. 어시스트와 영혼을 챙기는 꿀팁이다.

단계별 게임 운영 전략
- 라인전 단계 (Lv 1~5)
평타 사거리가 긴 편이므로 평타와 Q로 견제한다. E 기술은 미니언을 통과하므로 미니언 뒤에 숨은 적을 노려 속박시킨다. W는 쿨타임이 길므로 마나 관리를 위해 확실한 연계나 시야 확보용으로만 사용한다.

- 중반 운영 (Lv 6 이후)
'라일라이의 수정홀'이 나오면 스웨인의 전성기다. 용 싸움이나 전령 싸움에서 궁극기를 켜고 앞라인에 서서 적의 진형을 붕괴시킨다. W로 적 정글 시야를 수시로 체크하여 변수를 차단한다.

- 팀 교전 (한타)
적이 뭉쳐 있는 곳으로 파고들어 궁극기를 켠다. 라일라이 효과로 적 전체에 둔화를 걸고, E로 적 딜러를 묶어 아군이 공격하기 좋게 판을 깐다. 체력이 위험하면 존야나 궁극기 2타(악의 불길)로 생존과 폭딜을 동시에 챙긴다.

마인드셋
스웨인 플레이 시 점검해야 할 기술적 판단 기준은 다음과 같다. 단순히 앞에서 맞는 고기방패가 아니라, 적의 정보를 장악하고 전장의 구도를 설계하는 녹서스의 지략가가 되어야 한다.

- 속박명령의 인내심 (끌어당기기)
속박된 적을 무조건 즉시 끌어당기는 것은 하수의 플레이라. 적이 점멸이나 이동기가 있는지 확인하고, 아군의 논타겟 기술(예: 징크스의 덫, 브랜드의 기둥)이 깔리는 것을 보고 그 위로 끌어당기는 '박자 쪼개기'가 킬을 만든다.

- 제국의 눈을 통한 통제

제국의 눈은 단순한 딜링기가 아니다. 적 정글러가 칼날부리를 먹고 있는지, 드래곤을 치고 있는지 확인하는 정찰기이자, 도망가는 적의 퇴로를 차단하여 움직임을 강제하는 통제 수단이다. 쿨타임마다 맵 전체를 둘러보며 영향력을 행사해야 한다.

- 악의 승천의 유지력 계산

궁극기는 무한하지 않다. 주변에 흡혈할 대상(챔피언)이 없으면 악의 에너지가 빠르게 고갈되어 변신이 풀린다. 적 챔피언이 없는 허공에서 궁극기를 낭비하지 말고, 확실하게 적진에 파고들 수 있는 거리와 타이밍을 계산하여 진입해야 한다.

제3장　원딜러 포지션

1. 평타 기반 원거리 딜러

1) 징크스 (Jinx)

징크스는 '난폭한 말괄량이 (The Loose Cannon)'라는 이명처럼 전장을 혼란에 빠뜨리며, 적을 처치할 때마다 폭발적인 이동 속도와 공격 속도를 얻어 적진을 휩쓰는 원거리 딜러다. 사거리를 자유자재로 조절하는 무기 변환 능력과 광역 피해를 통해 후반으로 갈수록 막을 수 없는 화력을 뿜어내는 하이퍼 캐리의 정석이다.

사전 준비: 신난다! 활용 (Set up)
징크스 운영의 핵심은 기본 지속 효과인 '신난다!'를 발동시켜 교전의 흐름을 가져오는 것이다. 챔피언 처치 관여, 포탑 파괴, 에픽 몬스터 처치 시 이동 속도와 공격 속도가 대폭 증가하며 공격 속도 제한을 초과할 수 있게 된다.
라인전이나 한타 단계에서 빈사 상태의 적이나 포탑을 빠르게 파괴하여 패시브를 터뜨린 뒤, 증가한 기동성을 바탕으로 적의 논타겟 스킬을 회피하며 일방적인 화력을 투사하는 것이 징크스 플레이의 본질이다.

핵심 룬 빌드: 기민한 발놀림 vs 집중 공격
안정적인 유지력과 카이팅을 원하면 '기민한 발놀림', 라인전 단계에서의 교전 능력과 순간 화력을 원하면 '집중 공격'을 선택한다.

[Case 1] 핵심 룬: 기민한 발놀림 (Fleet Footwork)
가장 보편적이고 안정적인 선택지다. 이동 시 충전되는 에너지를 통해 체력을 회복하고 이동 속도를 얻는다. 생존기가 없는 징크스에게 라인 유지력과 순간적인 거리 조절 능력을 제공하여 성장의 발판을 마련해준다.

고유 하위 룬 (정밀 / Precision)
- 침착 (Presence of Mind): 로켓 폼 사용 시 소모되는 마나를 충당한다.
- 전설: 핏빛 길 (Legend: Bloodline)
  생명력 흡수를 확보하여 후반 생존력을 높인다.
- 최후의 일격 (Coup de Grace): 적을 처치하여 패시브를 발동시키기 용이하게 한다.
  보조 룬 (마법 / Sorcery)
- 절대 집중 (Absolute Focus)
- 폭풍의 결집 (Gathering Storm)

[Case 2] 핵심 룬: 집중 공격 (Press the Attack)

상대 바텀 조합이 사거리가 짧거나, 아군 서포터가 공격적인 성향(그랩류, 딜포터)일 때 선택한다. 3타 적중 시 추가 피해와 약점 노출 효과를 통해 라인전 킬각을 날카롭게 만들고 스노우볼을 빠르게 굴릴 수 있다.

고유 하위 룬: 기민한 발놀림과 동일하게 구성한다.

보조 룬 (지배 / Domination)
- 피의 맛 (Taste of Blood)
- 보물 사냥꾼 (Treasure Hunter)

아이템 선택 가이드

치명타 확률 100%를 목표로 하며, 공격 속도와 사거리를 동시에 챙기는 아이템 구성이 정석이다.

- 크라켄 학살자 (Kraken Slayer): 1코어 핵심 아이템. 3타마다 추가 피해를 입히며, 공격 속도가 중요한 징크스에게 초반부터 강력한 지속 화력을 제공한다.

- 무한의 대검 (Infinity Edge): 2코어 필수 아이템. 치명타 피해량을 증폭시킨다. 징크스의 로켓 런처 광역 치명타와 맞물려 파괴적인 화력을 보장한다.

- 루난의 허리케인 (Runaan's Hurricane): 3코어 핵심 아이템. 로켓 런처 폼일 때 발사되는 추가 탄환에도 폭발 피해가 적용되어, 한타 시 적 전체를 초토화시킨다.

- 고속 연사포 (Rapid Firecannon): 사거리를 일시적으로 늘려준다. 로켓 폼과 결합하면 매우 긴 거리에서 안전하게 적을 타격하거나 포탑을 공략할 수 있다.

- 도미닉 경의 인사 (Lord Dominik's Regards): 적의 방어력을 관통하기 위해 후반에 반드시 구비해야 한다.

스킬 메커니즘
패시브 - 신난다! (Get Excited!): 적 챔피언, 포탑, 억제기, 에픽 몬스터 처치 관여 시 이동 속도와 공격 속도가 폭발적으로 증가한다.

- Q: 휘릭휘릭! (Switcheroo!): 무기를 변환한다. 미니건은 공격 속도가 증가하고, 로켓 런처는 사거리가 증가하며 광역 피해를 입히지만 마나를 소모한다.

- W: 빠직! (Zap!): 일직선으로 전기 충격파를 발사하여 피해를 입히고 적을 둔화시키며 위치를 드러낸다.

- E: 와작와작 뻥! (Flame Chompers!): 지뢰 3개를 설치한다. 밟은 적은 속박(Root)되며 피해를 입는다.

- R: 초강력 초토화 로켓! (Super Mega Death Rocket!): 맵 끝까지 날아가는 로켓을 발사한다. 잃은 체력 비례 피해를 입혀 도주하는 적을 마무리하는 데 특화되어 있다.

필수 콤보 및 교전 기술
- 무기 변환 기술 (Q 활용): 단일 대상을 공격하거나 타워를 철거할 때는 미니건을 사용하여 공격 속도 이득을 보고, 적이 뭉쳐 있거나 거리를 벌려야 할 때는 로켓 런처로 전환하여 사거리 우위를 점한다. 이 판단이 징크스 실력의 척도다.

- 군중 제어 연계 (CC-E): 아군의 기절이나 속박 기술이 적중했을 때, 적의 발밑에 즉시

E를 설치하여 군중 제어 시간을 연장한다. 가장 확실한 킬 캐치 방법이다.

- 서서 쏴 마무리 (W-R): W로 적을 둔화시킨 뒤, 적의 무빙이 제한된 틈을 타 궁극기를 발사하여 적중률을 높인다.

단계별 게임 운영 전략
- 라인전 단계 (Lv 1~5): 로켓 런처의 긴 사거리를 이용해 적이 미니언을 먹으려 할 때 한 대씩 때려준다. 미니건 스택을 유지하며 라인을 밀고, 상대가 포탑 아래에서 CS를 먹게 만들어 압박한다. 갱킹에 취약하므로 와동 설치를 철저히 한다.

- 중반 운영 (Lv 6 이후): 궁극기를 배웠다면 타 라인의 교전 상황을 수시로 확인하여 장 거리 지원 사격을 한다. 1차 포탑을 파괴했다면 중앙 공격로(Mid)로 이동하여 서포터와 함께 라인을 밀고 오브젝트 시야를 장악하며 성장을 가속화한다.

- 팀 교전 (한타): 최후방에서 로켓 런처로 광역 피해를 입히다가, 적의 핵심 스킬이 빠지 거나 아군의 군중 제어기가 들어갔을 때 딜을 집중한다. 패시브가 터지는 순간 과감하 게 앞무빙을 치며 잔당을 소탕한다.

마인드셋
징크스 플레이 시 점검해야 할 기술적 판단 기준은 다음과 같다. 단순히 신난다고 달려 들지 말고, 무기의 특성을 정확히 이해하여 상황에 맞는 최적의 화력을 투사하는 냉철 한 폭주 기관차가 되어야 한다.

- 무기 변환의 최적화 (유연한 태세 전환)
가까이 붙은 적에게 로켓을 쏘는 것은 스스로 공격 속도를 깎아먹는 자살행위다. 근접한 적이나 단일 목표물에는 기관총을 사용하여 초당 피해량을 극대화하고, 적 사거리 밖 으로 도망치거나 다수가 뭉쳐 있을 때만 로켓을 사용하는 유연한 태세 전환이 필요하다.

- 덫 설계의 정교함 (공격적 변수 창출)
와작와작 뻥은 단순한 생존기가 아니다. 적 암살자의 진입 경로에 미리 깔아두어 접근 을 차단하거나, 순간이동을 타고 오는 적의 위치, 존야의 모래시계가 풀리는 타이밍에 정확히 깔아 확정 속박을 거는 공격적인 덫 설계가 변수를 만든다.

- 초강력 로켓의 마무리 본능 (확실한 처형)

궁극기는 전투 개시용이 아니다. 적의 체력이 낮을수록 피해량이 증가하는 잃은 체력 비례 피해 특성을 이해해야 한다. 교전 초기에는 일반 공격으로 적의 체력을 깎고, 적이 도주하거나 실낱같은 체력으로 버틸 때 마무리 일격으로 사용하여 확실하게 처치하고 패시브를 발동시켜야 한다.

2) 아펠리오스 (Aphelios)

아펠리오스는 '신념의 무기 (The Weapon of the Faithful)'라는 이명처럼 다섯 가지 무기를 순환하며 상황에 맞는 최적의 화력을 투사하는 원거리 딜러. 조작 난이도가 매우 높지만, 무기 조합에 따라 암살, 장거리 저격, 광역 폭격, 지속 딜링이 모두 가능한 '만능형 하이퍼 캐리'의 정점에 서 있다.

사전 준비: 무기 관리와 순서 (Set up)

아펠리오스 운영의 핵심은 무작위로 주어지는 무기를 정해진 순서대로 소모하여 최상의 조합을 만드는 것이다. 게임 시작 시 주어지는 절단검(Severum)과 만월총(Calibrum)을 시작으로, 특정 무기를 먼저 소모하여 사이클을 정립해야 한다.

가장 이상적인 국민 콤보 순서(소모 순서)는 절단검(Red) - 만월총(Green) - 중력포(Purple) - 화염포(Blue) - 반월검(White) 순이다. 이 순서대로 무기를 다 써서 없애면, 만월총+반월검(장거리 포탑)이나 절단검+반월검(근접 폭딜) 같은 최강의 시너지가 자연스럽게 완성된다.

핵심 룬 빌드: 집중 공격 vs 기민한 발놀림

현재 메타에서는 강력한 딜 교환을 위한 '집중 공격'이 1순위이며, 생존이 매우 힘들 때만 '기민한 발놀림'을 선택한다.

[Case 1] 핵심 룬: 집중 공격 (Press the Attack)

현재 아펠리오스의 주력 룬이다. 평타-Q-평타 연계가 매우 빠른 아펠리오스는 집중 공격을 순식간에 터뜨릴 수 있다. 라인전 단계에서 킬각을 날카롭게 만들고, 중반 이후 암살에 가까운 폭딜을 가능하게 한다.

고유 하위 룬 (정밀 / Precision)
- 침착 (Presence of Mind): 스킬 난사 시 부족한 마나를 보충한다.
- 전설: 핏빛 길 (Legend: Bloodline)
  생명력 흡수를 확보하여 후반 유지력을 높인다.
- 체력차 극복 (Cut Down): 체력이 높은 적을 녹이기 위해 선택한다. (상대가 물렁하다면 '최후의 일격')

보조 룬 (마법 / Sorcery)
- 절대 집중 (Absolute Focus)
- 폭풍의 결집 (Gathering Storm)

[Case 2] 핵심 룬: 기민한 발놀림 (Fleet Footwork)
상대 바텀 조합의 견제가 너무 심하거나(케이틀린, 제라스 등), 아군 서포터가 지켜줄 수 없는 조합일 때 생존을 위해 선택한다. 이동 시 충전되는 체력 회복과 이동 속도로 버티는 용도다.

고유 하위 룬 집중 공격과 동일하게 구성한다.

아이템 선택 가이드
높은 공격력과 치명타 확률을 확보하는 것이 핵심이다.

- 징수의 총 (The Collector): 1코어 추천. 물리 관통력과 치명타를 동시에 챙기며, 적을 처형하는 효과가 있어 초반 교전에서 킬을 쓸어담기에 최적화되어 있다.

- 루난의 허리케인 (Runaan's Hurricane): 화염포(Blue)와 조합 시 적진 전체를 폭격할 수 있다. 광역 딜링이 필요할 때 선택한다.

- 무한의 대검 (Infinity Edge): 2코어 필수 아이템. 아펠리오스의 스킬과 평타 치명타 피해량을 극대화한다. 이 아이템이 나오는 순간 화력이 급상승한다.

- 도미닉 경의 인사 (Lord Dominik's Regards): 3코어 추천. 적의 방어력을 무력화하기 위해 필수적이다.

- 피바라기 (Bloodthirster): 절단검의 회복 효과와 시너지를 일으켜 생존력을 크게 높여준다.

스킬 메커니즘
- 아펠리오스는 E 스킬이 없으며, 스킬 포인트를 투자하여 능력치를 강화한다. 마스터 순서: 공격력(Q) 〉물리 관통력(E) 〉공격 속도(W)

- 패시브: 암살자와 예언자 (The Hitman and the Seer)
  5가지 무기를 순환한다. 주 무기와 보조 무기를 가지며 W로 교체한다. 탄약 50발을 다 쓰면 다음 무기로 자동 교체된다.

- 만월총 (Calibrum - Green): 긴 사거리. 스킬 적중 시 표식을 남기고, 표식이 있는 적은 사거리에 관계없이 보조 무기로 공격할 수 있다.

- 절단검 (Severum - Red): 피해를 입히면 체력을 회복한다. 과다 회복 시 보호막을 얻는다. Q 사용 시 이동 속도가 증가하며 주/보조 무기를 난사한다.

- 중력포 (Gravitum - Purple): 적을 둔화시킨다. Q 사용 시 둔화된 적을 속박(Root)한다.

- 화염포 (Infernum - Blue): 부채꼴 범위 피해를 입힌다. 라인 클리어와 광역 딜링에 특화되어 있다.

- 반월검 (Crescendum - White): 부메랑처럼 돌아온다. 가까이서 쏠수록 공격 속도가 빨라진다. 다른 무기의 스킬을 쓰면 환영(Chakram)이 쌓여 평타가 강력해진다.

- R - 월광포화 (Moonlight Vigil): 달빛 폭탄을 던져 적중 시 현재 주 무기의 강화 효과를 광역으로 적용한다.

필수 콤보 및 교전 기술
- 장거리 저격 (만월총 Q - 반월검 포탑): 반월검 상태에서 포탑(Q)을 설치하고 만월총으로 무기를 바꾼다. 포탑이 적을 때릴 때마다 만월총 표식이 생겨 초장거리에서 안전하게 프리딜을 넣을 수 있다.

- 근접 폭딜 (절단검 Q - 반월검 평타): 절단검 Q를 사용하여 적에게 피해를 입히는 동시에 반월검 환영 스택을 쌓는다. Q가 끝나면 반월검으로 무기를 바꿔 쌓인 스택만큼 강력해진 평타로 적을 녹인다.

- 광역 이니시에이팅 (중력포 R - Q): 월광포화를 중력포로 사용하여 다수의 적에게 둔화를 걸고, 즉시 Q를 사용하여 적 전체를 속박시킨다. 한타를 여는 가장 강력한 기술이다.

- 화염 폭격 (화염포 R): 적이 뭉쳐 있을 때 화염포로 궁극기를 사용하면 치명타가 터지며 순식간에 적진이 괴멸한다. 일발 역전의 필살기다.

단계별 게임 운영 전략
- 라인전 단계 (Lv 1~5)
  만월총의 긴 사거리로 견제하고, 절단검으로 체력을 관리한다. 탄약 관리를 통해 첫 귀환 전이나 6레벨 타이밍에 최적의 무기 조합(보통 절단검-반월검)을 맞춰 킬각을 본다. 갱킹 회피기가 없으므로 중력포 탄약을 아껴두는 센스가 필요하다.

- 중반 운영 (Lv 6 이후)
  코어 아이템이 나오기 시작하면 무기 조합에 따라 플레이 스타일을 바꾼다. 만월총이 있다면 대치 구도에서 포킹을, 화염포가 있다면 라인을 빠르게 밀고 합류한다. 반월검 스택을 미리 쌓아 오브젝트(드래곤, 바론)를 빠르게 사냥한다.

- 팀 교전 (한타)

무기 상태를 보고 포지션을 잡는다. 화염포나 만월총이라면 뒤에서 광역/장거리 딜을 넣고, 절단검/반월검이라면 암살자나 브루저가 들어올 때 받아친다. 가장 중요한 것은 생존이며, 무기가 꼬였다면 빠르게 탄약을 소모해 좋은 무기를 찾아야 한다.

마인드셋

- 무기 순환의 규율 (철저한 설계)

눈앞의 적을 때리는 것에만 급급해 아무 무기나 난사해서는 안 된다. 절단검-만월총-중력포-화염포-반월검이라는 황금 사이클을 유지하기 위해, 전투가 없는 시간에도 허공에 스킬을 써서 원하지 않는 무기의 탄약을 털어내는 부지런함이 필요하다.

- 탄약 고갈의 변수 (재장전 활용)

교전 도중 탄약이 10발 이하로 남았다는 것은 위기이자 기회다. 스킬을 사용하여 탄약을 다 쓰는 순간 자동으로 다음 무기가 장착되는 딜레이를 계산해야 하며, 이를 역이용해 Q-무기교체-Q 콤보로 3개의 무기 스킬을 연속으로 쏟아부어 적의 계산을 벗어난 폭딜을 선사해야 한다.

- 뚜벅이의 생존 본능 (거리 조절)

아펠리오스는 이동기가 전무하다. 점멸이 없는 아펠리오스는 적 암살자의 가장 맛있는 먹잇감이다. 중력포가 없다면 절대로 홀로 시야 없는 곳을 다니지 말아야 하며, 한타 시에는 이동 속도를 활용해 아군 서포터 곁에서 한 발자국도 떨어지지 않는 그림자 같은 포지셔닝을 유지해야 한다.

3) 케이틀린 (Caitlyn)

케이틀린은 '필트오버의 보안관 (The Sheriff of Piltover)'이라는 이명처럼 게임 내 가장 긴 기본 공격 사거리(650)를 활용해 상대를 압박하는 원거리 딜러다. 덫을 이용한 지역 장악과 헤드샷의 강력한 한 방으로 라인전부터 상대를 숨 쉴 틈 없이 몰아붙이며, 후반에는 압도적인 사거리로 안전하게 화력을 투사하는 저격수다.

사전 준비: 헤드샷 장전 (Headshot)

케이틀린 운영의 핵심은 기본 지속 효과인 '헤드샷'을 적재적소에 사용하는 것이다. 기본 공격 6회마다(수풀에서는 2회로 계산) 장전되는 헤드샷은 챔피언에게 치명적인 피해를 입힌다.

라인전에서 미니언을 칠 때 수풀(부쉬)을 활용하여 패시브 스택을 빠르게 쌓고, 장전된 헤드샷은 반드시 적 챔피언에게 적중시켜 딜 교환 우위를 점해야 한다. 덫이나 투망에 걸린 적에게는 사거리가 닿지 않아도 즉시 헤드샷을 발사할 수 있다는 점을 항상 기억해야 한다.

핵심 룬 빌드: 기민한 발놀림 vs 선제공격

안정적인 카이팅과 라인 유지력을 원하면 '기민한 발놀림', 스킬 콤보 한 방의 폭발적인 화력과 골드 수급을 원하면 '선제공격'을 선택한다.

[Case 1] 핵심 룬: 기민한 발놀림 (Fleet Footwork)

가장 보편적이고 안정적인 선택이다. 이동 및 공격 시 충전되는 에너지를 통해 체력을 회복하고 이동 속도를 얻는다. 긴 사거리를 이용해 치고 빠지는 카이팅 능력을 극대화하며, 생존기가 투망 하나뿐인 케이틀린의 생존력을 높여준다.

고유 하위 룬 (정밀 / Precision)

- 침착 (Presence of Mind): Q 스킬과 덫 설치로 인한 마나 소모를 충당한다.

- 전설: 핏빛 길 (Legend: Bloodline): 생명력 흡수를 확보하여 후반 유지력을 높인다.

- 최후의 일격 (Coup de Grace): 비장의 한 발(궁극기)이나 헤드샷으로 적을 마무리할 때 유용하다.

보조 룬 (마법 / Sorcery)

- 절대 집중 (Absolute Focus)
- 폭풍의 결집 (Gathering Storm)

[Case 2] 핵심 룬: 선제공격 (First Strike)

상대가 몸이 약한 조합이거나, 물리 관통력 아이템을 섞어 초반부터 스노우볼을 굴리고 싶을 때 선택한다. 긴 사거리를 이용해 선공권을 갖기 쉬운 케이틀린이 골드를 빠르게 수급하여 코어 아이템 타이밍을 앞당기고, 순간적인 폭딜을 넣기에 최적화되어 있다.

고유 하위 룬 (영감 / Inspiration)
- 마법의 신발 (Magical Footwear)
- 비스킷 배달 (Biscuit Delivery)
- 우주적 통찰력 (Cosmic Insight)

보조 룬 (마법 / Sorcery)
- 절대 집중 (Absolute Focus)
- 폭풍의 결집 (Gathering Storm)

아이템 선택 가이드

강력한 한 방(헤드샷)을 위해 공격력과 치명타, 그리고 물리 관통력을 조합한다.

- 징수의 총 (The Collector): 1코어 추천. 높은 공격력과 물리 관통력, 치명타를 모두 제공하며 처형 효과까지 있어 초반 라인전 단계에서 킬 결정력을 극대화한다.

- 무한의 대검 (Infinity Edge): 필수 아이템. 케이틀린의 핵심인 치명타 피해량과 헤드샷 데미지를 증폭시킨다. 이 아이템이 나와야 진정한 저격수가 된다.

- 고속 연사포 (Rapid Firecannon): 3코어 핵심 아이템. 사거리를 일시적으로 증가시켜, 적의 사거리 밖에서 안전하게 헤드샷을 꽂아넣거나 타워를 공략하게 해준다.

- 도미닉 경의 인사 (Lord Dominik's Regards): 4코어 추천. 후반 방어력을 갖춘 적을 뚫어내기 위해 필수적이다.
  피바라기 (Bloodthirster): 높은 공격력과 생명력 흡수, 보호막을 제공하여 생존과 맞딜 능력을 보강한다.

스킬 메커니즘

- 패시브: 헤드샷 (Headshot)

  기본 공격 일정 횟수마다, 또는 덫/투망에 걸린 적에게 강화된 사격(헤드샷)을 발사한다.

- Q: 필트오버 피스메이커 (Piltover Peacemaker)

  1초간 조준 후 관통하는 탄환을 발사한다. 라인 클리어와 장거리 견제에 사용된다.

- W: 요들잡이 덫 (Yordle Snap Trap)

  덫을 설치한다. 밟은 적은 속박되고 모습이 드러나며, 케이틀린이 사거리와 무관하게 즉시 헤드샷을 날릴 수 있다.

- :E 90구경 투망 (90 Caliber Net)

  투망을 발사해 적을 느리게 하고 케이틀린은 뒤로 밀려난다. 적중 시 헤드샷이 장전된다.

- R: 비장의 한 발 (Ace in the Hole)

  먼 거리의 적을 조준 사격하여 큰 물리 피해를 입힌다. 다른 적 챔피언이 대신 맞을 수 있다.

필수 콤보 및 교전 기술

- 투망 연계 (E-Q-평): E로 적을 느리게 만들고 밀려나는 동작 중에 Q를 사용하면 모션이 부드럽게 연계된다. 이후 헤드샷(평타)으로 마무리하는 국민 콤보다.

- 덫 낚시 (W-존야/수호천사): 적이 존야의 모래시계를 썼거나 수호천사로 부활 중일 때, 발밑에 덫을 깔아 부활하자마자 속박시키고 헤드샷을 확정으로 넣는다.

단계별 게임 운영 전략

- 라인전 단계 (Lv 1~5): 긴 사거리를 이용해 적이 CS를 먹을 때마다 평타로 괴롭힌다. 수풀을 오가며 헤드샷 스택을 빨리 쌓고, 덫을 라인 중간이나 포탑 근처에 깔아 적의 움직임을 제한한다. 라인을 밀어넣고 포탑 채굴을 하는 것이 목표다.

- 중반 운영 (Lv 6 이후): 1차 포탑을 밀었다면 미드나 탑으로 이동하여 철거 운영을 이어간다. 대치 상황에서 덫을 일렬로 깔아 적의 진입을 막고, 고속 연사포를 활용해 타워를 툭툭 치며 상대를 압박한다.

- 팀 교전 (한타): 최후방에서 안전하게 평타와 Q로 딜을 넣는다. 아군의 CC기에 맞춰 덫을 깔아주는 것이 중요하다. 투망은 암살자가 진입할 때까지 아껴두어야 하며, 덫에 걸린 적에게 헤드샷을 꽂아 누킹을 시도한다.

마인드셋
케이틀린 플레이 시 점검해야 할 기술적 판단 기준은 다음과 같다.

- 덫 배치의 미학 (공간 장악): 요들잡이 덫은 아무 데나 까는 것이 아니다. 적이 들어올 수밖에 없는 좁은 길목, 부쉬 입구, 혹은 아군 CC기가 적중한 적의 발밑에 정확히 설치해야 한다. 잘 깔린 덫 하나가 적의 진입을 원천 봉쇄하고 한타 구도를 바꾼다.

- 사거리의 권력 (이기적인 딜교환): 케이틀린은 650이라는 우월한 사거리를 가졌다. 적의 사거리는 닿지 않고 내 공격만 닿는 거리를 유지하며 일방적으로 때리는 것이 실력이다. 적이 나를 때릴 수 있는 거리까지 들어가는 것은 보안관 배지를 반납하는 행위다.

- 헤드샷의 규율 (결정적 한 방): 장전된 헤드샷을 체력 가득 찬 미니언에게 낭비하지 마라. 패시브가 장전되었다면 잠시 CS를 포기하더라도 적 챔피언에게 위협 사격을 가해 압박해야 한다. 이 한 발의 압박이 상대가 라인에 서 있지 못하게 만든다.

2. 스킬 기반 원거리 딜러

1) 이즈리얼 (Ezreal)

이즈리얼은 '무모한 탐험가 (The Prodigal Explorer)'라는 이명처럼 비전 이동을 통해 전장을 자유롭게 누비며, 신비한 화살로 적을 끊임없이 견제하는 스킬 기반 원거리 딜러다. 논타겟 스킬 적중률에 따라 화력이 천차만별로 갈리지만, 숙련도가 높다면 탁월한 생존력과 무한한 포킹 능력으로 게임을 지배하는 육각형 챔피언이다.

사전 준비: 끓어오르는 주문의 힘 (Rising Spell Force)

이즈리얼 운영의 핵심은 기본 지속 효과인 끓어오르는 주문의 힘을 유지하는 것이다. 스킬을 적중시킬 때마다 공격 속도가 증가하며 최대 5번까지 중첩된다.
라인전이나 교전 시작 전에 미니언이나 몬스터에게 스킬을 맞혀 미리 스택을 쌓아두면, 교전 발생 시 원거리 딜러에게 부족한 공격 속도를 보완하여 강력한 맞딜 능력을 보여줄 수 있다. 스킬 사이사이에 기본 공격을 섞는 것이 이즈리얼 고수와 하수를 가르는 기준이다.

핵심 룬 빌드: 치명적 속도 vs 집중 공격

최신 메타의 핵심인 지속 화력과 적중 시 효과를 극대화하려면 '치명적 속도', 라인전 단계에서의 순간적인 킬 캐치를 원하면 '집중 공격'을 선택한다.

[Case 1] 핵심 룬: 치명적 속도 (Lethal Tempo)

적 챔피언 공격 시 공격 속도가 증가하며, 최대 중첩에 도달하면 공격에 적중 시 추가 적응형 피해가 부여된다. 이즈리얼의 Q 스킬은 적중 시 효과가 적용되므로, 풀스택 상태에서 Q를 맞출 때마다 추가 피해가 묻어나와 상상을 초월하는 지속 딜링이 가능하다.

고유 하위 룬 (정밀 / Precision)
- 침착 (Presence of Mind): 마나 소모가 극심한 이즈리얼에게 필수적이다.
- 핏빛 길 (Legend: Bloodline): 유지력을 위해 선택한다. (공속은 룬과 패시브로 충분하다)
- 최후의 일격 (Coup de Grace): 킬 캐치 능력을 높인다.

보조 룬 (영감 / Inspiration)
- 마법의 신발 (Magical Footwear)
- 비스킷 배달 (Biscuit Delivery)

[Case 2] 핵심 룬: 집중 공격 (Press the Attack)

전통적인 강세 룬이다. 평타-Q-평타 연계로 빠르게 3타를 터뜨릴 수 있어 라인전 초반 교전이나 암살 시도가 잦을 때 유용하다. 아군 서포터가 그랩류(블리츠크랭크, 노틸러스)일 때 순간적인 점사 능력을 높여준다.

고유 하위 룬

치명적 속도와 동일하게 구성한다.

보조 룬 (마법 / Sorcery)
- 마나순환 팔찌 (Manaflow Band)
- 깨달음 (Transcendence)

아이템 선택 가이드

주문 검 효과를 가진 아이템과 마나 아이템, 그리고 스킬 가속을 챙기는 것이 핵심이다.

- 삼위일체 (Trinity Force): 1코어 필수 아이템. 공격력, 체력, 공속, 스킬 가속, 그리고 주문 검 효과까지 이즈리얼에게 필요한 모든 것을 제공한다. 치명적 속도 룬과 결합 시 평타 DPS가 비약적으로 상승한다.

- 무라마나 (Muramana): 2코어 필수 아이템. 여신의 눈물을 업그레이드하여 완성한다. 경이적인 공격력 뻥튀기와 스킬 적중 시 추가 피해는 이즈리얼의 전성기를 책임진다.

- 쇼진의 창 (Spear of Shojin): 3코어 추천. 일반 스킬 가속을 대폭 늘려주고 스킬 피해량을 증폭시킨다. Q 쿨타임을 극한으로 줄여 기관총처럼 쏠 수 있게 해준다.

- 세릴다의 원한 (Serylda's Grudge): 방어구 관통력과 함께 스킬 적중 시 둔화를 건다. 논타겟 스킬 적중률을 높여주는 꿀템이다.

스킬 메커니즘
- 패시브: 끓어오르는 주문의 힘 (Rising Spell Force): 스킬 적중 시 공격 속도가 증가

한다. (최대 5 중첩)

- Q: 신비한 화살 (Mystic Shot): 에너지를 발사해 피해를 입힌다. 적중 시 모든 스킬의 재사용 대기시간이 1.5초 감소한다. 적중 시 효과(치명적 속도, 몰락한 왕의 검 등)가 적용된다.

- W: 정수의 흐름 (Essence Flux): 구체를 발사해 챔피언이나 구조물에 부착한다. 부착된 대상을 공격하면 구체가 폭발하며 큰 피해를 입히고 마나를 돌려받는다.

- E: 비전 이동 (Arcane Shift): 지정한 위치로 순간이동하며 가장 가까운 적에게 유도 화살을 날린다. 점멸과 판정이 비슷해 최상급 생존기로 꼽힌다.

- R: 정조준 일격 (Trueshot Barrage): 전역에 에너지 파동을 발사한다. 라인 클리어, 저격, 패시브 예열 등 다용도로 사용된다.

필수 콤보 및 교전 기술
- 폭딜 콤보 (W-E-평-Q): W를 맞춘 상태에서 비전 이동(E)으로 진입하면 유도 화살이 W가 묻은 대상을 우선적으로 타격하여 폭발시킨다. 이후 평타와 Q를 섞어 마무리한다.

- 궁극기 예열 (R-교전 시작): 한타 시작 직전 적들이 뭉친 곳에 궁극기를 긁고 시작한다. 광역 딜과 함께 패시브 스택이 즉시 5스택으로 차오르며, 치명적 속도 예열 시간도 단축시킬 수 있다.

단계별 게임 운영 전략
- 라인전 단계 (Lv 1~5): Q 스킬로 미니언 막타를 챙기거나 적을 견제하며 도벽(골드 수급)하듯 성장한다. 서포터의 CC기가 적중하면 W-E 콤보로 호응한다. 비전 이동은 갱킹 회피를 위해 아껴두는 것이 좋다. 여신의 눈물을 빠르게 구매하여 스택을 쌓는다.

- 중반 운영 (Lv 6 이후): 무라마나가 완성되는 시점이 가장 강력하다. 미드 라인으로 이동하여 라인을 밀고 대치 상황에서 Q 포킹으로 상대를 압박한다. 치명적 속도를 든 이즈리얼은 맞딜이 강력하므로, 상대 주요 스킬이 빠지면 과감하게 앞비전으로 들어가 킬

을 딴다.

- 팀 교전 (한타): 최대 사거리에서 Q를 계속 날리며 앞라인부터 갉아먹는다. 상대 암살
자가 물러 들어오면 비전 이동으로 거리를 벌리며 카이팅한다. 치명적 속도가 풀스택이
되면 평타 사거리에 들어온 적에게 평타와 Q를 난사하여 녹여버린다.

마인드셋
이즈리얼은 신비한 화살의 적중률이 중요하다

- 딜링의 생명선
이즈리얼의 Q 스킬은 빗나가면 딜로스뿐만 아니라 쿨타임 감소 효과도 받지 못해 스킬
사이클이 꼬인다. 무작정 쏘기보다는 미니언 사이로 평타를 섞어가며 각을 만들고, 침
착하게 적중시켜 패시브 및 치명적 속도 스택을 유지해야 한다.

- 비전 이동의 판결 (생존과 앞비전)
비전 이동은 최고의 생존기이자 최악의 투척기가 될 수 있다. 확실한 킬각이나 상대의
핵심 스킬이 빠진 상태가 아니라면 앞비전은 자제해야 하며, 카이팅을 위한 거리 조절
용으로 사용하는 것이 정석이다. 죽지 않고 끝까지 살아남아 Q를 맞추는 이즈리얼이
가장 무섭다.

- 정조준 일격의 변수 (광역 삭감): 궁극기는 적은 체력 처리용으로만 쓰는 것이 아니다.
한타 시작 전이나 대치 상황에서 적 다수에게 긁어 체력을 깎아놓으면 패시브 스택이
즉시 최대로 차오르며 교전 주도권을 가져올 수 있다. 라인을 빠르게 정리하고 합류하
는 용도로도 아끼지 말아야 한다.

3) 스몰더 (Smolder)

스몰더는 '화염의 비상 (The Fiery Fledgling)'이라는 이명처럼 초반에는 미숙하지만,
용 훈련 중첩을 쌓아 성장할수록 막을 수 없는 파괴력을 보여주는 왕귀형 원거리 딜러

다. 225 중첩을 달성하는 순간 장로 드래곤의 효과와 유사한 처형 능력을 얻게 되어, 후반 게임의 승패를 결정짓는 시한폭탄과 같은 존재다.

사전 준비: 용 훈련 중첩 (Dragon Practice)

스몰더 운영의 핵심은 기본 지속 효과인 용 훈련 중첩을 얼마나 빠르고 안정적으로 쌓느냐에 달려 있다. Q 스킬로 적을 처치하거나 스킬을 챔피언에게 적중시킬 때마다 중첩이 쌓인다.

25회 중첩 시 Q 스킬이 주변에 광역 피해를 입히고, 125회 중첩 시 대상 뒤로 투사체가 퍼지며, 225회 중첩 시 적을 불태우고 일정 체력 이하의 적을 즉시 처형한다. 따라서 초반 라인전은 킬을 따는 것보다 Q 스킬로 미니언 막타를 꼼꼼히 챙기고 적 챔피언에게 W 스킬을 맞춰 중첩을 쌓는 것에 모든 사활을 걸어야 한다.

핵심 룬 빌드: 기민한 발놀림 vs 신비로운 유성

초반 라인전이 약한 스몰더의 생존을 위해 기민한 발놀림을 주로 사용하며, 견제력을 높이고 싶다면 신비로운 유성을 선택한다.

[Case 1] 핵심 룬: 기민한 발놀림 (Fleet Footwork)

가장 보편적이고 안정적인 선택이다. 사거리가 짧은 스몰더가 Q 스킬로 파밍을 하거나 견제를 할 때 이동 속도 증가와 체력 회복 효과를 통해 유지력을 높여준다. 초반 라인전 버티기가 최우선 과제인 스몰더에게 생명줄과 같다.

고유 하위 룬 (정밀 / Precision)

- 침착 (Presence of Mind): 마나 소모가 큰 스몰더에게 필수적이다.
- 전설: 핏빛 길 (Legend: Bloodline): 후반 유지력을 보강한다.
- 체력차 극복 (Cut Down): 탱커를 상대할 때 효율이 좋다.

보조 룬 (영감 / Inspiration)

- 마법의 신발 (Magical Footwear)
- 비스킷 배달 (Biscuit Delivery)

[Case 2] 핵심 룬: 신비로운 유성 (Arcane Comet)

W 스킬을 통한 장거리 견제에 힘을 실어줄 때 선택한다. W 스킬의 넓은 범위를 이용해 유성을 맞추기 쉬우며, 초반부터 상대를 압박하여 파밍을 방해하고 중첩을 편하게 쌓을 수 있는 환경을 만든다.

고유 하위 룬 (마법 / Sorcery)
마나순환 팔찌 (Manaflow Band): 마나 통을 늘려 스킬 난사를 돕는다.
- 깨달음 (Transcendence): 스킬 가속을 확보한다.
- 주문 작열 (Scorch): 초반 견제력을 높인다.

보조 룬 (영감 / Inspiration)
- 마법의 신발 (Magical Footwear)
- 비스킷 배달 (Biscuit Delivery)

아이템 선택 가이드
스킬 가속과 마나, 그리고 치명타 확률을 동시에 챙기는 캐스터형 아이템 트리를 구성한다.

- 정수 약탈자 (Essence Reaver): 1코어 필수 아이템. 스킬 사용 후 평타를 강화하는 주문 검 효과가 Q 스킬에 적용되며, 마나를 무제한으로 공급해주어 스몰더의 성장을 가속화한다.
- 쇼진의 창 (Spear of Shojin): 2코어 핵심 아이템. 스킬 피해량을 증가시키고 높은 스킬 가속을 제공한다. Q 쿨타임을 줄여 중첩 쌓는 속도를 비약적으로 높여준다.

- 고속 연사포 (Rapid Firecannon): 3코어 추천. 짧은 사거리를 보완해준다. 사거리가 늘어난 상태에서 Q 스킬을 안전하게 적중시켜 견제와 중첩 쌓기를 동시에 할 수 있다.

- 피바라기 (Bloodthirster): 후반 생존력과 공격력을 위해 선택한다.

스킬 메커니즘
- 패시브: 용 훈련 (Dragon Practice)
스킬로 챔피언을 맞히거나 Q로 적을 처치하면 중첩을 얻는다. 중첩에 따라 기본 스킬이 강화된다.

- Q: 초강력 화염 숨결 (Super Scorcher Breath)
화염구를 뱉는다. 평타 판정을 받으며 치명타와 적중 시 효과가 적용된다. 중첩에 따라 진화한다. (25: 광역, 125: 확산, 225: 처형 및 화상)

- W: 에취! (Achoo!)
재채기를 하여 적에게 피해를 입히고 둔화시킨다. 챔피언 적중 시 추가 폭발이 일어나 중첩을 쌓기 좋다.

- E: 펄럭펄럭 (Flap, Flap, Flap)
잠시 동안 날아오르며 지형을 무시하고 이동 속도가 증가한다. 가장 가까운 적을 자동으로 공격한다. 유일한 생존기다.

- R: 엄마아아아! (MMOOOMMMM!)
거대한 어미 용이 불길을 내뿜어 광역 피해를 입히고 중앙에 있는 적을 둔화시킨다. 스몰더가 불길 속에 있으면 체력을 회복한다.

필수 콤보 및 교전 기술
- 중첩 쌓기 콤보 (W-Q): W로 적을 둔화시키고 맞추기 쉬워진 적에게 Q를 쏜다. 가장 기본적인 견제이자 중첩 수급 콤보다.

- 벽 넘기 도주 (E 활용): 펄럭펄럭은 지형을 넘을 수 있다. 갱킹이 오거나 위험한 상황에서 벽을 넘어 도망가거나, 반대로 벽을 넘어 기습적으로 적을 추격할 수 있다.

- 궁극기 생존 (R-자힐): 궁극기는 딜링용으로도 좋지만, 스몰더 자신이 불길 범위 안에 들어가면 체력이 회복된다. 암살자가 물러 들어올 때 발밑에 궁극기를 깔아 체력을 채우고 역관광을 노린다.

단계별 게임 운영 전략
- 라인전 단계 (Lv 1~5): 약한 구간이다. 서포터에게 의지하며 Q 스킬로 미니언 막타를

치는 데 집중한다. W 스킬은 적 챔피언을 맞춰 중첩을 쌓는 용도로 쓴다. 무리한 딜교환보다는 체력을 보존하며 첫 귀환에 여신의 눈물이나 광휘의 검을 뽑는 것이 목표다.

- 중반 운영 (25~125 스택): 25 스택이 되면 라인 클리어가 빨라진다. 미드와 바텀을 오가며 라인을 받아먹고 정글 몬스터(칼날부리, 늑대)까지 챙겨 중첩을 가속화한다. 교전 합류보다는 225 스택을 향해 달리는 것이 팀을 위한 길이다.

- 팀 교전 (225 스택 이후): 약속의 225 스택이 완성되면 스몰더는 전장의 지배자가 된다. 고속 연사포를 활용해 장거리에서 Q를 툭툭 던져주기만 해도 적들은 화상 피해와 처형 공포에 떨게 된다. 아군 뒤에서 Q를 난사하며 마무리한다.

마인드셋
스몰더는 성장이 말리지 않고 버티고 버티면 강해진다.

- 약속의 225 중첩 (승리 조건 확립) 스몰더의 게임은 225 중첩 이전과 이후로 나뉜다. 초중반에 킬을 따내려고 무리하다가 데스를 기록하여 성장이 지체되는 것은 최악이다. 아군이 소규모 교전을 하더라도 중첩을 쌓을 수 있는 확실한 상황이 아니라면, 라인에 남아 미니언을 Q로 태우며 왕귀의 시간을 앞당기는 이기적인 판단이 때로는 필요하다.

- 에취의 적중률 (중첩 가속화) W 스킬은 단순히 데미지를 주는 기술이 아니다. 챔피언에게 적중 시 폭발하며 다수의 적에게 피해를 입히고 중첩을 대량으로 수급할 수 있는 수단이다. 쿨타임마다 적 챔피언들이 뭉친 곳이나 움직임을 예측하여 사용하여, Q 스킬만으로는 부족한 중첩 속도를 끌어올려야 한다.

- 엄마의 부름 (공수 겸장) 궁극기는 사거리가 매우 길다. 라인 복귀 후 타 라인 지원 사격용으로 사용하여 어시스트와 중첩을 챙길 수도 있고, 한타 개시용으로 적 진형을 붕괴시킬 수도 있다. 하지만 가장 중요한 것은 생존이다. 적 브루저가 나를 물려 들어올 때, 망설임 없이 나를 지키는 용도로 사용하여 살아남아야 한다.

4) 바루스 (Varus)

바루스는 (The Arrow of Retribution) 공격 속도를 포기하는 대신 물리 관통력과 스킬 가속을 극대화하여, 화면 밖에서 날아오는 꿰뚫는 화살 한 방으로 적의 체력을 뭉텅이로 깎아내는 저격수다. 지속적인 맞딜 능력은 떨어지지만, 대치 구도에서 압도적인 사거리를 이용해 적의 체력을 미리 소진시키고 진형을 붕괴시키는 전략적인 운영이 가능하다.

사전 준비: 마나 관리와 역병의 화살 (Mana & Blight)
포킹 바루스 운영의 핵심은 마나 관리와 W 스킬(역병 화살)의 사용 효과 활용이다. 쿨타임마다 Q 스킬을 사용하면 마나가 순식간에 고갈되므로, 초반에는 여신의 눈물을 빠르게 확보하고 마나순환 팔찌를 채우는 데 집중해야 한다.
특히 W 스킬의 사용 효과(Active)는 다음 Q 스킬에 잃은 체력 비례 피해를 부여하므로, 체력이 가득 찬 적에게 견제할 때 켜는 것이 아니라 체력이 빠진 적을 확실하게 마무리하거나 집에 보내야 할 때 켜는 판단이 중요하다.

핵심 룬 빌드: 신비로운 유성 vs 선제공격
안정적인 견제와 마나 수급을 원하면 신비로운 유성, 아이템 가속과 순간적인 폭딜을 원하면 선제공격을 선택한다.

[Case 1] 핵심 룬: 신비로운 유성 (Arcane Comet)
포킹 바루스의 교과서적인 룬이다. 긴 사거리의 Q 스킬이나 E 스킬에 유성이 확정적으로 연계되어 딜교환 능력을 높여준다. 하위 룬을 통해 마나와 스킬 가속을 모두 챙길 수 있어 가장 안정적이다.

고유 하위 룬 (마법 / Sorcery)
- 마나순환 팔찌 (Manaflow Band): 마나 통을 늘리고 유지력을 확보한다.
- 깨달음 (Transcendence): 스킬 가속을 확보하여 포킹 주기를 단축시킨다.
- 주문 작열 (Scorch): 초반 라인전 견제력을 극대화한다.

보조 룬 (영감 / Inspiration)
- 마법의 신발 (Magical Footwear)
- 비스킷 배달 (Biscuit Delivery)

[Case 2] 핵심 룬: 선제공격 (First Strike)
상대가 사거리가 짧거나 바루스를 물기 힘든 조합일 때 선택한다. 선제공격을 터뜨려 골드를 수급해 비싼 물리 관통력 아이템을 빠르게 갖출 수 있으며, W-Q 저격 시 추가 피해가 적용되어 암살에 가까운 데미지를 보여준다.

고유 하위 룬 (영감 / Inspiration)
- 마법의 신발 (Magical Footwear): 이동 속도와 골드를 아낀다.
- 비스킷 배달 (Biscuit Delivery): 라인 유지력과 최대 마나를 늘린다.
- 우주적 통찰력 (Cosmic Insight): 스펠과 아이템 쿨타임을 줄인다.

보조 룬 (마법 / Sorcery)
- 마나순환 팔찌 (Manaflow Band)
- 깨달음 (Transcendence)

아이템 선택 가이드
물리 관통력(Lethality), 공격력, 스킬 가속, 그리고 마나를 최우선으로 확보한다.

- 무라마나 (Muramana): 필수 아이템. 여신의 눈물을 업그레이드하여 완성한다. 스킬 적중 시 추가 피해를 입히고 막대한 공격력을 제공하는 포킹 바루스의 심장이다.

- 기회 (Opportunity): 높은 물리 관통력과 이동 속도를 제공하며, 챔피언 처치 관여 시 이동 속도가 대폭 증가해 포지셔닝을 돕는다. 요우무의 유령검보다 최근 선호도가 높다.

- 요우무의 유령검 (Youmuu's Ghostblade): 기동성이 필요할 때 선택한다. 빠른 합류와 거리 조절에 유용하다.

- 밤의 끝자락 (Edge of Night): 적의 강제 이니시에이팅이나 포킹을 한 번 막아준다. Q를 충전할 때 끊기지 않게 해주는 소중한 아이템이다.

- 세릴다의 원한 (Serylda's Grudge): 방어구 관통력과 함께 스킬 적중 시 둔화를 건다. 포킹 적중률을 높이고 탱커에게도 유효한 타격을 입히기 위해 필수적이다.

스킬 메커니즘
포킹 바루스는 Q와 E의 레벨을 먼저 올려 스킬 피해량을 극대화한다. 마스터 순서: Q 〉 E 〉 W

- 패시브: 죽지 않는 복수심 (Living Vengeance)
적 처치 시 공격 속도가 증가한다. 포킹 바루스에게는 라인 클리어 용도로 쓰인다.

-Q: 꿰뚫는 화살 (Piercing Arrow)
주력 딜링기다. 충전 시간에 비례해 사거리와 피해량이 증가한다. 관통할 때마다 피해량이 줄어들지 않도록(최근 패치로 감소폭 완화됨) 가급적 챔피언을 직접 맞추는 것이 좋다.

- W: 역병 화살 (Blighted Quiver)
사용 시(Active) 다음 Q가 잃은 체력 비례 피해를 입힌다. 체력이 낮은 적을 저격할 때 반드시 켜야 한다.

- E: 퍼붓는 화살 (Hail of Arrows)
광역 둔화와 치유 감소를 건다. 유성을 맞추거나 적의 도주로를 차단하는 용도로 쓴다.

- R: 부패의 사슬 (Chain of Corruption)
적을 속박하고 주변으로 전이된다. 갱 호응이나 암살자의 진입을 받아치는 용도로 사용한다. AP 계수가 높아 의외로 강력하다.

필수 콤보 및 교전 기술
- 기본 포킹 (E-Q): E를 먼저 던져 적을 느리게 만든 뒤 Q를 조준하면 적중률이 비약적

으로 상승한다.

- 처형 콤보 (R-W-Q): 궁극기로 적을 묶은 뒤, 평타를 섞지 않고 즉시 W를 켜고 Q를 최대로 충전해 발사한다. 속박된 적은 피할 수 없으며, 잃은 체력 비례 피해가 적용되어 원거리 딜러나 마법사는 즉사할 수 있다.

- 시야 밖 저격 (Q-점멸): Q를 충전하는 도중 점멸을 사용하여 사거리를 기습적으로 늘리거나 각도를 튼다. 딸피로 도망가는 적을 마무리하는 테크닉이다.

단계별 게임 운영 전략
- 라인전 단계 (Lv 1~5): 유성 쿨타임마다 E나 짧은 Q로 견제하여 상대의 체력을 갉아 먹는다. 마나 관리가 핵심이므로 무리하게 풀차징 Q를 난사하지 않는다. 여신의 눈물 스택을 꾸준히 쌓으며 무라마나 타이밍을 앞당긴다.

- 중반 운영 (Lv 6 이후): 물리 관통력 아이템이 나오면 Q 한 방에 적 딜러 체력의 30% 이상이 날아간다. 미드에 자리를 잡고 대치하며, 오브젝트 싸움 전에 끈질기게 포킹하여 상대를 집으로 보낸다. 시야가 없는 곳으로 Q를 날려 부쉬 체크를 하는 습관을 들인다.

- 팀 교전 (한타): 절대 평타 사거리를 주지 않는다. 아군 최후방에서 저격수처럼 Q만 날려도 1인분 이상을 한다. 적이 들어오면 궁극기로 묶고 뒤로 빠지며, W-Q로 딸피인 적을 확실하게 마무리한다.

마인드셋
포킹 바루스 플레이 시 점검해야 할 기술적 판단 기준은 다음과 같다.

- 저격수의 냉정함 (예측 사격): 눈에 보이는 적을 쏘는 것은 누구나 할 수 있다. 적이 미니언 막타를 치러 오는 타이밍, 좁은 골목으로 들어가는 동선, 혹은 시야가 없는 부쉬에 숨어있을 위치를 예측하여 화살을 날려야 한다. 보이지 않는 곳에서 날아온 화살 한 발이 적의 전의를 상실하게 만든다.

- 역병의 화살 활용 (결정적 한 방): W 스킬의 액티브 효과는 쿨타임이 길다. 단순히 견제용으로 Q를 날릴 때는 켜지 말고, 확실하게 적을 처형할 수 있는 각이나 체력이 40% 이하인 적이 사거리 안에 들어왔을 때 사용하여 킬을 확정 짓는 결정타로 아껴두어야 한다.

- 거리의 미학 (일방적인 폭력): 포킹 바루스는 맞으면서 싸우는 챔피언이 아니다. 적의 스킬은 닿지 않고 내 화살만 닿는 압도적인 사거리 차이를 이용해 일방적으로 때려야 한다. 적이 나를 물러 들어올 수 있는 거리까지 허용했다면 이미 위치 선정에 실패한 것이다.

제4장 서포터 포지션

1. 공격형 탱커 서포터

1) 알리스타 (Alistar)

알리스타는 '미노타우로스 (The Minotaur)'라는 이명처럼 무지막지한 힘으로 적 진형을 파괴하고 아군을 지키는 탱커형 서포터다. 말파이트와 야스오의 장점을 합친 듯한 에어본 콤보와, 그 어떤 CC기도 풀어내고 피해를 감소시키는 궁극기를 통해 적의 포화를 온몸으로 받아내는 든든한 방패다.

사전 준비: 승리의 포효 (Triumphant Roar)

알리스타 라인전 유지력의 원천인 기본 지속 효과 승리의 포효를 잘 활용해야 한다. 적 챔피언을 기절시키거나 이동 불가 상태로 만들 때마다, 그리고 근처에서 적 유닛이 사망할 때마다 중첩이 쌓인다.

7중첩이 되면 알리스타 자신의 체력을 회복하고 가장 가까운 아군 챔피언의 체력도 회복시킨다. 라인전에서 얻어맞더라도 이 패시브 효과를 통해 꾸준히 체력을 채우며 버티는 것이 알리스타의 기본 소양이다.

핵심 룬 빌드: 여진 vs 봉인 풀린 주문서

확실한 탱킹과 진입 안정성을 원하면 여진, 상위 티어의 운영법인 변수 창출과 유틸리티를 원하면 봉인 풀린 주문서를 선택한다.

[Case 1] 핵심 룬: 여진 (Aftershock)

데이터상 가장 픽률이 높고 승률이 안정적인 정석 빌드다. W-Q 콤보로 진입했을 때 순간적으로 방어력과 마법 저항력이 폭증하여 적의 집중 포화를 견딜 수 있게 해준다. 자신이 메인 탱커 역할을 수행해야 할 때 필수적이다.

고유 하위 룬 (결의 / Resolve):
- 생명의 샘 (Font of Life): CC기를 건 적을 아군이 공격하면 체력을 회복한다.
- 뼈 방패 (Bone Plating): 라인전 맞딜 시 피해를 줄여준다.
- 과잉성장 (Overgrowth): 최대 체력을 늘려 후반 탱킹력을 보강한다.

보조 룬 (영감 / Inspiration)
- 마법공학 점멸기 (Hextech Flashtraption)
- 우주적 통찰력 (Cosmic Insight)

[Case 2] 핵심 룬: 봉인 풀린 주문서 (Unsealed Spellbook)
천상계 및 숙련자 구간에서 애용되는 빌드다. 점화, 탈진, 텔레포트 등을 상황에 맞춰
교체하며 변수를 만든다. 텔레포트로 라인에 복귀하거나 타 라인에 개입하고, 한타 때
는 유체화나 탈진으로 적을 무력화하는 운영형 세팅이다.

고유 하위 룬 (영감 / Inspiration)
- 마법공학 점멸기 (Hextech Flashtraption): 알리스타의 필수 룬이다.
- 비스킷 배달 (Biscuit Delivery): 라인 유지력을 높인다.
- 우주적 통찰력 (Cosmic Insight): 스펠 쿨타임을 줄여 봉풀주와 시너지를 낸다.

보조 룬 (마법 / Sorcery)
- 빛의 망토 (Nimbus Cloak)
- 기민함 (Celerity)

아이템 선택 가이드
요청하신 대로 유지력과 아군 보호에 특화된 4가지 핵심 아이템으로 구성한다.

- 강철의 솔라리 펜던트 (Locket of the Iron Solari): 1코어 추천. 가장 무난하고 강력
한 팀파이트 아이템이다. 저렴한 가격으로 방어력과 마법 저항력을 모두 챙길 수 있으
며, 사용 시 주변 아군에게 보호막을 제공하여 적의 폭딜을 상쇄한다.

- 지크의 융합 (Zeke's Convergence): 2코어 추천 (공격적). 궁극기 사용 시 주변에 눈

보라를 일으켜 적을 둔화시킨다. 적진 한복판에 들어가는 알리스타와 궁합이 좋다.

- 구원 (Redemption): 2코어 혹은 3코어 추천 (유지력). 알리스타가 죽은 상태에서도 사용할 수 있는 아이템이다. 광역 체력 회복과 적에게 고정 피해를 입혀 한타의 유지력을 뒤집는다. 패시브 힐과 합쳐지면 의외의 힐량을 보여준다.

- 기사의 맹세 (Knight's Vow): 3코어 혹은 4코어 추천 (수비적). 잘 성장한 아군 원딜이나 메인 캐리에게 걸어 피해를 대신 입는다. 궁극기의 피해 감소 효과 덕분에 알리스타는 대신 맞아주는 부담이 적다.

스킬 메커니즘
- 패시브: 승리의 포효 (Triumphant Roar)
  스택이 차면 자신과 아군을 회복시킨다.

- Q: 분쇄 (Pulverize)
  땅을 내려쳐 주변 적을 공중에 띄운다(에어본). 점멸과 연계가 가능하다.

- W: 박치기 (Headbutt)
  적에게 돌진하여 밀쳐내고 기절시킨다. 벽꿍을 하거나 아군 쪽으로 배달하는 용도로 쓴다.

- E: 짓밟기 (Trample)
  유닛을 통과하며 주변에 피해를 입힌다. 5번 피해를 입히면 다음 평타가 적을 기절시킨다.

- R: 꺾이지 않는 의지 (Unbreakable Will)
  즉시 자신에게 걸린 모든 CC기를 제거하고, 7초 동안 받는 피해를 대폭(55~75%) 감소시킨다. 알리스타가 최고의 탱커인 이유다.

필수 콤보 및 교전 기술
- 쿵쾅 콤보 (W-Q): 알리스타의 국민 콤보다. W로 날아가는 도중에 Q를 입력하면 적을 밀어내지 않고 그 자리에서 띄운다. 너무 빨리 Q를 누르면 허공에 땅을 치고, 너무 늦게 누르면 적을 방생하므로 연습이 필요하다.

- 점멸 분쇄 (Q-점멸): Q 시전 모션 중에 점멸을 쓰면 점멸 도착 지점에서 즉시 에어본이 발동한다. 적이 반응할 수 없는 최상급 이니시에이팅 기술이다.

- 배달 콤보 (마공점-W): 마법공학 점멸로 적 뒤나 옆으로 이동한 뒤, W로 아군 진영 쪽으로 적을 밀어버린다. 그 후 Q로 띄워 확정적인 킬각을 만든다.

단계별 게임 운영 전략
- 라인전 단계 (Lv 1~5): 1레벨에는 할 수 있는 게 거의 없으므로 체력을 아낀다. 2레벨부터 W-Q 콤보로 킬각을 본다. 봉인 풀린 주문서를 들었다면 첫 귀환 후 텔레포트로 라인 복귀를 하여 경험치 손실을 막거나, 6레벨 이후 텔레포트 로밍을 설계한다.

- 중반 운영 (라인전 이후): 원딜이 혼자 파밍할 수 있다면 즉시 미드로 뛴다. 마공점-W-Q로 미드 갱킹을 성공시키거나 적 정글 깊숙이 들어가 시야를 장악한다. 알리스타가 안 보이는 것만으로도 적 라이너들은 공포를 느낀다.

- 팀 교전 (한타): 여진을 들었다면 과감하게 이니시에이팅을 열고 솔라리-지크로 팀을 보조한다. 봉풀주를 들었다면 탈진이나 유체화로 스펠을 바꾸고, 기사의 맹세와 구원을 활용해 아군 딜러가 끝까지 딜을 할 수 있는 판을 만든다.

마인드셋
알리스타 플레이 시 점검해야 할 기술적 판단 기준은 다음과 같다.

- 진격의 탱커 (철벽의 탱킹) 알리스타는 롤에서 다이브와 앞라인을 가장 쉽게 할 수 있는 챔피언이다. 궁극기를 켜는 순간 포탑 데미지와 적군의 공격을 간지러운 수준으로 감소한다. 그렇기에 망설이지 말고 과감하게 먼저 들어가 한타를 열거나 포탑 어그로를 받아내고, 아군이 적을 잡을 때까지 버티는 과감함이 필요하다.

- 공수 전환의 판단 (창과 방패) 무조건 적을 무는 것만이 정답은 아니다. 아군 원거리 딜러가 잘 컸다면, 적진으로 들어가는 대신 들어오는 암살자를 W로 밀어내고 Q로 띄우는 수비형 플레이가 승리의 지름길이다. 내가 이니시에이터인지 보디가드인지 매 순간 판단해야 한다.

- 마공점의 심리전 (보이지 않는 공포) 상대에게 알리스타가 부쉬에 있다는 사실만으로도 압박감을 주어야 한다. 마법공학 점멸을 충전하는 모션을 보여주며 적을 뒤로 물러나게 하거나, 와드가 없는 경로로 벽을 넘어 기습적으로 나타나 반응할 수 없는 쿵쾅을 꽂아 넣는 창의성이 라인전의 승패를 가른다.

- 봉인 해제의 타이밍 (설계된 스펠) 봉풀주는 즉흥적으로 바꾸는 것이 아니라 3분 뒤의 미래를 보고 바꾸는 것이다. 용 싸움이 임박했다면 강타나 탈진을, 라인 복귀가 급하다면 텔레포트를, 적을 추격해야 한다면 유체화를 미리 머릿속에 그려놓고 바꿔야 진가를 발휘한다.

- 쿵쾅의 자신감 (과감한 결단) W-Q 콤보 실패를 두려워해서 진입을 망설이면 알리스타를 픽한 이유가 없다. 빗나가더라도 위협적인 무빙으로 적의 점멸을 빼거나 진형을 붕괴시킬 수 있다. 확실한 각이 보이면 망설임 없이 몸을 날려 전장을 뒤흔들어야 한다.

2) 노틸러스 (Nautilus)

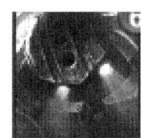

노틸러스는 '심해의 타이탄 (The Titan of the Depths)'이라는 이명처럼 거대한 닻을 휘둘러 적을 끌어오고, 확정적인 에어본과 속박으로 적을 꼼짝 못 하게 만드는 군중 제어(CC) 특화 서포터다. 그랩, 평타, 궁극기가 모두 CC기로 무장되어 있어 한 번 물린 적은 점멸이 있어도 도망가기 힘든 지옥을 맛보게 된다.

사전 준비: 강력한 일격 (Staggering Blow)

노틸러스 운영의 기본은 기본 지속 효과인 강력한 일격을 전장에 골고루 뿌리는 것이다. 노틸러스의 기본 공격은 적을 일시적으로 속박시킨다.
한타나 난전 중에 한 명만 계속 때리는 것이 아니라, 그랩으로 끌어온 적에게 평타를 치고, 옆에 있는 다른 적에게도 평타를 쳐서 다수의 적을 번갈아 묶어두는 플레이가 노틸러스 숙련도의 척도다. W 스킬로 평타 모션을 초기화할 수 있다는 점을 이용해 빠르게 속박을 거는 테크닉이 필요하다.

핵심 룬 빌드: 빙결 강화 vs 여진

적을 확실하게 묶어두고 아군의 호응을 돕고 싶다면 빙결 강화, 진입 후 자신이 버티는 것이 중요하다면 여진을 선택한다.

[Case 1] 핵심 룬: 빙결 강화 (Glacial Augment)

Q 스킬로 적을 끌어오면 평타를 치지 않아도 빙결 광선이 발사되어 적 주변에 둔화 지대를 생성하고, 적이 입히는 피해량을 감소시킨다. 그랩 이후 후속타를 넣기 매우 좋으며, 한타 기여도가 비약적으로 상승한다.

고유 하위 룬 (영감 / Inspiration)

- 마법공학 점멸기 (Hextech Flashtraption): 노틸러스의 필수 룬이다. 벽 뒤나 부쉬에서 깜짝 이니시를 가능하게 한다.
- 비스킷 배달 (Biscuit Delivery): 마나 소모가 큰 노틸러스의 라인 유지력을 돕는다.
- 우주적 통찰력 (Cosmic Insight): 점멸과 점화 쿨타임을 줄여 변수를 창출한다.

보조 룬 (결의 / Resolve)

- 뼈 방패 (Bone Plating): 진입 시 폭사를 방지한다.
- 불굴의 의지 (Unflinching): 강인함을 확보한다.

[Case 2] 핵심 룬: 여진 (Aftershock)

전통적인 탱커 빌드다. Q 스킬 적중 시 방어력과 마법 저항력이 크게 증가한다. 적의 딜이 강력하여 진입하자마자 녹을 위험이 있거나, 자신이 팀의 유일한 메인 탱커일 때 선택하여 생존력을 극대화한다.

고유 하위 룬 (결의 / Resolve)

- 보호막 강타 (Shield Bash): W 스킬의 보호막과 연계하여 추가 피해를 입힌다.
- 뼈 방패 (Bone Plating): 초반 맞딜 능력을 높인다.
- 과잉성장 (Overgrowth): 후반 체력을 확보한다.

보조 룬 (영감 / Inspiration)

- 마법공학 점멸기 (Hextech Flashtraption)

- 우주적 통찰력 (Cosmic Insight)

아이템 선택 가이드
기동성과 아군 보호, 그리고 적진 붕괴에 특화된 아이템을 구성한다.

- 강철의 솔라리 펜던트 (Locket of the Iron Solari): 1코어 추천. 진입 후 어그로가 끌렸을 때 자신과 아군을 보호막으로 지켜준다. 가성비와 효율 모두 최고다.

- 지크의 융합 (Zeke's Convergence): 2코어 추천. 궁극기나 CC기를 걸면 주변에 둔화 폭풍을 일으킨다. 적진 깊숙이 파고드는 노틸러스에게 추가적인 딜과 CC를 제공한다.

- 기사의 맹세 (Knight's Vow): 3코어 추천. 잘 큰 아군 캐리의 피해를 대신 받아준다.

- 가시 갑옷 (Thornmail): 상대 치유 감소가 필요할 때 하위템인 덤불 조끼를 먼저 올린다.

스킬 메커니즘
- 패시브: 강력한 일격 (Staggering Blow)
기본 공격 시 적을 속박한다. 동일 대상에게는 일정 시간 후 다시 적용된다.

- Q: 닻줄 견인 (Dredge Line)
닻을 던져 적을 끌어당기고 자신도 끌려간다. 지형에 맞추면 쿨타임과 마나를 일부 돌려받고 해당 위치로 이동한다. 판정이 매우 후한 편이다.

- W: 타이탄의 분노 (Titan's Wrath)
보호막을 얻고 평타가 강화되어 광역 피해를 입힌다. 평타 캔슬이 가능하다.

- E: 역조 (Riptide)
주변에 파동을 일으켜 피해를 입히고 둔화시킨다. 도망가는 적이나 추격해오는 적에게 효과적이다.

- R: 폭뢰 (Depth Charge)

지정한 적에게 유도되는 충격파를 발사한다. 경로에 있는 모든 적을 띄우고, 대상에게 도달하면 폭발하며 에어본과 기절을 건다. 확정 CC기다.

필수 콤보 및 교전 기술

- 평타 캔슬 콤보 (평-W-평): 평타를 치자마자 W를 켜면 평타 후딜레이가 캔슬되며 즉시 강화 평타가 나간다. 속박과 폭딜을 동시에 넣는 기본기다.

- 국민 이니시 (Q-평-W-E): Q로 끌고 평타로 속박한 뒤 W로 평캔하고 E로 둔화를 건다. 빙결 강화까지 터지면 적은 아무것도 못 한다.

- 확정 배달 (R-Q): Q 각이 안 나올 때 R을 먼저 쓴다. 적이 에어본 된 상태에서 떨어질 때 Q를 쓰면 100% 적중한다. 갱 호응 시 가장 확실한 방법이다.

- 도주 및 이동 (벽 Q): 벽에 Q를 써서 빠르게 이동하거나 도망간다. 정글 몬스터 벽 넘기나 빠른 라인 복귀에 유용하다.

단계별 게임 운영 전략

- 라인전 단계 (Lv 1~5): 1레벨 Q 그랩의 위압감을 이용해 부쉬를 장악한다. 선 2레벨을 찍으면 Q-평 콤보로 킬각을 본다. 라인을 밀어두고 미드 로밍을 가거나, 마법공학 점멸로 벽을 넘어 갱킹을 시도한다. 노틸러스는 라인에만 서 있기에는 너무나 강력한 로밍 챔피언이다.

- 중반 운영 (라인전 이후): 신발이 나오면 상황에 맞게 로밍을 한다. 시야가 없는 곳에서 마공점으로 튀어나와 적 미드나 정글을 끊어먹는다. 아군 정글러와 함께 다니며 2:1, 3:2 싸움을 유도한다.

- 팀 교전 (한타): 이니시에이팅은 과감하게 하되, 무리해서 들어가지 않는다. 적 딜러에게 R을 꽂아놓고, 들어오는 적 브루저나 암살자를 평타와 Q로 묶어 아군 딜러를 지키는 플레이도 매우 훌륭하다.

마인드셋

노틸러스 플레이 시 점검해야 할 기술적 판단 기준은 다음과 같다.

- 닻줄의 판정 신뢰 (사탕 막대 이론): 노틸러스의 Q 스킬 판정은 보이는 것보다 훨씬 넓다. 일명 막대사탕 판정이라고 불리는데, 빗나간 것 같은 각도에서도 적의 옷자락을 낚아챈다. 미니언 옆이나 벽 모퉁이에 숨은 적을 과감하게 노려라. 던지지 않으면 아무 일도 일어나지 않는다.

- 폭뢰의 전략적 타겟팅 (볼링 핀 쓰러뜨리기): 궁극기는 단순히 적 딜러 한 명을 띄우는 기술이 아니다. 충격파가 날아가는 경로에 있는 모든 적을 에어본시킨다. 맨 뒤에 있는 적 딜러에게 궁극기를 사용하면, 그 앞에 서 있는 탱커와 서포터들까지 줄줄이 볼링 핀처럼 쓰러지며 진형이 붕괴된다. 누구를 찍어야 가장 많은 적을 띄울지 계산해야 한다.

- 패시브의 평등한 분배 (돌려 깎기): 한타가 시작되면 한 놈만 패지 마라. 노틸러스는 걸어 다니는 속박 기계다. 눈앞의 적을 속박시켰다면, 바로 옆에 있는 다른 적에게 타겟을 변경하여 평타를 쳐라. 3명을 각각 한 대씩만 때려도 3명 모두를 묶어두는 엄청난 변수를 창출한다.

- 마공점의 창의성 (예측 불허의 진입): 노틸러스가 뚜벅이라고 방심하는 적에게 공포를 심어주어야 한다. 적의 와드가 없는 벽 뒤, 혹은 라인 부쉬 끝자락에서 마법공학 점멸을 충전하여 벽을 넘거나 거리를 좁혀라. 예상치 못한 각도에서 날아오는 닻줄은 피할 수 없다.

- 희생의 미학 (죽어서 이긴다): 노틸러스는 KDA를 챙기는 챔피언이 아니다. 적진 한복판에 들어가 모든 스킬을 쏟아붓고 어그로를 받아내어 죽더라도, 그동안 아군 딜러가 프리딜을 넣어 한타를 승리했다면 그것이 최고의 플레이 다. 두려움 없이 몸을 던져라.

3) 레오나 (Leona)

레오나는 '여명의 빛 (The Radiant Dawn)'이라는 이명처럼 태양의 힘으로 적을 기절시키고 아군이 공격할 때 추가 피해를 입히는 공격적인 탱커형 서포터다. 3개의 확정적인 기절 기술(Q, E, R)과 일시적으로 방어 능력을 폭발시키는 W 스킬을 통해, 라인전 단계부터 한타까지 선봉에 서서 적의 숨통을 끊어놓는 이니시에이팅의 정석이다.

사전 준비: 햇빛 활용 (Sunlight)

레오나 화력의 숨은 공신인 기본 지속 효과 햇빛을 이해해야 한다. 레오나의 스킬에 맞은 적은 1.5초 동안 햇빛 표식이 남는다. 아군 챔피언이 표식이 남은 적을 공격하면 표식이 사라지며 추가 마법 피해를 입힌다.

핵심 룬 빌드: 여진 vs 빙결 강화

단단한 탱킹으로 진입 후 버티는 것이 최우선이면 여진, 적의 공격력을 낮추고 둔화 지대를 생성해 아군을 돕고 싶다면 빙결 강화를 선택한다.

[Case 1] 핵심 룬: 여진 (Aftershock)

레오나의 교복과도 같은 가장 정석적인 룬이다. E 스킬로 진입하여 여진을 터뜨리고 동시에 W 스킬을 켜면 방어력과 마법 저항력이 기하급수적으로 상승한다. 적진 한복판에서도 죽지 않고 버티며 CC기를 계속 넣을 수 있게 해준다.

고유 하위 룬 (결의 / Resolve)

- 생명의 샘 (Font of Life): CC기를 건 적을 아군이 공격하면 체력을 회복한다.
- 뼈 방패 (Bone Plating): 초반 라인전 2:2 교전에서 폭사를 막아준다.
- 과잉성장 (Overgrowth): 후반 체력을 확보하여 탱킹력을 완성한다.

보조 룬 (영감 / Inspiration)

- 마법공학 점멸기 (Hextech Flashtraption)
- 우주적 통찰력 (Cosmic Insight)

[Case 2] 핵심 룬: 빙결 강화 (Glacial Augment)

최근 연구되는 유틸형 빌드다. 여진만큼 단단하지는 않지만, CC기를 맞추면 빙결 광선이 발사되어 적들을 광역으로 둔화시키고 그들이 아군에게 입히는 피해량을 15% 감소시킨다. 상대가 들어오는 조합이거나 아군을 지키는(Peeling) 역할이 중요할 때 선택한다.

고유 하위 룬 (영감 / Inspiration)
- 마법공학 점멸기 (Hextech Flashtraption): 부쉬 플레이의 핵심이다.
- 비스킷 배달 (Biscuit Delivery): 라인 유지력을 보강한다.
- 우주적 통찰력 (Cosmic Insight): 점멸 쿨타임을 줄인다.

보조 룬 (결의 / Resolve)
- 뼈 방패 (Bone Plating), 불굴의 의지 (Unflinching)

아이템 선택 가이드
진입에 특화된 아이템과 아군의 화력을 증폭시키는 아이템을 조합한다.

- 강철의 솔라리 펜던트 (Locket of the Iron Solari): 1코어 필수 아이템. 진입 후 쏟아지는 광역 딜로부터 자신과 아군을 지켜준다. 가성비가 매우 좋다.

- 지크의 융합 (Zeke's Convergence): 2코어 핵심 아이템. 궁극기나 CC기를 사용하면 주변에 둔화 폭풍을 일으키고 아군의 공격력을 지원한다. 레오나와 찰떡궁합이다.

- 기사의 맹세 (Knight's Vow): 3코어 추천. 아군 에이스에게 걸어 피해를 대신 받는다.

- 가시 갑옷 (Thornmail): 치유 감소가 필요할 때 올린다.
판금 장화 (Plated Steelcaps): 적 원딜의 평타를 버티며 진입하기 위해 가장 많이 선택한다.

스킬 메커니즘
레오나는 W 스킬을 가장 먼저 마스터하여 탱킹력을 확보한다. 마스터 순서: W 〉 E 〉 Q

- 패시브: 햇빛 (Sunlight): 스킬 적중 시 표식을 남겨 아군의 추가 피해를 유도한다.

- Q: 여명의 방패 (Shield of Daybreak): 다음 기본 공격이 적을 기절시킨다. 평타 캔슬

이 가능하여 와드 지우기에 유용하다.

- W: 일식 (Eclipse): 3초 동안 받는 피해가 감소하고 방어력/마저가 증가한다. 지속 시간이 끝날 때 주변에 피해를 입히고, 적중 시 방어 효과가 3초 더 유지된다.

- E: 천공의 검 (Zenith Blade): 일직선으로 검을 찔러 속박하고, 마지막에 맞은 챔피언 뒤로 이동한다. 점멸과 연계 가능하다.

- R: 흑점 폭발 (Solar Flare): 지정한 위치에 태양 광선을 떨어뜨린다. 중앙에 있는 적은 기절하고 외곽의 적은 둔화된다. 사거리가 길어 이니시에이팅 용도로 쓴다.

필수 콤보 및 교전 기술
- 평Q평 콤보 (평-Q-평): Q 스킬은 평타 후딜레이를 캔슬한다. 와드를 지울 때 평-Q-평으로 순식간에 3칸을 깎아 지울 수 있으며, 근접 교전에서도 딜을 우겨넣는 기본기다.

- E 점멸 (E-플래시): E 스킬 시전 동작 중에 점멸을 쓰면 점멸 도착 위치에서 E가 나간다. 거리를 갑자기 좁혀 반응할 수 없는 이니시를 건다.

- 흑점 이니시 (R-W-E-Q): 사거리가 긴 궁극기로 먼저 적을 기절시키고, W를 켜고 걸어가거나 E로 진입하여 Q로 기절을 연계한다. 일명 CC 지옥 콤보다.

단계별 게임 운영 전략
- 라인전 단계 (Lv 1~5): 1레벨 Q로 들어오는 적을 받아치며 부쉬를 장악한다. 2레벨과 3레벨 타이밍이 레오나의 전성기다. E-Q 콤보로 적 원딜을 물면 최소 점멸, 운 좋으면 킬이다. 마법공학 점멸로 부쉬에서 끊임없이 압박을 준다.

- 중반 운영 (신발/1코어 이후): 기동력이 확보되면 미드로 뛴다. 시야가 없는 사각지대에서 흑점 폭발을 날려 미드 라이너를 갱킹하거나, 적 정글 깊숙이 들어가 와드를 박고 정글러를 괴롭힌다.

- 팀 교전 (한타): 망설이지 말고 방아쇠를 당긴다. 적 딜러가 뭉쳐있거나 주요 스킬이 빠

졌을 때 R로 이니시를 건다. 이후 W를 켜고 들어가 어그로를 끈 뒤, 여진이 끝날 때쯤 솔라리를 켜서 버틴다. 아군 원딜을 무는 암살자가 있다면 Q로 기절시켜 떼어내는 플레이도 좋다.

마인드셋
레오나 플레이 시 점검해야 할 기술적 판단 기준은 다음과 같다.

- 여명의 결단 (선공의 미학): 레오나는 머뭇거리는 순간 고철 덩어리가 된다. 내가 들어가지 않으면 아군도 들어가지 못한다. 확실한 각이 보이면 핑을 찍고 과감하게 천공의 검을 꽂아라. 나의 검이 가리키는 곳이 곧 팀의 목표가 된다.

- 일식의 인내 (생존 타이밍): W 스킬은 진입하자마자 켜는 것이 아니다. 적이 나를 포커싱하여 딜을 쏟아부을 때, 혹은 여진 효과가 끝나갈 때 켜야 방어 효율이 극대화된다. 3초 뒤 폭발을 적에게 맞춰 방어력 증가 시간을 연장시키는 것이 탱킹의 핵심이다.

- 흑점 폭발의 유연함: 궁극기는 무조건 딜러에게만 쓰려고 아끼지 마라. 도망가는 적의 퇴로를 차단하거나, 아군을 물러 들어오는 적 브루저의 발을 묶는 용도로도 훌륭하다. 상황에 따라 이니시에이팅용 창이 될 수도, 아군을 지키는 방패가 될 수도 있다.

- 마공점의 공포 (보이지 않는 위협): 와드가 없는 부쉬는 레오나의 안방이다. 마법공학 점멸을 충전하며 튀어나올 듯 말 듯 심리전을 걸어라. 적 원딜은 CS를 먹으러 올 때마다 목숨을 걸어야 한다. 이 보이지 않는 압박감이 라인전의 주도권을 가져온다.

 4) 렐 (Rell)

렐은 '철의 여인 (The Iron Maiden)'이라는 이명처럼 무거운 갑옷으로 무장하고 적진 한복판에 뛰어들어 진형을 붕괴시키는 하드 이니시에이팅 서포터다. 보호막을 파괴하는 독보적인 능력과 광역 에어본, 그리고 적을 끌고 다니는 자기 폭풍을 통해 한타의 판도를 뒤집는 기마 돌격대장이다.

사전 준비: 갑옷 파쇄 (Break the Mold)

렐의 탱킹력과 딜링의 기초인 기본 지속 효과 갑옷 파쇄를 이해해야 한다. 렐의 공격과 스킬은 적의 방어력과 마법 저항력을 훔쳐오고, 훔친 만큼 자신의 방어 능력치를 높인다.

단단한 탱커를 때릴수록 렐은 더 단단해진다. 한타 때 한 명만 공격하는 것이 아니라, 여러 명에게 스킬을 맞추거나 평타를 섞어주면 다수의 적에게서 방어력을 훔쳐와 죽지 않는 좀비 같은 탱킹력을 보여줄 수 있다.

핵심 룬 빌드: 여진 vs 빙결 강화

적진에 뛰어들었을 때 생존이 최우선이면 여진, 적의 발을 묶고 아군의 스킬 적중률을 높이려면 빙결 강화를 선택한다.

[Case 1] 핵심 룬: 여진 (Aftershock)

렐의 가장 정석적인 룬이다. W 스킬로 진입하여 에어본을 띄우는 순간 여진이 발동되어 방어력과 마법 저항력이 폭증한다. 렐은 진입 후 도주기가 마땅치 않기 때문에, 적의 포화를 견뎌내기 위해 여진의 방어력 증가 효과가 필수적이다.

고유 하위 룬 (결의 / Resolve)

- 보호막 강타 (Shield Bash): W 스킬 사용 시 얻는 보호막과 연계하여 딜을 보충한다.
- 뼈 방패 (Bone Plating): 진입 시 폭사를 막아준다.
- 불굴의 의지 (Unflinching): CC기를 맞았을 때 버티는 강인함을 제공한다.

보조 룬 (영감 / Inspiration)

- 마법공학 점멸기 (Hextech Flashtraption)
- 우주적 통찰력 (Cosmic Insight)

[Case 2] 핵심 룬: 빙결 강화 (Glacial Augment)

아군의 논타겟 스킬 호응이 중요하거나(이즈리얼, 제라스 등), 적의 진입을 받아치는 용도로 사용할 때 선택한다. W나 Q로 CC기를 걸면 빙결 광선이 퍼져나가며 적들을 광역으로 둔화시키고 데미지를 감소시킨다.

고유 하위 룬 (영감 / Inspiration)

- 마법공학 점멸기 (Hextech Flashtraption): 렐의 변수 창출 핵심이다.
- 비스킷 배달 (Biscuit Delivery): 라인 유지력을 높인다.
- 우주적 통찰력 (Cosmic Insight): 점멸 쿨타임을 줄인다.

보조 룬 (결의 / Resolve)

- 뼈 방패 (Bone Plating), 불굴의 의지 (Unflinching)

아이템 선택 가이드

렐의 기동성을 보완하고 아군을 보호하며 이니시에이팅을 돕는 아이템을 구성한다.

- 강철의 솔라리 펜던트 (Locket of the Iron Solari): 1코어 추천. 진입형 서포터의 교복이다. 자신과 아군에게 보호막을 씌워 한타 유지력을 책임진다.

- 지크의 융합 (Zeke's Convergence): 2코어 추천. 궁극기와 연계 시 주변에 둔화 폭풍을 일으킨다. 적진 한복판에 있는 렐에게 최고의 아이템이다.

- 기사의 맹세 (Knight's Vow): 3코어 추천. 아군 메인 딜러의 피해를 대신 받아준다.

스킬 메커니즘

- 패시브: 갑옷 파쇄 (Break the Mold)
  적의 방어력과 마법 저항력을 훔친다.

- Q: 파열의 일격 (Shattering Strike)
  창을 찔러 적을 기절시키고 모든 종류의 보호막을 파괴한다. 렐의 아이덴티티 기술이다.

- W: 철마술 (Ferromancy)
  붕괴 (Crash Down): 말에서 뛰어내려 적을 에어본시키고 보호막을 얻는다. 이후 이동 속도가 느려진다.
  탑승 (Mount Up): 말에 다시 타며 이동 속도가 빨라지고, 다음 공격으로 적을 뒤로 넘긴다.

- E: 전속력 (Full Tilt)
  자신과 아군의 이동 속도를 폭발적으로 높인다. 다음 공격이나 Q가 광역 피해를 입힌다.

- R: 자기 폭풍 (Magnet Storm)
  주변 적들을 자신에게 끌어당기며 지속 피해를 입힌다.

필수 콤보 및 교전 기술
- 기본 이니시 (W-R-E-Q): 말을 탄 상태에서 W로 뛰어들어 에어본을 띄우고, 공중에 뜬 적에게 바로 R을 켜서 끌어당긴다. 도망가는 적을 E로 추격하며 Q로 기절시킨다.
- 점멸 연계 (W-점멸): W로 뛰어오르는 모션 도중 점멸을 사용하면 착지 지점이 변경된다. 적이 반응할 수 없는 기습 이니시에이팅이다.

- 배달 콤보 (탑승 W-점멸): 말에서 내린 상태에서 다시 탈 때(W) 적을 뒤로 넘긴다. 이를 이용해 W점멸로 적에게 붙어 아군 쪽으로 넘겨버리는 배달이 가능하다.

단계별 게임 운영 전략
- 라인전 단계 (Lv 1~5): 1레벨에는 W로 진입하거나 Q로 견제한다. 렐은 2레벨이 매우 강력하다. W-E(점화) 콤보로 킬각을 본다. 상대가 보호막 서포터(룰루, 잔나)라면 보호막을 쓸 때까지 Q를 아끼는 심리전을 건다.

- 중반 운영 (라인전 이후): 기동력이 좋은 렐은 정글러와 함께 다녀야 한다. E 스킬로 정글러의 이동 속도를 높여주며 맵 전역을 누빈다. 마공점으로 벽을 넘어 갱킹을 다니며 상체에 힘을 실어준다.

- 팀 교전 (한타): 적들이 뭉친 곳을 노린다. 점멸-R-W 콤보로 다수를 묶으면 한타는 이미 이긴 것이다. 만약 아군을 지켜야 한다면, 들어오는 암살자에게 Q를 꽂아 기절시키고 보호막을 없애버린다.

마인드셋
렐 플레이 시 점검해야 할 기술적 판단 기준은 다음과 같다.

- 보호막 파괴의 저격수 (카운터 메커니즘): 렐의 Q 스킬은 롤 내에서 몇 안 되는 즉발 보호막 파괴 기술이다. 세트, 쉔, 탐 켄치, 가고일 돌갑옷 등 거대한 보호막으로 버티는 적에게 Q를 꽂아 그들의 생존 플랜을 무력화해야 한다. 단순히 기절용으로만 쓰기엔 아까운 기술이다.
- 낙마의 위험성 (양날의 검): W로 말에서 내리면 렐은 강력한 보호막을 얻지만 이동 속도가 현저히 느려진다. 이니시에이팅에 실패하면 걸어 다니는 샌드백이 될 뿐이다. 확실한 각이 아니라면 함부로 뛰어내리지 말고, 말에 탄 상태의 기동력을 유지하며 기회를 엿봐야 한다.

- 자기 폭풍의 흡입력 (진형 붕괴): 궁극기는 적의 진형 붕괴에 의의가 있다. 적을 한 점으로 모아주기 때문에 아군의 광역 스킬(오리아나, 미스 포츈 등)과 최고의 시너지를 낸다. 내가 딜을 넣으려 하지 말고, 적을 한곳에 모아 아군이 공격하기 좋게 만들어야 한다.

- 마공점의 기습 (벽을 넘는 공포): 렐의 이니시는 정면보다 측면이나 후방에서 더 강력하다. 마법공학 점멸을 활용해 벽을 넘어 적의 뒤를 잡거나, 부쉬에서 갑자기 튀어나와 반응할 틈도 없이 공격해야 한다.

- 갑옷 파쇄의 누적 (단단해지는 싸움): 오래 싸울수록 렐은 강해진다. 패시브를 통해 적 탱커의 방어력을 훔치면 나는 더 단단해지고 적은 물렁해진다. 교전이 길어질 때 도망치지 말고 평타와 스킬을 섞어가며 끈질기게 버티는 플레이가 필요하다.

2. 수비형 탱커

1) 라칸 (Rakan)

라칸은 '매혹하는 춤 (The Charmer)'이라는 이명처럼 전장을 화려하게 누비며 적을 교란하고 아군을 보호하는 기동형 서포터다. 롤 내에서 가장 뛰어난 기동성을 바탕으로, 예상치 못한 거리에서 이니시에이팅을 걸거나 위험에 처한 아군을 순식간에 구해내는 슈퍼 플레이가 가능한 다재다능한 챔피언이다.

사전 준비: 요술 망토 (Fey Feathers)

라칸의 생존력을 담당하는 기본 지속 효과 요술 망토를 수시로 확인해야 한다. 라칸은 일정 시간마다 피해를 흡수하는 보호막을 얻는다. 적 챔피언에게 기본 공격이나 스킬을 적중시키면 보호막 생성 대기시간이 1초씩 줄어든다.

몸이 약한 라칸이 진입할 수 있는 근거는 이 패시브 보호막에 있다. 보호막이 있을 때 적극적으로 딜 교환을 시도하고, 딜 교환 후에는 뒤로 빠져 쿨타임을 줄이며 다음 보호막을 기다리는 치고 빠지기가 라칸 운영의 핵심이다.

핵심 룬 빌드: 수호자 vs 봉인 풀린 주문서

아군 보호와 라인전 안정성을 원하면 수호자, 점멸 쿨타임 감소와 스펠 활용을 통한 변수 창출을 원하면 봉인 풀린 주문서를 선택한다.

[Case 1] 핵심 룬: 수호자 (Guardian)

가장 보편적이고 안정적인 선택이다. 아군 근처에 있거나 아군에게 스킬을 쓸 때 피해를 입으면 보호막이 발동하고 이동 속도가 빨라진다. 몸이 약해 진입 후 폭사하기 쉬운 라칸의 생존력을 높여주며, 2:2 라인전 교전에서 큰 변수를 만든다.

고유 하위 룬 (결의 / Resolve)

- 생명의 샘 (Font of Life): CC기 적중 시 아군 회복을 돕는다.
- 뼈 방패 (Bone Plating): 진입 시 받는 피해를 줄인다.
- 불굴의 의지 (Unflinching): 강인함을 확보한다.

보조 룬 (지배 / Domination)

- 좀비 와드 (Zombie Ward)
- 궁극의 사냥꾼 (Ultimate Hunter)

[Case 2] 핵심 룬: 봉인 풀린 주문서 (Unsealed Spellbook)

상위 티어에서 애용하는 빌드로, 점멸 의존도가 높은 라칸에게 최적화된 세팅이다. 영감 룬의 '우주적 통찰력'과 아이오니아 장화를 조합해 점멸 쿨타임을 극한으로 줄여 R-점멸-W 이니시에이팅을 더 자주 시도할 수 있다. 또한 유체화, 탈진, 정화 등으로 스펠을 바꿔가며 한타 변수를 만든다.

고유 하위 룬 (영감 / Inspiration)
- 마법공학 점멸기 (Hextech Flashtraption): 라칸의 필수 룬이다.
- 비스킷 배달 (Biscuit Delivery): 유지력을 높인다.
- 우주적 통찰력 (Cosmic Insight): 점멸 및 아이템 쿨타임을 대폭 줄인다.

보조 룬 (결의 / Resolve)
- 뼈 방패 (Bone Plating)
- 불굴의 의지 (Unflinching)

아이템 선택 가이드
라칸의 기동성을 살리고 궁극기 효율을 높이는 아이템을 구성한다.

- 지크의 융합 (Zeke's Convergence): 1코어 추천. 궁극기를 켜고 적진을 휘젓는 라칸에게 최고의 아이템이다. 주변에 둔화 장판을 생성해 매혹 적중률을 높인다.

- 강철의 솔라리 펜던트 (Locket of the Iron Solari): 2코어 추천. 진입 후 쏟아지는 포화를 보호막으로 상쇄한다.
- 기사의 맹세 (Knight's Vow): 3코어 추천. 아군 핵심 딜러를 보호한다.

- 슈렐리아의 군가 (Shurelya's Battlesong): 아군의 이속을 높여 강제 이니시에이팅이 필요할 때 선택한다.

스킬 메커니즘
라칸은 W 스킬을 먼저 마스터하여 쿨타임을 줄이고 기동성을 확보한다. 마스터 순서: W 〉 E 〉 Q

- 패시브: 요술 망토 (Fey Feathers)
주기적으로 보호막을 얻는다. 공격 시 쿨타임이 감소한다.

- Q: 빛나는 깃털 (Gleaming Quill)
깃털을 던져 피해를 입힌다. 챔피언이나 에픽 몬스터 적중 시 주변 아군의 체력을 회복시킨다.

- W: 화려한 등장 (Grand Entrance)
지정 위치로 도약하여 주변 적을 공중에 띄운다(에어본). 라칸의 주력 이니시에이팅 기술이다.

- E: 전쟁무도 (Battle Dance)
아군에게 도약하여 보호막을 씌운다. 짧은 시간 안에 한 번 더 사용할 수 있다.

- R: 매혹의 질주 (The Quickness)
이동 속도가 대폭 증가하고, 닿는 적을 매혹시키며 피해를 입힌다.

필수 콤보 및 교전 기술
- 기본 이니시 (R-W): 궁극기를 켜고 이동 속도를 높인 상태에서 W로 진입한다. 매혹에 걸린 적은 움직일 수 없으므로 W 에어본이 확정으로 들어간다.

- 치고 빠지기 (E-W-Q-E): 앞에 있는 아군에게 E를 타고 W로 적을 띄운 뒤, Q를 맞추고 다시 뒤에 있는 아군에게 E를 타고 빠져나온다. 라칸만이 가능한 어그로 핑퐁이다.

- 점멸 이니시 (R-점멸-W): 궁극기를 켜고 점멸로 순식간에 거리를 좁혀 다수의 적을 매혹시킨 뒤 W로 띄운다. 반응이 불가능한 최상급 콤보다. 봉풀주 빌드라면 이 콤보를 더 자주 쓸 수 있다.

단계별 게임 운영 전략
- 라인전 단계 (Lv 1~5): 1레벨 W로 기습적인 딜 교환을 하거나 Q로 유지력을 챙긴다. 봉풀주 빌드라면 6분 이후 첫 스펠을 점화나 탈진으로 바꿔 킬각을 본다. 갱 호응이 매우 좋으므로 아군 정글러 위치를 항상 확인한다.

- 중반 운영 (신발/1코어 이후): 기동력이 뛰어난 라칸은 로밍의 제왕이다. 바텀 라인을 밀어두고 미드나 정글 교전에 빠르게 합류한다. 우주적 통찰력 덕분에 점멸이 빨리 돌므로, 점멸이 있을 때마다 과감하게 이니시를 건다.

- 팀 교전 (한타): 후진입이 더 좋을 때가 많다. 적의 주요 스킬이 빠지면 R-W로 진입하여 진형을 붕괴시킨다. 만약 아군 딜러가 물린다면 R을 켜고 아군 곁을 돌며 적을 떼어내는 수비적인 플레이를 해야 한다.

마인드셋

라칸 플레이 시 점검해야 할 기술적 판단 기준은 다음과 같다.
상대가 방심하면 단숨에 번개처럼 달려가 이니시를 걸고 봉인 풀린 주문서를 활용 하여 교전의 변수를 만들기 위함이다. 점멸이 온(On)일 때 라칸은 협곡에서 가장 위협적인 이니시에이터다. 쿨타임이 돌아올 때마다 킬을 만들어낸다는 각오로 과감하게 R-점멸 -W 콤보를 꽂아 넣어야 한다.

- 진입과 탈출의 계산 (안전장치 확보): 라칸은 들어가기는 쉽지만 나오기는 어렵다. W로 적진에 들어가기 전에 반드시 빠져나올 수 있는 아군(E 대상)이 사거리 내에 있는지 확인해야 한다. 돌아올 곳을 마련해두지 않은 진입은 자살 행위와 같다.

- 매혹의 질주 타이밍 (혼란 유발): 궁극기는 단순히 적을 묶는 것이 아니라 적의 시선을 끄는 기술이다. R을 켜고 적진 사이를 누비며 스킬 낭비를 유도하고, 적 딜러들이 딜을 넣지 못하고 우왕좌왕하게 만드는 것이 핵심이다.

- 어그로 핑퐁의 리듬 (들어갔다 나가기): 탱커처럼 계속 맞고 있는 것이 아니다. 스킬 쿨타임을 돌리고 패시브 보호막을 채운 뒤 다시 진입하는 리듬감이 필요하다. 한타 도중 E로 아군에게 붙어 잠시 숨을 고르고, 다시 W로 기회를 노리는 플레이를 반복해야 한다.

- 스펠의 유연함 (전략적 교체): 봉풀주는 머리를 써야 하는 룬이다. 상대 제드나 카타리나가 잘 컸다면 탈진을, CC기가 많아 진입이 두렵다면 정화를, 추격이 필요하면 유체화를 미리 설계하여 교체해야 한다. 상황에 맞는 스펠 하나가 한타의 승패를 바꾼다.

2) 브라움 (Braum)

브라움은 '프렐요드의 심장 (The Heart of the Freljord)'이라는 이명처럼 거대한 방패로 적의 투사체를 막아내고, 뇌진탕 펀치로 적을 기절시키며 아군을 든든하게 지키는 수비형 서포터의 정점이다. 들어오는 적을 받아치는 능력(Counter Engage)이 최상위 권이며, 한타에서 아군 딜러를 끝까지 살려내는 슈퍼 세이브가 가능한 챔피언이다.

사전 준비: 뇌진탕 펀치 (Concussive Blows)

브라움 운영의 알파이자 오메가인 기본 지속 효과 뇌진탕 펀치를 이해해야 한다. 브라움이 기본 공격이나 Q 스킬로 적에게 스택을 쌓으면, 이후 브라움뿐만 아니라 아군 챔피언이 공격해도 스택이 쌓인다.

4스택이 쌓이면 적은 기절하고 마법 피해를 입는다. 즉, 브라움은 혼자 싸우는 챔피언이 아니다. 내가 먼저 표식을 남기고(Q 또는 평타), 공격 속도가 빠른 아군(루시안, 애쉬 등)이 이를 터뜨리게 유도하는 것이 브라움의 기본 전투 방식이다.

핵심 룬 빌드: 수호자 vs 여진

아군 보호와 라인전 유지력이 핵심이라면 수호자, 한타 단계에서 궁극기 이니시 후 버티는 능력이 필요하면 여진을 선택한다.

[Case 1] 핵심 룬: 수호자 (Guardian)

브라움의 가장 정석적이고 승률이 높은 룬이다. 아군 근처에서 피해를 입으면 보호막이 생기고 이동 속도가 빨라진다. W 스킬로 아군에게 도약하여 대신 맞아주는 브라움의 플레이 스타일과 완벽하게 일치하며, 라인전 유지력과 한타 생존력을 모두 챙길 수 있다.

고유 하위 룬 (결의 / Resolve)

- 생명의 샘 (Font of Life): Q나 R로 CC기를 걸면 아군 체력을 회복시킨다.
- 뼈 방패 (Bone Plating): 적의 포킹이나 맞딜을 버티게 해준다.
- 불굴의 의지 (Unflinching): CC기를 맞았을 때 버티는 힘을 준다.

보조 룬 (영감 / Inspiration)
- 비스킷 배달 (Biscuit Delivery): 마나 소모가 은근히 큰 브라움에게 꿀 같은 유지력을 준다.
- 우주적 통찰력 (Cosmic Insight): 점멸과 아이템 쿨타임을 줄인다.

[Case 2] 핵심 룬: 여진 (Aftershock)
상대 조합이 들어오는 조합이거나, 브라움이 궁극기로 이니시를 건 후 집중 포화를 버텨야 할 때 선택한다. 뇌진탕 펀치(패시브)가 터지거나 궁극기(R)를 적중시키면 방어력과 마법 저항력이 폭증하여 전방에서 훨씬 오래 생존할 수 있다.

고유 하위 룬 (결의 / Resolve)
- 생명의 샘 (Font of Life): 아군 유지력을 지원한다.
- 뼈 방패 (Bone Plating): 초반 탱킹력을 높인다.
- 과잉성장 (Overgrowth): 후반 체력을 뻥튀기하여 메인 탱커 역할을 수행한다.

보조 룬 (영감 / Inspiration)
- 비스킷 배달 (Biscuit Delivery)
- 우주적 통찰력 (Cosmic Insight)

아이템 선택 가이드
브라움의 탱킹 능력과 아군 보호 능력을 극대화하는 아이템을 구성한다.

- 강철의 솔라리 펜던트 (Locket of the Iron Solari): 1코어 필수 아이템. 브라움은 아군 옆에 붙어 있어야 하므로 솔라리의 보호막 효율이 가장 좋다. 가성비와 성능 모두 대체 불가능하다.

- 기사의 맹세 (Knight's Vow): 2코어 추천. 아군 원딜이나 캐리 라인이 받는 피해를 대신 입는다. 내가 내가 아니다 스킬(W)과 함께라면 아군을 좀비로 만들 수 있다.

- 지크의 융합 (Zeke's Convergence): 3코어 추천. 궁극기나 패시브 기절 사용 시 주변을 둔화시켜, 적들이 브라움의 방패 뒤로 돌아가거나 도망치기 어렵게 만든다.

- 가시 갑옷 (Thornmail): 치유 감소가 필요할 때 덤불 조끼를 섞어준다.

스킬 메커니즘
브라움은 Q를 먼저 마스터하여 견제력과 둔화율을 높이고, 그 다음 E를 마스터하여 방어 능력을 강화한다. 마스터 순서: Q 〉 E 〉 W

- 패시브: 뇌진탕 펀치 (Concussive Blows)
  4스택 시 기절. 브라움의 존재 이유다.

- Q: 동상 (Winter's Bite)
  얼음 덩어리를 날려 피해를 입히고 둔화시킨다. 뇌진탕 1스택을 쌓는다. 체력 비례 데미지가 있어 탱커치고 아프다.

- W: 내가 지킨다 (Stand Behind Me)
  아군 챔피언이나 미니언에게 도약하여 방어력과 마법 저항력을 높여준다. 생존기이자 진입기다.

- E: 불굴 (Unbreakable)
  지정한 방향으로 방패를 들어 투사체를 막아낸다. 첫 번째 공격은 피해를 0으로 만들고, 이후 공격은 피해량을 줄인다. 투사체 판정의 CC기(나미 물감옥, 오른 궁극기 등)도 삭제시킨다.

- R: 빙하 균열 (Glacial Fissure)
  지면을 강타하여 일직선상의 적을 에어본시키고 둔화 장판을 남긴다. 가까이 있는 적은 더 높이 뜬다. 여진을 터뜨리기 가장 좋은 스킬이다.

필수 콤보 및 교전 기술
- 기본 갱 호응 (W-Q-평): 앞에 있는 아군 미니언을 타고(W) 거리를 좁힌 뒤 Q를 맞추고 평타를 친다. 가장 기본적인 진입 콤보다.

- 점멸 Q (Q-점멸): Q 시전 모션 중에 점멸을 사용할 수 있다. 미니언을 관통하거나 거

리를 갑자기 좁혀 기습적으로 뇌진탕 스택을 묻힌다.

- 방패 무빙 (E 활용): E를 켜면 이동 속도가 약간 빨라진다(충돌 무시). 적의 핵심 스킬이 날아올 때 E를 켜고 아군 앞으로 걸어가 대신 맞아주는 무빙이 핵심이다.

- 역관광 콤보 (R-Q): 들어오는 적을 받아칠 때 가장 강력하다. R로 띄우고 내려오는 적에게 Q를 맞춰 둔화와 패시브를 동시에 건다. 여진이 즉시 발동되어 단단해진다.

단계별 게임 운영 전략
- 라인전 단계 (Lv 1~5): 1레벨 인베이드 싸움 최강자다. 적극적으로 싸움을 유도해도 좋다. 라인전에서는 Q 짤짤이로 견제하다가, 적이 들어오면 평타와 패시브로 받아친다. 수호자를 들었다면 아군 옆에서 딜을 나눠 맞으며 유지력 싸움을 한다.

- 중반 운영 (신발/1코어 이후): 원딜 껌딱지가 되어야 한다. 원딜이 파밍할 때 옆에서 시야를 봐주고, 한타가 열리면 최전방보다는 아군 딜러 바로 앞에서 방패를 든다.

- 팀 교전 (한타): 브라움은 이니시에이터가 아니다. 적의 이니시에이팅을 받아치는 카운터 펀처다. 적 암살자나 브루저가 아군 딜러를 물러 들어올 때 R로 띄워 여진을 터뜨리고, 패시브를 터뜨려 무력화시킨다. E 스킬은 적 원딜의 딜이나 메이지의 주요 스킬 방향으로 들어준다.

마인드셋
브라움 플레이 시 점검해야 할 기술적 판단 기준은 다음과 같다.

- 불굴의 방패 (투사체 삭제): 브라움의 E 스킬은 단순한 피해 감소 기술이 아니다. 미스 포춘의 궁극기, 이즈리얼의 궁극기, 오른의 궁극기 등 협곡의 모든 투사체를 지워버리는 지우개다. 한타 때 내가 얼마나 많은 딜을 넣느냐가 아니라, 적의 핵심 궁극기를 내 방패 하나로 무력화시켰느냐가 승부를 가른다.

- 뇌진탕의 협력 (표식 설계): 브라움은 혼자서 적을 기절시킬 수 없다. 내가 Q를 맞췄다면 핑을 찍어 아군이 그 대상을 점사하게 유도해야 한다. 반대로 아군 루시안이나 애쉬

가 때리고 있는 적에게 W로 붙어 평타를 한 대 섞어주는 센스가 킬을 만든다.

- 도약의 위치 선정 (인간 방패): W 스킬은 도망가는 용도로만 쓰는 게 아니다. 아군 딜러가 물리기 직전, 그 앞으로 도약하여 방어력을 나눠주고 대신 맞아주는 용도다. 항상 아군 딜러와 적 사이에 내가 위치하도록 포지션을 잡는 것이 보디가드의 기본이다.

- 빙하 균열의 절제 (카운터 펀치): 궁극기를 멀리 있는 적을 맞추려고 낭비하지 마라. 브라움의 궁극기는 들어오는 적을 저지할 때 적중률과 효율이 가장 높다. 적 암살자가 진입하는 경로에 깔아두어 접근조차 못 하게 만드는 것이 최고의 사용법이다.

- 희생의 미학 (든든한 뒷모습): 브라움의 체력은 아군을 위해 쓰라고 있는 것이다. 내 체력이 10%가 남았더라도 아군 딜러가 살 수 있다면 다시 들어가서 평타 한 대를 대신 맞아야 한다. 죽음을 두려워하지 않고 끝까지 방패를 들고 서 있는 브라움만이 프렐요드의 심장이 될 자격이 있다.

3. 딜러형 서포터

1) 제라스 (Xerath)

제라스는 '초월한 마법사 (The Magus Ascendant)'라는 이명처럼 협곡에서 가장 긴 사거리를 자랑하는 포킹형 마법사다. 화면 밖에서 날아오는 비전 파동으로 적의 체력을 야금야금 갉아먹어 전투가 시작되기도 전에 전의를 상실하게 만들며, 정교한 스킬 샷만 받쳐준다면 상대방에게 타워 허그조차 허락하지 않는 라인전의 패왕이다.

사전 준비: 마나 쇄도 (Mana Surge)
제라스가 마나 아이템이 부족한 초반에도 스킬을 난사할 수 있는 원동력인 기본 지속 효과 마나 쇄도를 철저히 활용해야 한다. 제라스가 기본 공격을 하면 마나가 회복되며, 미니언이 아닌 챔피언을 공격하면 2배의 마나가 회복된다.
따라서 Q 스킬로만 견제하려 하지 말고, 패시브 쿨타임이 돌 때마다 과감하게 평타 사거리까지 접근하여 챔피언을 때리고 마나를 수급하는 플레이가 필요하다. 이 평타 한 대가 스킬 두 번을 더 쓸 수 있는 마나를 벌어준다.

핵심 룬 빌드: 신비로운 유성 vs 선제공격
확실한 포킹 데미지와 견제력을 원하면 신비로운 유성, 빠른 아이템 확보와 후반 폭딜을 노린다면 선제공격을 선택한다.

[Case 1] 핵심 룬: 신비로운 유성 (Arcane Comet)
제라스의 가장 정석적인 룬이다. W나 E 스킬을 맞추면 유성이 거의 확정적으로 적중하며, 긴 사거리의 Q 스킬과 연계되어 끊임없이 적을 괴롭힌다. 초반부터 후반까지 딜로스가 없는 가장 무난하고 강력한 선택이다.

고유 하위 룬 (마법 / Sorcery)
- 마나순환 팔찌 (Manaflow Band): 마나 통을 늘려 스킬 난사를 돕는다.
- 절대 집중 (Absolute Focus): 체력이 높을 때 주문력을 올려주어 포킹 위력을 극대화한다.
- 주문 작열 (Scorch): 라인전 단계에서 짤짤이 데미지를 높인다.

보조 룬 (정밀 / Precision)
- 침착 (Presence of Mind): 마나 관리가 핵심인 제라스에게 필수다.
- 최후의 일격 (Coup de Grace): 딸피인 적을 궁극기로 마무리할 때 유용하다.

[Case 2] 핵심 룬: 선제공격 (First Strike)
상대가 사거리가 짧거나 제라스를 물기 힘든 조합일 때 선택한다. 선제공격을 터뜨려 골드를 수급해 값비싼 주문력 아이템을 빠르게 갖출 수 있다. 1코어 이후부터는 선제공격의 추가 피해 효과 덕분에 암살자에 버금가는 누킹이 가능하다.

고유 하위 룬 (영감 / Inspiration)
- 마법의 신발 (Magical Footwear): 이속과 골드를 아낀다.
- 비스킷 배달 (Biscuit Delivery): 라인 유지력과 최대 마나를 늘린다.
- 우주적 통찰력 (Cosmic Insight): 스펠과 아이템 쿨타임을 줄인다.

보조 룬 (마법 / Sorcery)
- 마나순환 팔찌 (Manaflow Band)
- 절대 집중 (Absolute Focus)

아이템 선택 가이드
- 루덴의 동반자 (Luden's Companion): 1코어 필수 아이템. 마나, 주문력, 스킬 가속, 그리고 고립된 적에게 더 큰 피해를 주는 탄환 효과까지 제라스에게 필요한 모든 것을 갖췄다. 라인 클리어와 포킹의 핵이다.

- 메자이의 영혼약탈자 (Mejai's Soulstealer): 2코어 혹은 중간 빌드업. 제라스는 사거리가 길어 데스 관리가 매우 쉬운 챔피언이다. 암흑의 인장을 일찍 구매해 스택을 쌓고, 생존에 자신이 있다면 메자이로 업그레이드하여 저렴한 가격에 막대한 주문력을 확보한다. (죽으면 손해가 크므로 위치 선정에 목숨을 걸어야 한다)

- 그림자불꽃 (Shadowflame): 2코어 혹은 3코어 추천. 높은 주문력과 마법 관통력을 제공하며, 체력이 낮은 적에게 치명타가 적용된다. 딸피인 적을 포킹 한 방에 처형시키거나 궁극기 막타 능력을 극대화한다.

- 지평선의 초점 (Horizon Focus): 3코어 혹은 4코어 추천. 제라스의 스킬 사거리는 길어서 지평선 효과(피해량 증폭 + 시야 공유)가 상시 발동된다. 부쉬에 숨은 적을 체크하기도 좋고 가격 대비 딜 상승량이 매우 높다.

스킬 메커니즘
제라스는 주력 딜링기인 Q를 마스터하고, 둔화율과 데미지를 위해 W를 두 번째로 올린다. 마스터 순서: Q 〉W 〉E

- 패시브: 마나 쇄도 (Mana Surge)
평타 공격 시 마나를 회복한다. 챔피언 공격 시 2배 회복.

- Q: 비전 파동 (Arcanopulse)
기를 모아 일직선으로 광선을 쏘는 주력기다. 충전 중에는 이동 속도가 느려지지만 사거리가 길어진다.

- W: 파멸의 눈 (Eye of Destruction)
지정 위치에 에너지를 떨어뜨려 둔화시킨다. 중심부에 맞으면 피해량이 증가하고 둔화율이 대폭 상승한다.

- E: 충격 구체 (Shocking Orb)
구체를 발사해 적을 기절시킨다. 날아간 거리에 비례해 기절 시간이 길어진다. 유일한 생존기다.

- R: 비전 의식 (Rite of the Arcane)
제자리에 고정되어 초장거리 포격을 가한다. 마우스 커서 위치로 곡사포를 쏜다.

필수 콤보 및 교전 기술
- 필중 콤보 (W-Q): Q를 먼저 쏘면 적이 피하기 쉽다. W를 먼저 맞춰 적을 느리게 만든 뒤 Q를 조준하면 적중률이 비약적으로 올라간다. 제라스의 기본이자 핵심 콤보다.

- 생존 및 역관광 (E-W-Q): 적이 들어올 때 E로 기절시키고, 확정적으로 W의 중심부를 맞춘 뒤 Q로 마무리한다. 몸이 약한 암살자는 역으로 죽일 수 있다.

- 궁극기 심리전 (R-대기-R): R을 한 번 쏘고 바로 쏘지 않는다. 적이 무빙을 치느라 당황할 때 템포를 늦춰서 쏘면 적중률이 높아진다.

단계별 게임 운영 전략
- 라인전 단계 (Lv 1~5): 미니언과 적 챔피언을 동시에 맞추는 Q 각을 노린다. 마나가 마를 때마다 패시브 평타를 섞어주러 과감하게 앞무빙을 친다. W는 쿨타임마다 적 원딜의 CS 파밍을 방해하는 용도로 쓴다. 시야가 없는 부쉬 근처에는 가지 않는다.

- 중반 운영 (신발/1코어 이후): 미드에 합류하여 라인 클리어를 돕고 대치 구도를 만든다. 메자이 스택을 지키는 것이 곧 성장이므로 절대 죽지 않는 위치에서 포킹한다. 용이나 전령 싸움 전 둥지 근처에 W나 Q로 시야를 체크해준다.

- 팀 교전 (한타): 궁극기를 활용하여 아군 최후방에서 지원 사격을 한다.

마인드셋

- 거리의 절대 권력 (일방적인 폭력): 제라스는 공평하게 싸우는 챔피언이 아니다. 적의 공격은 닿지 않고 나의 공격만 닿는 불합리한 거리에서 일방적으로 때려야 한다. 적이 나를 물 수 있는 거리(점멸 포함) 내에 들어왔다면 이미 포지셔닝에 실패한 것이다. 항상 최대 사거리를 유지하며 이기적으로 딜을 넣어야 한다.

- 예측 사격의 미학 (무빙 읽기): Q와 R은 논타겟 스킬이다. 적이 현재 있는 위치에 쏘면 늦다. 적이 CS를 먹으러 오는 타이밍, 좁은 골목으로 들어가는 경로, 혹은 본능적으로 피하려는 방향을 예측하여 쏘아야 한다. 제라스의 실력은 에임이 아니라 적의 심리를 읽는 눈에서 나온다.

- 충격 구체의 보존 (최후의 보루): E 스킬은 딜링용이 아니다. 나를 물러 들어오는 적을 저지할 유일한 생존 수단이다. 확실한 킬각이나 갱 호응 상황이 아니라면, 견제용으로 함부로 던지지 말고 암살자가 진입하는 순간을 위해 아껴두어야 한다.

- 마나 쇄도의 규율 (위험한 줄타기): 마나가 없다고 뒤에서 손가락만 빨고 있으면 안 된다. 적의 주요 스킬이 빠진 것을 확인했다면, 과감하게 평타 사거리까지 들어가 챔피언을 때리고 마나를 채워오는 배짱이 필요하다. 이 위험한 줄타기가 끊임없는 포킹의 원동력이 된다.

- 비전 의식의 인내심 (심리전의 승리): 궁극기는 급하게 쏠 필요가 없다. 첫 발을 쏘고 나면 적은 패닉에 빠져 좌우로 무빙을 친다. 이때 바로 쏘지 않고 잠시 기다리면, 적은 무빙이 단순해지거나 직선으로 도망가게 되니 이때를 노리면 된다.

2) 벨코즈 (Vel'Koz)

벨코즈는 '공허의 눈 (The Eye of the Void)'이라는 이명처럼 기하학적인 각도로 플라즈마 분열(Q)을 날려 적을 타격하고, 패시브인 유기물 분해를 통해 탱커조차 녹여버리는 고정 피해를 입히는 포킹형 마법사다. 논타겟 스킬 적중률에 따라 성능이 극과 극으로 갈리지만, 숙련된 벨코즈는 화면 밖에서 적을 지워버리는 압도적인 화력을 자랑한다.

사전 준비: 유기물 분해 (Organic Deconstruction)

벨코즈 딜링의 핵심인 기본 지속 효과 유기물 분해를 이해해야 한다. 스킬을 적중시킬 때마다 대상에게 7초 동안 표식을 남긴다. 3중첩이 쌓이면 표식이 소모되며 대상에게 추가 고정 피해를 입힌다.

벨코즈가 탱커를 잘 잡는 이유가 바로 이 고정 피해 때문이다. 궁극기(R)는 기본적으로 마법 피해를 입히지만, 패시브가 터져 '연구 완료' 상태가 된 적에게는 궁극기의 모든 데미지가 고정 피해로 변환된다. 따라서 스킬 콤보로 3타를 터뜨린 후 궁극기를 쓰는 것이 폭딜의 기본 공식이다.

핵심 룬 빌드: 신비로운 유성 vs 선제공격

라인전 견제와 안정적인 딜링을 원하면 신비로운 유성, 빠른 아이템 확보와 성장을 원하면 선제공격을 선택한다.

[Case 1] 핵심 룬: 신비로운 유성 (Arcane Comet)

벨코즈의 가장 정석적인 룬이다. Q 스킬에 슬로우가 묻어 있어 유성이 거의 확정적으로 적중한다. 초반 라인전 단계에서 Q 짤짤이와 유성 데미지가 누적되면 상대는 포션을 다 쓰고 집에 가야 한다.

고유 하위 룬 (마법 / Sorcery)

- 마나순환 팔찌 (Manaflow Band): 마나 유지력을 높인다.
- 깨달음 (Transcendence): 스킬 가속을 확보하여 스킬 난사를 돕는다. (절대 집중도 좋다)

- 주문 작열 (Scorch): 초반 견제력을 극대화한다.

보조 룬 (영감 / Inspiration)
- 비스킷 배달 (Biscuit Delivery): 라인 유지력을 보강한다.
- 우주적 통찰력 (Cosmic Insight): 스펠과 아이템 쿨타임을 줄인다.

[Case 2] 핵심 룬: 선제공격 (First Strike)
사거리가 짧거나 벨코즈를 물기 힘든 조합을 상대로 선택한다. 긴 사거리를 이용해 선제공격을 쉽게 터뜨릴 수 있으며, 이를 통해 얻는 골드로 코어 아이템을 빠르게 뽑아낸다. 후반에는 추가 피해 효과 덕분에 궁극기 데미지가 살벌해진다.

고유 하위 룬 (영감 / Inspiration)
- 마법의 신발 (Magical Footwear): 이동 속도와 골드를 아낀다.
- 비스킷 배달 (Biscuit Delivery): 유지력을 높인다.
- 우주적 통찰력 (Cosmic Insight): 쿨타임을 줄인다.

보조 룬 (마법 / Sorcery)
- 마나순환 팔찌 (Manaflow Band)
- 주문 작열 (Scorch)

아이템 선택 가이드
- 루덴의 동반자 (Luden's Companion): 1코어 추천. 마나, 주문력, 스킬 가속을 모두 챙길 수 있으며, 고립된 적에게 더 큰 피해를 입힌다. 라인 클리어와 포킹에 최적화되어 있다.

- 지평선의 초점 (Horizon Focus): 2코어 추천. 벨코즈의 스킬은 사거리가 길어 지평선 효과가 상시 발동된다. 피해량 증폭과 시야 공유 효과는 논타겟 스킬 의존도가 높은 벨코즈에게 필수적이다.

- 그림자불꽃 (Shadowflame): 3코어 추천. 체력이 낮은 적에게 마법 및 고정 피해 치명타가 적용된다. 벨코즈의 패시브 고정 피해와 궁극기 고정 피해도 치명타가 터지게 되

어 마무리 능력이 극대화된다.

- 존야의 모래시계 (Zhonya's Hourglass): 4코어 혹은 생존이 필요할 때 추천. 벨코즈는 도주기가 없는 뚜벅이 마법사다. 적 암살자나 브루저의 진입으로부터 한 턴을 버티고 스킬 쿨타임을 돌리기 위해 필수적이다.

- 모렐로노미콘 (Morellonomicon): 상황별 추천 아이템. 상대 팀에 회복형 챔피언(사일러스, 소라카 등)이 많다면 라바돈 대신 선택하여 치유 감소 효과를 챙긴다.
  마법사의 신발 (Sorcerer's Shoes): 마법 관통력을 위해 필수다.

스킬 메커니즘
벨코즈는 주력 견제기인 Q를 마스터하고, 라인 클리어와 패시브 중첩을 위해 W를 두 번째로 올린다.
마스터 순서: Q 〉 W 〉 E

- 패시브: 유기물 분해 (Organic Deconstruction)
  3타 적중 시 고정 피해. 연구 완료 시 궁극기 고정 피해 변환.

- Q: 플라즈마 분열 (Plasma Fission)
  직선으로 날아가다 적중하거나 재사용 시 90도로 갈라진다. 기하학적 각도 계산이 필요한 핵심 스킬이다.

- W: 공허 균열 (Void Rift)
  직선으로 균열을 열어 두 번 피해를 입힌다. 패시브 2스택을 쌓을 수 있어 콤보의 핵심이다.

- E: 지각 붕괴 (Tectonic Disruption)
  지정 위치의 적을 공중에 띄운다(에어본). 유일한 생존기이자 CC기다.

- R: 생명 형태 파괴 광선 (Life Form Disintegration Ray):정신 집중 상태로 광선을 발사한다. 연구 완료된 적에게는 고정 피해를 입힌다.

필수 콤보 및 교전 기술

- 기하학 Q (각도기): 미니언 뒤에 숨은 적을 맞추기 위해 비스듬히 쏘고 90도로 꺾어 맞춘다. 적의 무빙 예측과 각도 계산이 벨코즈 실력의 90%다.

- 국민 콤보 (E-W-Q-R): E로 적을 띄우고 그 자리에 W를 깐다. 적이 떨어지면서 W 2타를 다 맞고 패시브가 터진다. 이때 Q를 맞추거나 바로 R을 쏘면 고정 피해로 녹일 수 있다.

- 카이팅 콤보 (Q-E): 쫓아오는 적에게 Q를 맞춰 느리게 만들고, 느려진 적에게 E를 써서 띄운 뒤 도망가거나 역관광을 노린다.

단계별 게임 운영 전략

- 라인전 단계 (Lv 1~5): Q 스킬의 각도를 활용해 미니언 뒤에 숨은 적을 끊임없이 괴롭힌다. 마나순환 팔찌와 유성 쿨타임을 보며 견제한다. E 스킬은 갱킹 호응이나 생존용으로 아껴두는 것이 좋다. 라인을 밀고 싶다면 W를 미니언 웨이브에 쓴다.

- 중반 운영 (신발/1코어 이후): 미드에 모여 대치 상황을 만든다. 적이 들어오기 힘든 거리에서 Q와 W로 포킹하며 체력을 깎는다. 시야가 없는 곳에 Q를 날려 적의 위치를 파악한다. 존야의 모래시계 하위템인 팔목 보호대를 미리 올려 생존력을 챙기는 것도 좋다.

- 팀 교전 (한타): 가장 뒤에 위치한다. 앞라인부터 천천히 녹인다는 마인드로 패시브 3타를 터뜨리는 데 집중한다. 적 탱커에게 패시브가 터졌다면 주저 없이 궁극기를 꽂아 고정 피해로 삭제시킨다. 암살자가 들어오면 발밑에 E를 깔고 존야로 버틴다.

마인드셋

벨코즈 플레이 시 점검해야 할 기술적 판단 기준은 다음과 같다.

- 기하학의 각도 (창의적 포킹): 벨코즈의 Q 스킬은 정직하게 쏘면 피하기 쉽다. 하지만 대각선으로 쏘아 90도로 꺾이는 탄환은 예측하기 어렵다. 미니언을 방패 삼아 숨은 적의 옆구리를 찌르는 창의적인 각도를 끊임없이 계산하여 상대에게 안전지대가 없음을

각인시켜야 한다.

- 유기물 분해의 조건 (패시브 예열): 궁극기는 무작정 쏘는 레이저 쇼가 아니다. 패시브 3중첩이 터져 연구 완료 표식이 뜬 적에게 쏘아야 진정한 파괴력이 나온다. 급박한 상황이 아니라면 Q나 W로 스택을 쌓아 적을 분석한 뒤, 고정 피해로 변환된 광선을 발사하여 확실하게 분해해야 한다.

- 지각 붕괴의 보존 (최후의 생존기): E 스킬은 벨코즈의 유일한 생존 수단이다. 확실한 킬각이나 아군의 CC기 연계 상황이 아니라면, 견제용으로 남발해서는 안 된다. 적 암살자나 브루저가 나를 물러 들어오는 그 순간, 내 발밑에 사용하여 한 턴을 버티는 용도로 아껴두어야 한다.

- 비전투 시야 장악 (정찰병 역할): Q 스킬은 사거리가 길고 시야를 밝혀준다. 직접 몸으로 부쉬를 확인하는 것은 자살행위다. 의심가는 부쉬나 벽 뒤에 Q를 날려 적의 매복을 확인하고, 안전이 확보된 뒤에 진입하는 신중함이 생존율을 높인다.

- 생명 형태 파괴 광선 (위치 선정): 궁극기를 시전하는 동안 벨코즈는 제자리에 고정된다. 이는 적에게 나를 죽여달라고 광고하는 것과 같다. 반드시 적의 주요 CC기가 빠졌는지 확인하거나, 벽 뒤 혹은 아군의 보호를 받을 수 있는 안전한 후방에서 자리를 잡고 발사해야 한다.

4. 유틸리티형 서포터

1) 나미 (Nami)

나미는 '파도 소환사 (The Tidecaller)'라는 이명처럼 물의 힘을 다루어 아군을 치유하고 강화하며, 적을 물방울에 가두거나 파도로 휩쓸어버리는 다재다능한 유틸리티 서포터다. 라인전 단계에서의 강력한 딜 교환 능력과 후반 한타에서의 변수 창출 능력을 고루 갖추고 있어, 숙련도에 따라 라인전 패왕이 될 수도, 최고의 세이브 머신이 될 수도

있다.

사전 준비: 밀려오는 파도 (Surging Tides)

나미 운영의 윤활유가 되는 기본 지속 효과 밀려오는 파도를 잘 활용해야 한다. 나미의 스킬에 적중당한 아군 챔피언은 잠시 동안 이동 속도가 상승한다.

이는 단순히 합류를 빠르게 하는 용도가 아니다. 적의 논타겟 스킬을 피해야 할 때, 혹은 적을 추격하거나 거리를 벌려야 할 때 아군에게 스킬을 사용하여 이동 속도를 부여하는 것이 핵심이다. 특히 궁극기(R)를 아군에게 맞추면 패시브 효과가 2배로 적용되어 엄청난 속도로 돌격할 수 있다.

핵심 룬 빌드: 콩콩이 소환 vs 수호자

강력한 견제와 잦은 힐/배리어 지원을 원하면 콩콩이 소환, 적의 폭딜로부터 아군을 지키는 것이 최우선이면 수호자를 선택한다.

[Case 1] 핵심 룬: 콩콩이 소환 (Summoner's Aery)

나미의 가장 정석적인 룬이다. W로 적을 때리면 추가 데미지를 주고, 아군을 치유하거나 E를 걸어주면 보호막을 씌운다. 평타와 W 견제가 강력한 나미의 장점을 극대화한다.

고유 하위 룬 (마법 / Sorcery)

- 마나순환 팔찌 (Manaflow Band): 마나 소모가 심한 나미에게 필수다.
- 깨달음 (Transcendence): 스킬 가속을 확보한다.
- 주문 작열 (Scorch): 초반 라인전 견제력을 높인다.

보조 룬 (영감 / Inspiration)

- 비스킷 배달 (Biscuit Delivery): 라인 유지력을 높인다.
- 우주적 통찰력 (Cosmic Insight): 스펠과 아이템 쿨타임을 줄인다.

[Case 2] 핵심 룬: 수호자 (Guardian)

상대 바텀이 레오나, 노틸러스, 드레이븐 같은 강한 돌진 조합일 때 선택한다. 아군 근처에서 피해를 입으면 보호막이 생성되어 2:2 교전에서 생존율을 높인다.

고유 하위 룬 (결의 / Resolve)
- 생명의 샘 (Font of Life): CC기 적중 시 아군 체력을 회복시킨다.
- 뼈 방패 (Bone Plating): 물몸인 나미의 생존력을 보강한다.
- 소생 (Revitalize): 힐과 보호막 효율을 높인다.

보조 룬 (마법 / Sorcery)
- 마나순환 팔찌 (Manaflow Band)
- 깨달음 (Transcendence)

아이템 선택 가이드
- 제국의 명령 (Imperial Mandate): 1코어 필수 아이템. 나미의 E 스킬은 아군의 평타나 스킬에 둔화를 묻힌다. 즉, E를 걸어준 아군이 공격하면 즉시 제국의 명령 표식이 터지며 추가 피해를 입힌다. 나미 딜링의 핵심이다.

- 구원 (Redemption): 2코어 혹은 3코어 추천. 넓은 범위에 아군 체력을 회복시키고 적에게는 고정 피해를 입힌다. 나미가 죽은 상태에서도 사용할 수 있어 한타 변수 창출에 좋다.

- 월석 재생기 (Moonstone Renewer): 2코어 혹은 3코어 추천. 전투가 길어지는 조합일 때 효율이 극대화된다. 나미의 W 힐이 튕길 때마다 치유량이 증폭되어 유지력 싸움에서 우위를 점한다.

- 미카엘의 축복 (Mikael's Blessing): 상황별 추천 아이템. 상대 팀에 강력한 CC기(애쉬 궁, 레오나 궁 등)가 있을 때 올린다. 아군 핵심 딜러가 CC기에 맞았을 때 즉시 풀어주어 생존을 돕는다.

스킬 메커니즘
나미는 견제와 힐을 동시에 하는 W를 선마스터하고, 유틸성을 위해 E를 두 번째로 올린다. 마스터 순서: W 〉 E 〉 Q

- 패시브: 밀려오는 파도 (Surging Tides)

스킬 적중 시 아군 이속 증가.

- Q: 물감옥 (Aqua Prison)

물방울을 던져 적을 가두고 기절(공중 뜸 판정)시킨다. 맞추기 어렵지만 적중 시 파괴력이 크다.

- W: 밀물 썰물 (Ebb and Flow)

물을 튕겨 아군을 치유하고 적에게 피해를 입힌다. 최대 3번 튕기며, 튕길 때마다 위력이 감소한다.

- E: 파도 소환사의 축복 (Tidecaller's Blessing)

아군(또는 자신)의 다음 3회 공격을 강화한다. 추가 마법 피해를 주고 대상을 둔화시킨다. 스킬 피해에도 적용된다.

- R: 해일 (Tidal Wave)

거대한 파도를 소환해 적을 에어본시키고 둔화시킨다. 사거리가 매우 길어 이니시나 역이니시에 좋다.

필수 콤보 및 교전 기술

- 둔화 후 물감옥 (E-평-Q): 자신에게 E를 걸고 평타를 쳐서 적을 느리게 만든 뒤 Q를 던진다. 혹은 아군에게 E를 걸어 적을 느리게 만들고 Q를 던진다. 맨땅에 Q를 던지는 것보다 적중률이 훨씬 높다.
- 딜교환 콤보 (평-W-평): 평타를 치고 W를 쓰면 적에게 튕겼다가 나에게 돌아와 힐이 된다. 일방적인 딜교환의 정석이다.
- 확정 에어본 (R-Q): R을 맞춰 적이 에어본 된 상태일 때 그 위치에 Q를 던진다. 적은 아무것도 못 하고 연계 CC기를 맞아야 한다.

단계별 게임 운영 전략

- 라인전 단계 (Lv 1~5): 1레벨 W를 찍고 적극적으로 딜교환을 한다. W는 아군-적-아군으로 튕기거나 적-아군-적으로 튕길 때 효율이 최고다. 마나 관리가 중요하므로 마나 순환 팔찌 쿨타임을 보며 견제한다. Q는 함부로 쓰지 말고 적의 무빙 실수가 보일 때나 갱 호응용으로 아낀다.

- 중반 운영 (신발/1코어 이후): 제국의 명령이 나오면 소규모 교전이 매우 강력하다. 정글러나 원딜에게 E를 걸어주며 로밍을 다니거나 시야를 장악한다. 아군이 물리면 R로 적 진입을 차단하고 패시브 이속으로 도주를 돕는다.

- 팀 교전 (한타): 후방에서 원딜과 함께 위치한다. 구원과 월석 재생기를 활용해 아군의 체력을 지속적으로 관리한다. 적의 CC기가 들어오면 미카엘의 축복으로 즉시 풀어준다. W는 쿨타임마다 돌리고, Q는 들어오는 암살자에게 사용한다.

마인드셋

나미 플레이 시 점검해야 할 기술적 판단 기준은 다음과 같다.

- 물감옥의 신중함 (최후의 보루): Q 스킬은 나미의 유일한 하드 CC기다. 빗나가는 순간 적은 나미를 물로 보고 달려든다. 예측샷으로 대박을 노리기보다는, 아군 CC기에 연계해하는게 좋다.

- 밀물 썰물의 흐름 (도미노 효과): W 스킬을 단순히 힐이나 딜 하나로만 쓰면 손해다. 적과 아군 사이의 거리를 계산하여 반드시 한 번 이상 튕기게 설계해야 한다. 적을 때리고 튕겨 나온 물로 힐을 하거나, 아군을 치유하고 튕겨 나간 물로 적을 견제하는 플레이가 고수의 증거다.

- 축복의 타이밍 (둔화의 시작): E 스킬은 데미지 증가보다 둔화 효과가 핵심이다. 아군이 적을 공격하기 직전, 혹은 스킬을 쓰기 직전에 미리 걸어주어야 한다. 이 둔화가 묻어야 Q 물감옥을 맞출 확률이 생기고, 제국의 명령 효과도 터진다. 선 E가 모든 킬각의 시작이다.

- 해일의 용도 변경 (공수 전환): 궁극기를 아끼지 마라. 적이 이니시를 걸어올 때 받아치는 용도(역이니시)로 가장 좋지만, 아군이 적을 추격할 때 이동 속도 버프용으로 써도 훌륭하다. 파도는 적을 덮칠 수도, 아군을 밀어줄 수도 있다.

- 파도의 속도 (기동전 지원): 나미는 힐러이자 서포터다. 힐만 주지 말고 패시브의 이동 속도 증가 효과를 의식적으로 활용해야 한다. 위험에 처한 아군에게 스킬을 써서 도망

가게 해주고, 적을 쫓는 아군에게 스킬을 써서 날개를 달아주는 플레이가 필요하다.

2) 룰루 (Lulu)

룰루는 '요정 마법사 (The Fae Sorceress)'라는 이명처럼 아군을 거대하게 만들거나 적을 무력한 동물로 변이시키는 변수 창출의 대가다. 하이퍼 캐리형 원거리 딜러(징크스, 코그모, 제리 등)와 최고의 궁합을 자랑하며, 암살자가 들어올 때 아무것도 못 하게 만드는 무력화 능력(Peeling)은 서포터 중 단연 최강이다.

사전 준비: 요정 친구 픽스 (Pix, Faerie Companion)

룰루의 견제와 맞딜의 핵심인 기본 지속 효과 요정 친구 픽스를 잘 활용해야 한다. 룰루가 기본 공격을 하면 픽스가 대상에게 마법 에너지 광선을 3번 발사한다.

이 광선은 논타겟 판정이라 미니언에 가로막힐 수 있다. 따라서 라인전에서 평타 견제를 할 때는 미니언 뒤가 아닌, 각도를 벌려 픽스의 공격이 적 챔피언에게 온전히 꽂히도록 위치를 잡는 것이 중요하다. 초반 룰루의 평타가 아픈 이유는 바로 이 픽스 때문이다.

핵심 룬 빌드: 콩콩이 소환 vs 수호자

견제와 보호막 효율을 극대화하려면 콩콩이 소환, 적의 폭발적인 이니시로부터 생존해야 한다면 수호자를 선택한다.

[Case 1] 핵심 룬: 콩콩이 소환 (Summoner's Aery)

룰루의 가장 보편적이고 공격적인 룬이다. 평타와 Q 스킬로 끊임없이 적을 괴롭히며 콩콩이 딜을 누적시키고, E 스킬로 아군에게 보호막을 줄 때 콩콩이 보호막까지 추가되어 효율이 매우 좋다.

고유 하위 룬 (마법 / Sorcery)

- 마나순환 팔찌 (Manaflow Band): 스킬 난사를 위한 마나를 확보한다.
- 깨달음 (Transcendence): 스킬 가속을 높여 쉴 새 없이 변이를 건다.

- 주문 작열 (Scorch): 초반 라인전 주도권을 잡기 위해 선택한다.

보조 룬 (영감 / Inspiration)
- 비스킷 배달 (Biscuit Delivery): 라인 유지력을 높인다.
- 우주적 통찰력 (Cosmic Insight): 스펠과 아이템 쿨타임을 줄인다.

[Case 2] 핵심 룬: 수호자 (Guardian)
상대가 레오나, 블리츠크랭크, 드레이븐 등 한 번 물리면 죽을 수 있는 조합일 때 선택한다. 룰루 본인의 생존력을 높이고, 아군이 폭딜을 맞을 때 보호막을 터뜨려 슈퍼 세이브를 돕는다.

고유 하위 룬 (결의 / Resolve)
- 생명의 샘 (Font of Life): Q 슬로우를 통해 아군 회복을 돕는다.
- 뼈 방패 (Bone Plating): 물몸인 룰루가 터지는 것을 방지한다.
- 소생 (Revitalize): 보호막과 치유 효과를 증폭시킨다.

보조 룬 (마법 / Sorcery)
- 마나순환 팔찌 (Manaflow Band)
- 깨달음 (Transcendence)

아이템 선택 가이드
아군의 공격 속도를 높이거나 유지력을 보강하는 유틸리티 아이템 위주로 구성한다.

- 꿈 생성기 (Dream Maker): 시작 아이템 업그레이드 추천. 아군 보호와 피해 감소에 특화되어 있다.

- 불타는 향로 (Ardent Censer): 1코어 추천 (평타 원딜). 징크스, 코그모, 바루스 등 공속 기반 원딜과 함께라면 최고의 효율을 낸다. E 스킬 한 번으로 공속과 추가 마법 피해를 부여한다.

- 슈렐리아의 군가 (Shurelya's Battlesong): 1코어 추천 (기동성). 아군의 이속을 높여

카이팅이나 추격을 돕는다. 능동적인 플레이를 원할 때 좋다.

- 흐르는 물의 지팡이 (Staff of Flowing Water): 1코어 추천 (스킬 원딜). 이즈리얼, 카이사, 직스 등 스킬 가속과 주문력이 중요한 원딜일 때 선택한다.

- 월석 재생기 (Moonstone Renewer): 2코어 추천. 전투가 길어질 때 E 스킬의 보호막이 튕기며 유지력을 크게 높인다.

- 미카엘의 축복 (Mikael's Blessing): 상대 CC기가 강력할 때 필수다. 룰루의 변이와 궁극기로도 못 막는 CC를 풀어준다.

- 구원 (Redemption): 광역 힐과 고정 피해로 한타 변수를 만든다.

스킬 메커니즘
룰루는 보호막과 딜을 동시에 챙기는 E를 3레벨까지 찍거나 선마스터하고, 변이 지속 시간을 늘리기 위해 W를 마스터한다. 마스터 순서: E > W > Q

- 패시브: 요정 친구 픽스 (Pix, Faerie Companion)
룰루나 도움을 받은 아군을 따라다니며 평타 공격 시 광선을 발사한다.

- Q: 반짝반짝 창 (Glitterlance)
룰루와 픽스의 위치에서 각각 마법 화살을 발사해 피해를 주고 둔화시킨다. T자 형태로 쏠 수도 있다.

- W: 변덕쟁이 (Whimsy)
아군 시전: 이동 속도와 공격 속도를 대폭 증가시킨다.
적 시전: 적을 동물로 변이시켜 공격이나 스킬을 못 쓰게 하고 느리게 만든다. (침묵+무장 해제)

- E: 도와줘, 픽스! (Help, Pix!)
아군 시전: 보호막을 씌우고 픽스를 붙여준다.

적 시전: 피해를 입히고 픽스를 붙여 시야를 공유한다 (은신 감지).

- R: 급성장 (Wild Growth)
아군 몸집을 키워 체력을 늘리고 주변 적을 공중에 띄운다(에어본). 오라가 생겨 주변 적을 느리게 한다.

필수 콤보 및 교전 기술
- 평타 견제 (평-Q): 평타로 픽스 딜을 넣고, 적이 도망가는 경로에 Q를 맞춰 둔화를 건다. 룰루의 기본 견제법이다.

- 픽스 중계 (E-Q): 사거리가 닿지 않는 적을 맞출 때 쓴다. 적 미니언이나 앞라인 적에게 E를 써서 픽스를 붙인 뒤, 그 위치에서 Q를 발사하여 멀리 있는 딸피 적을 저격한다.

- 암살자 차단 (W-R): 적 암살자가 들어오면 즉시 적에게 W(변이)를 걸어 무력화시키고, 아군에게 R을 써서 에어본으로 한 번 더 묶는다. 이 시간 동안 암살자는 아무것도 못하고 죽게 된다.

단계별 게임 운영 전략
- 라인전 단계 (Lv 1~5): 1레벨부터 평타와 Q로 강하게 압박한다. 상대 원딜이 CS를 먹을 때마다 평타를 쳐준다. 상대 서포터가 그랩류라면 미니언 뒤에 숨어서 Q로만 견제한다. E 스킬은 딜교환 시 자신에게 써서 평타를 더 때리거나, 상대 스킬을 막는 용도로 쓴다.

- 중반 운영 (신발/1코어 이후): 원딜의 그림자가 된다. 원딜이 가는 곳은 어디든 따라가며 시야를 밝혀주고 성장을 돕는다. 정글러와 함께 다니며 슈렐리아로 이니시를 돕거나 W로 잘라먹기를 시도할 수도 있다.

- 팀 교전 (한타): 포지션은 항상 원딜 바로 옆이나 뒤다. W는 아군 공속 버프용으로 쓸지, 적 암살자 변이용으로 쓸지 상황을 보고 판단한다. 보통 적이 들어오는 조합이면 적에게 쓰는 게 백번 낫다. R은 아군이 물려서 죽기 직전이나, 아군 이니시에이터(말파이트, 오공 등)가 들어갔을 때 호응용으로 쓴다.

마인드셋

룰루 플레이 시 점검해야 할 기술적 판단 기준은 다음과 같다.

- 변덕쟁이의 이중성 (버프 vs 디버프): W 스킬은 룰루 실력의 척도다. 아군에게 쓰면 훌륭한 이동 속도 및 공격 속도 버프지만, 적에게 쓰면 롤 최강의 CC기인 변이 (Polymorph)가 된다. 상대방에 마스터 이, 제드, 카타리나 같은 진입형 챔피언이 있다면, 절대 아군 버프용으로 W를 낭비하지 말고 아껴두었다가 적을 무력화시키는 데 써야 한다.

- 픽스의 중계 플레이 (E-Q 저격): Q 스킬의 사거리는 픽스의 위치에서 시작된다는 점을 잊지 마라. 적이 멀리 도망갈 때 내 앞의 미니언이나 적 챔피언에게 E를 붙여 픽스를 보낸 뒤, 그곳에서 Q를 발사하여 초장거리 저격을 성공시키는 기하학적인 킬각을 항상 봐야 한다.

- 급성장의 타이밍 (생존과 에어본): 궁극기는 단순한 힐 스킬이 아니다. 주변 적을 밀쳐내는 에어본 효과가 있다. 리 신의 음파나 자크의 새총 발사처럼 적이 날아오는 순간에 맞춰 사용하면, 돌진기를 끊어버리고 역으로 잡아먹을 수 있다. 체력을 채우는 용도뿐만 아니라 CC기로서의 가치를 기억하라.

- 요정의 평타 견제 (초반 패왕): 1레벨부터 3레벨 구간의 룰루는 웬만한 원딜보다 강력하다. 픽스의 추가 데미지를 믿고 적극적으로 평타 견제를 해야 한다. 상대가 CS를 먹으려 할 때마다 평타-Q 콤보로 체력을 빼놓아야 라인 주도권을 가져올 수 있다.

- 시야 공유의 활용 (은신 감지): E 스킬을 적에게 붙이면 절대 시야를 얻는다. 아칼리의 장막, 샤코의 은신, 오공의 분신 등 은신 챔피언이 숨기 직전에 E를 붙여놓으면 픽스가 따라다니며 위치를 다 보여준다. 은신 챔피언을 상대로 E는 데미지 용도가 아니라 탐지기 용도다.

5. 그랩형 서포터

1) 블리츠크랭크 (Blitzcrank)

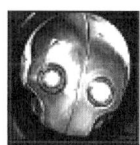

블리츠크랭크는 '거대 증기 골렘 (The Great Steam Golem)'이라는 이명처럼 투박하지만 치명적인 로켓 손을 발사해 적을 강제로 끌고 오는 변수 창출의 화신이다. 그랩 하나로 불리하던 게임을 단번에 뒤집을 수 있으며, 시야가 없는 곳에서 날아오는 손은 협곡의 모든 라이너들에게 공포의 대상이다.

사전 준비: 마나 보호막 (Mana Barrier)
블리츠크랭크의 생존 본능인 기본 지속 효과 마나 보호막을 영리하게 이용해야 한다. 체력이 30% 이하로 내려가면 현재 마나의 일정 비율에 해당하는 보호막을 생성한다.
이 패시브 덕분에 블리츠크랭크는 겉보기보다 훨씬 단단하다. 적이 딸피인 나를 잡으러 들어올 때, 보호막이 터지면서 역으로 포탑으로 끌어들이거나 아군의 백업 시간을 버는 미끼 플레이가 가능하다.

핵심 룬 빌드: 빙결 강화 vs 여진
그랩 이후 적을 확실하게 묶어두고 싶다면 빙결 강화, 진입 후 탱킹력이 필요하면 여진을 선택한다.

[Case 1] 핵심 룬: 빙결 강화 (Glacial Augment)
현재 블리츠크랭크의 가장 대중적이고 위협적인 룬이다. Q로 적을 끌면 빙결 광선이 발사되어 적을 느리게 만들고, 적이 아군에게 입히는 피해량을 줄인다. 끌려온 적이 점멸을 써도 도망가지 못하게 만들며, 아군의 호응을 돕기에 최적화되어 있다.

고유 하위 룬 (영감 / Inspiration)
- 마법공학 점멸기 (Hextech Flashtraption): 블리츠크랭크의 필수 룬이다. 벽을 넘거나 부쉬에서 튀어나가는 변수를 만든다.
- 비스킷 배달 (Biscuit Delivery): 마나 유지력을 높인다.

우주적 통찰력 (Cosmic Insight): 점멸과 아이템 쿨타임을 줄인다.

보조 룬 (결의 / Resolve)
- 뼈 방패 (Bone Plating), 불굴의 의지 (Unflinching)

[Case 2] 핵심 룬: 여진 (Aftershock)

상대 조합이 딜이 강력하여 끌고 나서 내가 먼저 터질 위험이 있을 때 선택한다. Q-E 콤보를 넣는 순간 방어력과 마법 저항력이 폭증하여 어그로를 받아낼 수 있다.

고유 하위 룬 (결의 / Resolve)
- 생명의 샘 (Font of Life): 아군 회복을 돕는다.
- 뼈 방패 (Bone Plating): 초반 맞딜을 버틴다.
- 과잉성장 (Overgrowth): 체력을 늘려 패시브 보호막 효율을 높인다.

보조 룬 (영감 / Inspiration)
- 마법공학 점멸기 (Hextech Flashtraption)
- 비스킷 배달 (Biscuit Delivery)

아이템 선택 가이드
W 스킬의 페널티를 상쇄하고 기동성을 높이는 아이템을 최우선으로 구성한다.

- 강철의 솔라리 펜던트 (Locket of the Iron Solari): 1코어 추천. 적당한 탱킹력과 아군 보호막을 제공한다. 끌고 나서 적의 광역딜을 상쇄할 때 유용하다.

- 지크의 융합 (Zeke's Convergence): 2코어 추천. 마나, 방어력, 체력을 모두 제공하며, 궁극기 사용 시 주변에 둔화 폭풍을 일으킨다. 빙결 강화와 시너지가 매우 좋다.

- 기사의 맹세 (Knight's Vow): 3코어 추천. 아군 원딜이 잘 컸을 때 피해를 대신 받아준다.

- 얼어붙은 심장 (Frozen Heart): 상대가 평타 기반 조합일 때 선택한다. 높은 마나 제

공량 덕분에 패시브 보호막이 엄청나게 두꺼워진다.

스킬 메커니즘
블리츠크랭크는 그랩 쿨타임을 줄이는 것이 생명이므로 Q를 선마스터하고, 에어본 쿨타임 감소를 위해 E를 두 번째로 올린다. 마스터 순서: Q 〉 E 〉 W

- 패시브 마나 보호막 (Mana Barrier)
체력이 낮을 때 마나 비례 보호막 생성한다.

- Q: 로켓 손 (Rocket Grab)
오른손을 발사해 적을 기절시키고 내 앞으로 끌어온다. 롤을 대표하는 변수 창출 스킬이다.

- W: 폭주 (Overdrive)
이동 속도와 공격 속도가 급격히 빨라졌다가, 효과가 끝나면 1.5초 동안 이동 속도가 30% 느려진다. (신속의 장화로 상쇄 가능)

- E: 강철 주먹 (Power Fist)
다음 공격이 강화되어 적을 공중에 띄운다(에어본). 평타 캔슬이 가능하다.

- R: 정전기장 (Static Field):
기본 지속 효과: 공격 시 번개가 떨어져 피해를 준다.
사용 시: 주변 적에게 피해를 주고 침묵시키며, 모든 보호막을 파괴한다.

필수 콤보 및 교전 기술
- 국민 콤보 (Q-E-R)
적을 끌고(Q) 바로 띄운 뒤(E) 궁극기(R)로 침묵을 건다. 적은 스킬도 못 쓰고 점멸도 못 쓴 채 죽게 된다.

- 추격 콤보 (W-E-Q): 신속의 장화를 믿고 W를 켜고 달려가서 E로 먼저 띄운다. 적이 도망가기 위해 점멸이나 이동기를 쓸 때 Q를 날려 다시 끌어온다. 그랩 적중률이 가장

높은 콤보다.

- 침묵 콤보 (R-Q)
가까이 있는 적에게 R을 먼저 써서 침묵을 걸어 이동기를 봉인한 뒤, 확정적으로 Q를
맞춘다.

단계별 게임 운영 전략
- 라인전 단계 (Lv 1~5)
1레벨 인베이드나 부쉬 대기가 매우 강력하다. 라인전에서는 무작정 그랩을 날리지 말
고, W를 켜고 달려가서 압박만 줘도 적은 CS를 놓친다. 마법공학 점멸로 부쉬에서 튀
어나와 킬각을 노린다. 그랩이 빠지면 할 게 없으니 신중해야 한다.

- 중반 운영 (Lv6~12): 상황을 보고 정글과 미드로 뛴다. 블리츠가 미드에 나타나는 것만
으로도 상대 미드는 위축된다. 적 정글 깊숙이 와드를 박고, 지나가는 적을 끊어먹는다.

- 팀 교전 (한타)
대치 상황에서 그랩 한 번으로 적 딜러를 끌어오면 한타는 끝난다. 하지만 탱커(아무무,
알리스타 등)를 끌면 게임이 터질 수 있으니 조심해야 한다. 들어오는 암살자에게 E로
에어본을 띄우고 R로 침묵을 걸어 아군을 지키는 플레이도 중요하다.

마인드셋
블리츠크랭크 플레이 시 점검해야 할 기술적 판단 기준은 다음과 같다.

- 그랩의 존재감 (아끼는 미학)
블리츠크랭크의 손은 날아갈 때보다 붙어 있을 때 더 무섭다. 빗나간 로켓 손은 20초
동안 나를 깡통으로 만든다. 함부로 던지지 말고 무빙으로 상대를 압박하며, 적이 심리
적 부담감에 못 이겨 무빙 실수를 할 때까지 기다리는 인내심이 필요하다.

- 폭주의 관리 (신속의 장화 활용)
W 스킬은 사용 후 느려지는 페널티가 있지만, 신속의 장화를 신으면 이 페널티가 크게
줄어든다. 이를 믿고 과감하게 W를 켜고 적에게 달려들어 그랩을 시도하고 강철 주먹

(E)을 꽂아 넣는 적극성이 킬각을 만든다.

- 정전기장의 파괴력 (보호막 제거)

  궁극기는 단순한 광역 딜링기가 아니다. 적의 보호막을 즉시 파괴하는 효과가 있다. 세트, 탐 켄치, 가고일 돌갑옷을 켠 탱커 등 거대한 보호막에 의존하는 적에게 사용하여 그들의 생존 계획을 무너뜨려야 한다.

- 마공점의 기습 (벽을 넘는 공포)

  블리츠크랭크는 정직하게 걸어 다니면 매력이 없다. 적의 시야가 없는 벽 뒤에서 마법 공학 점멸을 사용하여 벽을 넘어 그랩을 날리거나, 부쉬에서 갑자기 거리를 좁혀 띄우는 변칙적인 플레이가 라인전을 터뜨린다.

- 타겟의 선별 (끌어야 할 것)

  눈앞에 있는 아무나 끌면 안 된다. 알리스타, 아무무, 레오나 같은 이니시에이터를 끌어오는 것은 아군에게 배달하는 폭탄과 같다. 적의 주요 딜러나 서포터(유틸형)를 정확히 조준해야 하며, 각이 안 나오면 차라리 아군 옆에서 들어오는 적을 띄우는 것이 낫다.

 2) 쓰레쉬 (Thresh)

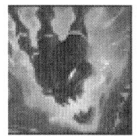

쓰레쉬는 '지옥의 간수 (The Chain Warden)'라는 이명처럼 사슬 낫으로 적을 낚아채고, 랜턴으로 아군을 구해내며, 적의 진형을 붕괴시키는 육각형 서포터의 대명사다. 그랩, 세이브, 견제, 탱킹, 이니시에이팅이 모두 가능하여 파일럿의 역량에 따라 게임을 지배할 수 있는 최고의 플레이 메이커다.

 사전 준비: 지옥살이 (Damnation)

 쓰레쉬는 레벨이 올라도 방어력이 증가하지 않는다. 대신 기본 지속 효과인 지옥살이를 통해 근처에서 죽는 적의 영혼을 수집해야 방어력과 주문력이 영구적으로 증가한다. 영혼 하나가 방어력 1과 같다. 라인전에서 무리하게 영혼을 주우려 체력을 잃으면 안 되지만, W 스킬(랜턴)로도 영혼을 수집할 수 있다는 점을 이용해 꾸준히 스택을 쌓아야 후반에 탱커 역할을 수행할 수 있다.

핵심 룬 빌드: 여진 vs 빙결 강화

진입 후 버티는 능력과 단단함이 필요하면 여진, 적을 둔화시켜 아군의 스킬 적중률을 높이려면 빙결 강화를 선택한다.

[Case 1] 핵심 룬: 여진 (Aftershock)

쓰레쉬의 가장 정석적인 룬이다. Q로 적을 끌거나 E로 밀쳐내면 방어력과 마법 저항력이 폭증한다. 몸이 쏠리는 쓰레쉬 특성상 적진 한복판에서 생존할 수 있게 해주며, 역관광의 발판을 마련한다.

고유 하위 룬 (결의 / Resolve)

- 생명의 샘 (Font of Life): CC기 연계 시 아군 체력을 회복시킨다.
- 뼈 방패 (Bone Plating): 라인전 2:2 교전에서 탱킹력을 보장한다.
- 불굴의 의지 (Unflinching): CC기를 맞았을 때 버티는 강인함을 준다.

보조 룬 (영감 / Inspiration)

- 마법공학 점멸기 (Hextech Flashtraption): 벽 뒤나 부쉬에서 깜짝 이니시를 가능하게 한다.
- 우주적 통찰력 (Cosmic Insight): 점멸과 아이템 쿨타임을 줄인다.

[Case 2] 핵심 룬: 빙결 강화 (Glacial Augment)

Q나 E로 적을 이동 불가 상태로 만들면 빙결 광선이 발사되어 적들을 광역으로 둔화시키고 데미지를 감소시킨다. 그랩 적중 시 상대가 점멸을 써도 도망가기 힘들게 만들며, 한타 기여도가 높다.

고유 하위 룬 (영감 / Inspiration)

-마법공학 점멸기 (Hextech Flashtraption): 쓰레쉬의 변수 창출 핵심이다.
-비스킷 배달 (Biscuit Delivery): 라인 유지력을 높인다.
-우주적 통찰력 (Cosmic Insight): 쿨타임을 줄인다.

보조 룬 (결의 / Resolve)
- 뼈 방패 (Bone Plating)
- 불굴의 의지 (Unflinching)

아이템 선택 가이드
쿨타임 감소와 기동성, 그리고 아군 보호에 특화된 아이템을 구성한다.

- 강철의 솔라리 펜던트 (Locket of the Iron Solari)
  1코어 필수 아이템. 방어력과 마법 저항력을 모두 제공하며, 사용 시 보호막으로 아군을 슈퍼 세이브한다. 쓰레쉬의 낮은 체력과 방어력을 보완해준다.

- 지크의 융합 (Zeke's Convergence)
  2코어 추천. 궁극기를 쓰거나 적을 묶었을 때 주변에 둔화 폭풍을 일으킨다. 쓰레쉬가 적진에 들어가 비빌 때 엄청난 효율을 낸다.

- 기사의 맹세 (Knight's Vow)
  3코어 추천. 아군 에이스의 피해를 나눠 받는다.

- 구원 (Redemption)
  유지력 싸움이나 죽어서도 변수를 만들고 싶을 때 선택한다. 랜턴을 탄 아군에게 힐까지 주면 금상첨화다.

스킬 메커니즘
쓰레쉬는 그랩 쿨타임을 줄이기 위해 Q를 선마스터하고, 랜턴의 쿨타임과 보호막량을 위해 W를 두 번째로 마스터하는 것이 정석이다.

- 패시브 지옥살이 (Damnation)
  영혼을 수집해 방어력과 주문력을 얻는다.

- Q: 사형 선고 (Death Sentence)
  낫을 던져 적을 기절시키고 자신 쪽으로 당긴다. 다시 사용하면 적에게 날아간다. 적중

시 쿨타임이 3초 감소한다.

- W: 어둠의 통로 (Dark Passage)
랜턴을 던져 아군에게 보호막을 준다. 아군이 랜턴을 클릭하면 쓰레쉬 위치로 끌려온다. 영혼도 수집 가능하다.

- E: 사슬 채찍 (Flay)
기본 지속 효과: 공격을 멈춘 동안 평타가 강화된다. (평타 견제 핵심)
사용 시: 적을 원하는 방향으로 밀거나 당긴다. 돌진기를 끊는 최고의 스킬이다.

- R: 영혼 감옥 (The Box)
오각형 벽을 생성한다. 벽에 닿은 적은 99% 둔화에 걸리고 피해를 입는다.

필수 콤보 및 교전 기술
- 국민 콤보
(Q-Q-R-E): Q를 맞추고 다시 Q를 눌러 날아간 뒤, 공중에서 R을 쓰고 착지하자마자 E로 적을 벽 쪽으로 밀어버린다. 가장 강력한 풀 콤보다.

- 마당 쓸기 (E-Q):
Q를 바로 쓰지 않고 걸어가서 E로 적을 느리게 만든 뒤(에어본), 확정적으로 Q를 맞춘다. 적이 무빙을 칠 수 없게 만드는 콤보다.

- 랜턴 갱 호응
(W-Q): 정글러가 오는 위치에 랜턴을 던져주고 Q로 적을 문다. Q를 맞추고 날아가면서 랜턴을 탄 정글러와 함께 적진으로 배달된다. 일명 랜턴 택시다.

- 점멸 사슬 (E-점멸):
E 시전 모션 중에 점멸을 쓸 수 있다. 거리를 좁혀 기습적으로 적을 끌어오거나 밀쳐낼 때 사용한다.

단계별 게임 운영 전략

- 라인전 단계 (Lv 1~5)

  1레벨에는 E를 찍고 강화 평타와 사슬 채찍으로 견제한다. 2레벨을 먼저 찍는 순간 Q-E 혹은 점멸-E로 킬각을 본다. 쓰레쉬의 2레벨은 바텀 생태계 최상위권이다. 랜턴은 아군 갱 호응이나 원딜 세이브용으로 아낀다.

- 중반 운영 (로밍)

  라인을 비우고 로밍을 다닌다. 기동신을 신고 미드나 정글 싸움에 먼저 합류하여 수적 우위를 만든다. 시야가 없는 부쉬에 숨어 있다가 지나가는 적을 낚아채는 플레이가 필요하다.

- 팀 교전 (한타)

  Q로 이니시를 걸었다면 상황을 본다. 내가 들어가도 살 수 있다면 날아가서 R-E로 진형을 붕괴시킨다. 만약 적 암살자가 아군을 노린다면 들어가지 않고 원딜 옆에서 E로 돌진을 끊고 랜턴으로 살리는 수비형 플레이를 한다.

  마인드셋

  쓰레쉬 플레이 시 랜턴은 단순한 보호막 스킬이 아니다. 아군을 지옥 끝에서 건져 올리는 생명줄이자, 정글러를 순식간에 전장으로 불러오는 텔레포트다. 아군이 클릭하지 않으면 무용지물이므로, 랜턴을 던질 때 핑을 찍어주거나 아군이 클릭하기 좋은 위치(예상 이동 경로)에 던지는 센스가 필요하다.

- 사슬 채찍의 판정 (돌진기 차단)

  쓰레쉬 고수의 기준은 Q가 아니라 E다. 레오나의 천공의 검, 자르반의 깃창, 트리스타나의 점프 등 상대의 돌진기를 보고 반응하여 E로 밀쳐내는 피지컬이 있어야 한다.

- 사형 선고의 심리 (던지지 않는 공포)

  그랩은 빗나가는 순간 위협이 사라진다. Q를 빙빙 돌리는 모션만 보여줘도 적은 무빙을 하느라 딜을 못 넣고 뒷걸음질 친다. 확실한 각이 나오거나 CC기가 연계된 상황이 아니라면, 섣불리 던지지 말고 무빙으로 압박하며 심리적 우위를 점해야 한다.

- 죽음의 도약 자제 (진입의 판단)

  Q를 맞췄다고 무조건 Q를 한 번 더 눌러 날아가지 마라. 쓰레쉬는 알리스타나 레오나 만큼 단단하지 않다. 1.5초 기절과 당겨옴 효과만으로도 충분할 때가 많다. 내가 날아가서 죽을지, 아니면 당겨놓고 아군과 함께 때릴지를 냉정하게 판단해야 한다.

- 로밍의 발걸음 (협곡의 지배자) 쓰레쉬가 바텀에만 박혀 있기보단 미드와 정글로 로밍을 하며 이득을 봐야한다.

LEAGUE OF LEGENDS
포지션으로 읽는 리그 오브 레전드
리그 오브 레전드의 중급 및 응용 교재

초판 1쇄 발행	2026년 3월 5일
지은이	홍승표
펴낸이	배수현
펴낸곳	가나북스 www.gnbooks.co.kr
디자인	이윤진
인쇄·제작	황금자
출판등록	제393-2009-12호
대표전화	031-959-8833
대표팩스	031-959-8834
ISBN	979-11-6446-142-4